中國學術思想 研究輯刊

二一編

林慶彰 主編

第 25 冊

北宋「文字禪」研究

趙娜 著

花木蘭文化出版社

國家圖書館出版品預行編目資料

北宋「文字禪」研究／趙娜 著 -- 初版 -- 新北市：花木蘭文化
出版社，2015〔民 104〕
目 2+216 面；19×26 公分
（中國學術思想研究輯刊 二一編：第 25 冊）
ISBN 978-986-404-065-0（精裝）
1. 禪詩 2. 詩評 3. 北宋
030.8   103027166

ISBN-978-986-404-065-0

9 789864 040650

中國學術思想研究輯刊
二一編　第二五冊　　　　　　　　ISBN：978-986-404-065-0

北宋「文字禪」研究

作　　者　趙　娜
主　　編　林慶彰
總 編 輯　杜潔祥
副總編輯　楊嘉樂
編　　輯　許郁翎
出　　版　花木蘭文化出版社
社　　長　高小娟
聯絡地址　235 新北市中和區中安街七二號十三樓
　　　　　電話：02-2923-1455／傳眞：02-2923-1452
網　　址　http://www.huamulan.tw 信箱 hml810518@gmail.com
印　　刷　普羅文化出版廣告事業
封面設計　劉開工作室
初　　版　2015 年 3 月
定　　價　二一編 27 冊（精裝）台幣 50,000 元

北宋「文字禪」研究

趙　娜　著

作者簡介

趙娜，女，1984 年生，山東菏澤人。2005 年 6 月在魯東大學獲得歷史學學士學位。2005 年 9 月至 2011 年 7 月，就讀於西北大學中國思想文化研究所，分別師從於方光華先生和張豈之先生，學習與研究中國宗教思想史，並獲得歷史學碩士與博士學位。現為河南科技大學人文學院講師，從事中國思想史的教學與研究。迄今為止共發表學術論文 18 篇，主持、參與各級課題 16 項，並獲得「河南科技大學博士科研啓動資金」資助。

提　要

　　「文字禪」是北宋禪宗的基本形態之一，代表當時禪學發展的主流。具有鮮明的時代性，打破了禪宗中傳統的「師承」脈絡，在法眼宗、臨濟宗、雲門宗和曹洞宗多個禪宗宗派中皆有反映。臨濟宗汾陽善昭、雲門宗雪竇重顯、臨濟宗楊岐派圓悟克勤和臨濟宗黃龍派覺範惠洪等禪師運用「代別」、「拈古」、「頌古」、「評唱」、「擊節」等「不離文字」的形式，改變了「說似一物即不中」的語言觀，實現了從「了萬法於一言」到語言文字為「道」之標識的轉變，肯定了語言文字的作用；然而在運用語言文字時，禪師們又堅守「不立文字」的傳統，借用「繞路說禪」、權宜解禪的表達方式，調和了「不立文字」與「不離文字」的關係。

　　從本質上看，「文字禪」在心性論、修行論、解脫觀等方面仍保持禪學特色。但也廣泛吸收了傳統佛學、隋唐佛教義學及其儒道等思想，體現出了多文化的融合。它在調節士大夫心理、復興宋代儒學、建構新的社會秩序等方面，對宋代學術和文化的發展也具有重要影響。

　　「文字禪」是在前代禪學基礎上發展而來，適應了新時代下禪宗的生存和發展，擴大了禪宗的發展規模和影響力，體現出創新性和教化的多樣性；但其「精英化」趨向也縮小了受眾範圍，所誤解的禪法，更為禪宗的衰落埋下隱患。

目

次

凡　例

一、古人對禪師的稱呼有多種。有以所住持寺院之地稱呼之，如善昭因住持的寺院位於汾州而被稱爲汾陽善昭；有以所住持寺院稱呼之，如因重顯住持雪竇寺而被稱爲雪竇重顯；有以皇帝所賜之號稱呼之，如契嵩被賜號「明教」而被稱爲明教契嵩；有時兼而用之，如克勤因其住持圓悟山而被稱爲「圓悟克勤」，因其賜號又被稱爲「佛果克勤」。爲便於表述，在本文中一律稱呼其名。但在引文中，爲尊重作者，忠實於原文，未作修改。

二、同一字古今寫法不同者，如圓悟克勤，又爲圜悟克勤，本文中運用今字。通用字者，如慧與惠，本文沿用學術界中的慣用稱謂，如禪宗六祖爲慧能，黃龍派創始人爲惠南、其傳人爲惠洪。

三、《大正藏》與《續藏經》皆收錄者，本文採用《大正藏》版本。二者均採用臺北新文豐出版公司影印本。

四、古籍資料已有點校本者，本文採用點校本。未有點校本者，乃作者自行點校。

緒　論

　　公元 8 世紀中期到 10 世紀中期，禪門五宗先後出現。南嶽系衍生出潙仰宗
與臨濟宗；青原系分化爲曹洞宗、雲門宗、法眼宗。在基本的禪法義理上，五
宗區別不大，區別主要體現在悟道、教化、表達等方式上。有元代禪師總結爲，
「臨濟痛快、潙仰謹嚴、曹洞細密、法眼詳明而雲門高古也」〔註 1〕。由於不
同的教化風格，禪門出現了多種問答模式和經典性的語句。由於傳承的需要，
禪門弟子或再傳弟子逐漸出現了如實地記錄師父思想言行的行爲。唐代後期，
慧然禪師集成《鎮州臨濟慧照禪師語錄》；著名居士裴休（791～846 年）整理
成《黃檗山斷際禪師傳法心要》和《黃檗斷際禪師宛陵錄》。而爲了禪燈長明，
禪門弟子也開始系統地整理禪學發展的脈絡，唐德宗貞元十七年（801 年），金
陵沙門慧炬、天竺三藏勝持編寫禪宗祖師傳記、偈讖、宗師機緣等，集成《寶
林傳》。唐昭宗光化二年（899 年）又有華嶽玄偉禪師記錄貞元年間以後的禪師
宗師機緣，集成《玄門聖冑集》。南唐時，泉州昭慶寺的靜、筠二僧廣泛收集石
頭系與洪州系禪師的語錄、行錄、碑銘，編成《祖堂集》，成爲我國現存最早的
燈錄體集成。北宋眞宗時期，又有僧人道原在《寶林傳》和《玄門聖冑集》的
基礎上，加入後梁以後的傳承體系，理清了禪宗世襲，上起七佛，下至法眼文
益法嗣長壽注齊，共計 52 世，1701 人。此後，又陸續出現了《天聖廣燈錄》、
《建中靖國續燈錄》、《聯燈會要》、《嘉泰普燈錄》，進入「五燈時代」，一時間
各種語錄集層出不窮，幾乎知名的禪師皆有語錄傳世。後世越來越重視這些語
句其原因在於，「凡禪家的巨匠的談論言行，皆如實地反映其宗教體驗，因此無

〔註 1〕　〔元〕善遇編：《天如惟則禪師語錄》卷 9，《續藏經》第 122 冊，第 963 頁。

矯飾地、忠實地記錄乃是後人的目標」〔註2〕。

唐末五代繁榮的禪宗宗派、禪宗思想、禪宗公案、語錄集成，爲北宋禪學提供了道路與方式方法的借鑒。當禪門中普遍運用語言文字記錄時代特色的時候，一種新的禪法形式——「文字禪」應運而生，並成爲北宋禪學的基本形態之一。

一、研究現狀

早在 20 世紀 80 年代，學術界開始關注北宋「文字禪」的研究，並取得了一系列成果。然而對其定義、內容，表現形式等見識不同，尚未達成統一的見解。綜合看來，國內相關研究呈現出以下特徵：

首先，關注「文字禪」的整體研究。魏道儒在《宋代禪宗文化》〔註3〕中專列《文字禪的發展歷程》一章，明確「文字禪」的定義，釐清其發展歷程、代表人物及不同特色。在《中國禪宗通史》中沿用此看法，只在具體論證上有所補充。麻天祥在《中國禪宗思想發展史》〔註4〕第六章「從善昭到重顯的《頌古百則》」中介紹了善昭、重顯、克勤和惠洪的「文字禪」思想。另撰文《概論宋代混融三教的文字禪》〔註5〕，剖析了「文字禪」興起、發展的三教背景，「文字禪」的發展及其理論依據，從「不立文字」、「不離文字」和「不執文字」的辯證關係中，提出它的發生、發展是禪宗發展的必然趨勢。吳立民主編的《禪宗宗派源流》〔註6〕從考證源流的角度，按照禪宗的發展脈絡，詳細分析了宋代「文字禪」在禪宗各家的具體表現。由忽滑谷快天著、朱謙之翻譯的《中國禪學思想史》〔註7〕則按照時間順序，分別論述汾陽善昭、雪竇重顯、圓悟克勤、覺範惠洪對文字禪的貢獻。楊曾文在《宋元禪宗史》〔註8〕中具體解讀重顯和善昭的文字禪，介紹了「代別」、「頌古」、

〔註2〕〔日〕高雄義堅著、陳季菁等譯：《宋代佛教史研究》，臺北：華宇出版社，1987 年，第 109 頁。

〔註3〕魏道儒：《宋代禪宗文化》，鄭州：中州古籍出版社，1993 年。

〔註4〕麻天祥：《中國禪宗思想發展史》（修訂版），武漢：武漢大學出版社，2007 年。

〔註5〕麻天祥、段淑雲：《概論宋代混融三教的文字禪》，《武漢大學學報》（人文科學版）2006 年第 6 期。

〔註6〕吳立民主編：《禪宗宗派源流》，北京：中國社會科學出版社，1998 年。

〔註7〕〔日〕忽滑谷快天著、朱謙之譯：《中國禪學思想史》，上海：上海古籍出版社，2002 年。

〔註8〕楊曾文：《宋元禪宗史》，北京：中國社會科學出版社，2006 年，第 286 頁。

「評唱」的文體形式。張豈之主編的《中國思想學說史·宋元卷》〔註9〕中認為「文字禪」是兩宋禪宗思想發展的標誌性之一。張翔在《以言意觀為中心的北宋文字禪研究》〔註10〕中，以言意觀為切入點，綜合剖析北宋「文字禪」的發展階段，與儒道關係，及其對後世的影響。

　　在這些專著或論文中，側重從北宋禪宗的整體發展中，考察「文字禪」的興起、發展與表現。或介紹禪門各宗的發展軌跡，或揭示出代表人物的相關思想。有利於從宏觀上把握「文字禪」的整體狀況，卻不易於理解其發展的內在脈絡。

　　其次，側重不同角度的研究。目前主要有兩種角度，即禪學的角度和文學的角度。

　　在禪學的角度，因界定不同，研究對象不盡相同，甚至同一學者的定義有時也不同。魏道儒認為，文字禪是「通過學習和研究禪宗的新經典而把握禪理的禪學形式。它以通過語言文字習禪、教禪，通過語言文字衡量迷悟和得到深淺為特徵」〔註11〕，研究的對象是禪宗的「新經典」，形式為語言文字，目的在於把握禪理。方立天提出「文字禪主要是採用偈頌、詩歌等形式表達禪理，而非一般的語錄文字作品」〔註12〕，目的在於表達禪理，形式更具體化，專指偈頌、詩歌，不包含一般的語錄文字作品。楊曾文在《宋元佛教史》中，認為「文字禪是指重視運用文字表述禪法主張的形式和傳法風尚」，此界定在於「重視」運用文字的形式與風尚。所以，「文字禪的表達形式有多種，有語錄、舉古、徵古、拈古、代語、別語、頌古、偈贊、詩歌、法語、雜著、碑銘、序跋等」。後又改造為，「文字禪是借助文字表達禪宗旨意、禪修見解、禪悟意境乃至禪宗歷史等內容的各種文體形式」〔註13〕，以文字為形式，目的在於表達禪宗旨意、禪修見解、禪悟意境、禪宗歷史等，所涉及範圍更廣，內容更具體。

　　在文學的角度，周裕鍇的《文字禪與宋代詩學》一書，從廣義和狹義上

〔註9〕張豈之主編：《中國思想學說史·宋元卷》（下），桂林：廣西師範大學出版社，2008年，第562頁。

〔註10〕張翔：《以言意觀為中心的北宋文字禪研究》，「北京語言大學」2008年碩士學位論文。

〔註11〕魏道儒：《宋代禪宗文化》，鄭州：中州古籍出版社，1994年，第75頁。

〔註12〕方立天：《中國佛教哲學要義·下》北京：中國人民大學出版社，2002年，第1012～1013頁。

〔註13〕楊曾文：《宋元禪宗史》，北京：中國社會科學出版社，2006年，第147、286頁。

進行了界定，廣義「文字禪」泛指一切以文字爲媒介、爲手段的參禪學佛活動，大約包含四類：佛經文字的疏解；燈錄語錄的編撰；頌古拈古的製作；世俗詩文的吟誦。狹義的「文字禪」指一切禪僧以及士大夫所作的，帶有佛理、禪機的詩歌〔註14〕。研究對象側重在狹義界定上，即詩歌。李淼在《禪宗與中國古代詩歌藝術》中界定爲，以文字語言去解說「古德」、「公案」的形式，即所謂「頌古」、「拈古」的方式〔註15〕，特指頌古、拈古兩種方式。

將禪學與文學結合的學者，著眼於「詩」與「禪」的結合所演化出的語言哲學。周裕鍇在《繞路說禪：從禪的詮釋到詩的表達》中提到，禪宗「不道破」的言說原則，爲北宋後期詩人接受，成爲他們的寫作原則之一，豐富了宋詩的修辭技巧，擴展表現方法〔註16〕。韓鳳鳴、王麗在《語言與般若——禪宗語言哲學透視》中認爲，雖然禪意「詩化」更接近於事物的「自性」，但詩傳達禪意的能力也是有限的，最終仍需要超越文字而直接體會本心本性〔註17〕。

這兩個角度，說明「文字禪」的複雜性和融合性。

本書側重從禪學的角度詮釋「文字禪」，認爲它的關鍵在於「禪」，語言文字只是表達禪法的輔助工具，學人或讀者借助語言文字能夠體會、感悟出禪法。「禪」與「文字」的關係是「本」與「末」，不可倒置。文字語言的表達形式可以有多種，但只有與禪法建立起聯繫，才能是「文字禪」中的「文字」。若無「文字禪」中的「禪」，便無「文字禪」中的「文字」。

第三，注重原因探析。研究者多詮釋「文字禪」興起原因、在文化融合中發揮的作用等。在「生成說」上，有不同的見解。一種觀點爲：禪宗內部生成說。楊曾文指出，「隨著禪宗的興起，文字禪也在逐漸形成」〔註18〕，認爲禪宗內部對語言文字的矛盾認識，最終爲「文字禪」的形成提供了內在條件。第二種觀點爲：北宋表現說。在內部生成說的基礎上，強調北宋是突出

〔註14〕周裕鍇：《文字禪與宋代詩學》，北京：高等教育出版社，1998年，第31、42頁。

〔註15〕李淼：《禪宗與中國古代詩歌藝術》，長春：長春出版社，1990年，第53~54頁。

〔註16〕周裕鍇：《繞路說禪：從禪的詮釋到詩的表達》，《文藝研究》2000年第3期，第50~55頁。

〔註17〕韓鳳鳴、王麗：《語言與般若——禪宗語言哲學透視》，《河南師範大學學報》（哲學社會科學版）2008年第5期，第1~6頁。

〔註18〕楊曾文：《宋元禪宗史》，北京：中國社會科學出版社，2006年，第286頁。

表現時期。方立天認爲，「北宋初期有臨濟宗人及其後又有雲門宗人和曹洞宗人都先後採用偈頌（詩歌）等體裁，從文字上追求禪意，出現了由『不立文字』到文字禪的變化」，以偈頌體裁作爲「文字禪」形成的主要標誌〔註19〕，把偈頌題材的表達形式作爲「文字禪」形成的主要標誌。第三種觀點爲：外部推動說，強調宋代士大夫對禪宗的影響。潘桂明在《中國居士佛教史》（下）中提出，「文字禪」的盛行，正在於禪僧對士大夫的迎合和適應〔註20〕。與杜繼文、魏道儒認爲宋代禪宗是適應士大夫口味的見解〔註21〕相得益彰。顧海建在《論宋代文字禪的形成》總結出它是禪學發展與士大夫支持的內外雙重因素，並將「文字禪」的發展分爲，以「機鋒棒喝」爲特徵的萌芽階段；以語錄之風盛行爲特徵的發展階段；以代別、拈古、頌古等形式出現的流行階段；以《碧巖錄》的「評唱」爲代表的風靡階段〔註22〕。楊維中在《論詩與禪的互滲》中指出，禪與詩之間，是一種雙向滲透，在本體論、自然觀、表現論方面存在必然性〔註23〕。

　　上述研究探究了「文字禪」興起與發展的時代背景和內在原因，然對它的意義與影響的研究尙有待深入。

　　第四，重視個案，疏於比較。在代表性禪師的研究中，多關注雪竇重顯和圓悟克勤的研究，尤其對克勤《碧巖錄》的研究成果頗多〔註24〕。對惠洪的研究更側重於對禪師傳記的貢獻，和對江西詩學〔註25〕的影響。關於善昭

〔註19〕方立天：《中國佛教哲學要義》（下），北京：中國人民大學出版社，2002 年，第 1011 頁。

〔註20〕潘桂明：《中國居士佛教史》（下），北京：中國社會科學出版社，2000 年，568 頁。

〔註21〕杜繼文、魏道儒：《中國禪宗通史》，南京：江蘇古籍出版社，1993 年，第 379 頁。

〔註22〕顧海建：《論宋代文字禪的形成》，《中華文化論壇》2004 年第 2 期，第 128～131 頁。

〔註23〕楊維中：《論詩與禪的互滲》，《西北大學學報》（哲學社會科學版）1997 年第 3 期，第 14～17 頁。

〔註24〕李志峰：《〈碧巖錄〉佛道禪之關係探微》，《廣西社會科學》2005 年第 2 期，《「心」的傳播——〈碧巖錄〉公案「頓悟」策略探》，《中國文化研究》2008 年夏之卷；謝琰：《從〈碧巖錄〉看文字禪的悟道實質》，《安徽師範大學學報》（人文社會科學版）2006 年第 5 期；魏建中：《克勤「文字禪」的理論與實踐及其對後世的影響》，《學術論壇》2009 年第 5 期，等等。

〔註25〕如于萍：《論宋詩僧惠洪的詩學思想》，「廣西師範大學」2004 年碩士學位論文。另有潘建偉：《「事事無礙」、「文字禪」與釋惠洪的詩風》，《中國文學研究》

的思想，溫金玉在《汾陽善昭禪師及其禪法》中細數善昭的「三玄三要」、「汾陽十八問」、「十智同眞」等禪法主張，認爲善昭倡導的「文字禪」所代表的禪風，是對菩提達摩「藉教悟宗」的回歸〔註 26〕；或側重於從禪學教育思想詮釋，如閆孟祥在《善昭的禪教育思想》中，總結出其基礎教育和門風特色接引兩種形式〔註 27〕。

這些研究對象多停留禪師或表達方式等個案研究上，而較少研究「代別」、「頌古」、「評唱」等主要形式，它們之間的關係，不同禪師運用同一形式的表現等內容；另外對代表性禪師思想的延續和轉型，以及延續和轉型的內在關係缺少一定的研究。

第五，側重對禪宗語言觀的研究，疏於詮釋禪學思想。對禪宗語言觀的研究，邢東風在《禪宗語言研究管窺》中提出，禪宗語言的研究包括三方面，語義的研究；語法的研究；語言哲學的研究〔註 28〕。在禪宗語言特點、功能等研究上，成果頗豐〔註 29〕。尤其側重對「不立文字」與「不離文字」語言觀的探討更不在少數。如陸永峰提出禪宗語言觀具有融攝禪教的包容性，在內部存在著由「不立文字」到「不離文字」的過渡，是與禪宗的宗教實踐結合在一起的〔註 30〕。李小豔在《惠洪文字禪的特點》〔註 31〕中從禪學的角度

2009 年第 3 期，第 55～58 頁。

〔註 26〕溫金玉：《汾陽善昭禪師及其禪法》，《法音》1992 年第 12 期，第 9～13 頁。

〔註 27〕閆孟祥：《善昭的禪教育思想》，《晉陽學刊》2005 年第 1 期，第 14～18 頁。

〔註 28〕邢東風：《禪宗語言研究管窺》，《世界宗教文化》2001 年第 4 期，第 40 頁。

〔註 29〕杜道明：《語言與文化關係新論》，《中國文化研究》2008 年冬之卷，第 133～140；陳莊、周裕鍇：《語言的張力——論宋詩話的語言結構批評》，《四川大學學報》（哲學社會科學版）1989 年第 1 期，第 59～65 頁；艾振剛：《論禪宗的思維方式》，《江西師範大學學報》（哲學社會科學版）1991 年第 4 期，第 72～75 頁；張美蘭：《從〈祖堂集〉問句看中古語法對其影響》，《語言科學》2003 年第 3 期，第 80～91 頁，《禪宗語言的非言語表達手法》，《中國典籍與文化》1997 年第 4 期，第 102～107 頁；張子開、張琦：《禪宗語言的種類》，《宗教學研究》2008 年第 4 期，第 59～70 頁；金軍鑫：《禪宗語言的幾個特點》，《修辭學習》2002 年第 4 期，第 16～17 頁；疏志強：《試析禪宗修辭的非語言形式》，《湛江師範學院學報》（哲學社會科學版）2007 年第 2 期，第 36～42 頁；張宜民：《禪宗語錄的獨特言說方式》，《現代語文》2008 年第 12 期，第 9～12 頁；張育英：《談禪宗語言的模糊性》，《蘇州大學學報》（哲學社會科學版），1995 年第 3 期，第 93～95 頁。

〔註 30〕陸永峰：《禪宗語言觀及其實踐》，《揚州大學學報》（人文社會科學版）2001 年第 6 期，第 32～35 頁。

〔註 31〕李小豔：《惠洪文字禪的特點》，《忻州師範學院學報》2004 年第 6 期，第 19

剖析基於「三玄三要」的文字與禪的關係、「玄言妙語與麗辭綺語並行的」語言風格、「繞路說禪與正面說禪的」詮釋方式。在《不可言說中的言說》一文中，邱紫華、余銳提出，禪的思維特徵是非邏輯、非理性「意會」思維，與禪宗的「不立文字，教外別傳」的宗旨是一致的〔註32〕。李建軍在《儒道語言觀與釋門文字禪芻議》〔註33〕認為，文字禪的「因言顯道」受到儒家「文以明道」與道家「得意忘言」的影響。

　　關於禪宗語言的豐富的研究成果，有助於瞭解北宋「文字禪」中對「不立文字」與「不離文字」的不同理解角度。但對於「文字禪」中「禪法」；「文字禪」與「默照禪」、「看話禪」和其他不同時代的禪法相比較有何特性；它又與同時代的儒家思想、道家思想有何關係，等研究尚有待深入。上述不足正是本書著力解決的核心問題。

二、思路與框架

　　本書旨在把北宋「文字禪」作為一個整體，系統研究其產生、發展的社會和宗教原因；詳細介紹「文字禪」的主要內容，及其所反映的禪學思想；從「融合」與「滲透」的角度，論述「文字禪」與儒道等各種思想的關係。從結構上看，分為五章和一則結語。

　　第一章主要概述北宋「文字禪」發生和興起的禪學背景。禪宗的「五家」，在北宋時，溈仰宗入宋後不傳，僅留下四家，發展也是不平衡的。在宋眞宗以前，法眼宗興盛；北宋末年，經過了長期的沉寂後，曹洞宗再度興起。在整個北宋時期，雲門宗和臨濟宗成為主要宗門。它們在政權統一、思想融合的大趨勢下，從繼承和發展的角度，為「文字禪」的興起與發展提供了一定條件。

　　第二章主要剖析「文字禪」興起的原因及其發展脈絡。從內外雙重因素指明，「文字禪」的興起是時代發展的趨勢，也是禪宗解決內在矛盾的必然結果。無論是從禪宗的傳承方面還是儒學復興的角度來講，都為「文字禪」提供了條件。「文字禪」的發展脈絡體現在兩個方面，一種以代別、頌古、評唱

〔註32〕邱紫華、余銳：《不可言說中的言說》，《華中師範大學學報》（人文社會科學版）2006 年第 6 期，第 101～104 頁。
〔註33〕李建軍：《儒道語言觀與釋門文字禪芻議》，《宗教學研究》2006 年第 3 期，第 182～184 頁。

等主要表現形式發展與演變爲線索，一種以分屬於不同宗門的軸心人物對「文字禪」的態度與運用爲線索。這兩個方面互有交叉，構建出完整的體系。

第三章主要論述「文字禪」的主要表現形式。分別說明，「舉古」、「拈古」、「代別」、「頌古」、「評唱」與「擊節」的內容、特點、表現形式與評價。同時比較汾陽善昭與雪竇重顯在「代別」和「頌古」上的同異；論述圓悟克勤「評唱」、「擊節」與重顯「頌古」、「拈古」的關係。通過對禪宗史籍的介紹，說明文字在禪宗傳承和發展中的作用。

第四章主要詮釋「文字禪」的禪學思想。分別考察了「文字禪」中的「文字」與「禪」，及其二者的關係。在「文字禪」中「文字」與「禪」的關係越來越密切，並最終獲得了合法性的地位，但其目的在於表述禪法。它在「不離文字」的同時，仍貫徹「不立文字」的意旨；在具體的心性論、修行論和解脫觀上與禪宗傳統思想是一致的，然而由於融入了佛教其他義學以及儒、道等思想，呈現出有別於傳統的特色。

第五章主要解讀「文字禪」與儒道關係。從吸收和滲透兩方面說明，儒釋道三家的關係。「文字禪」對儒學理論的構建、士大夫的心靈境界及其文風等多有影響，但也吸收了儒道的忠孝、自然等思想，體現出中國化色彩。

「結語」部分主要評價「文字禪」的積極與消極作用。指出：「文字禪」在推動禪宗興盛的同時，也爲其衰落埋下伏筆。南宋興起的「看話禪」和「默照禪」正是在繼承其成功經驗，糾正失敗教訓的基礎上發展起來的。

三、對「文字禪」的界定

北宋最早運用「文字禪」者爲黃庭堅（1045～1105 年），見於《山谷內集詩注》卷 9《題伯時畫松下淵明》，「遠公香火社，遺民文字禪」〔註34〕。引起廣泛關注者則始於覺範惠洪所著的 30 卷《石門文字禪》。他在《賢上人覓偈》中提到，「懶修枯骨觀，愛學文字禪。江山助佳興，時有題葉篇」〔註35〕。在《贈勇上人乃仁老子也》說到，「應傳畫裏風煙句，更學詩中文字禪。已作一

〔註34〕陳志平在《「文字禪」名實研究》中提出，「遺民」指劉遺民，曾與東晉高僧慧遠同在阿彌陀像前立誓，期望往生「西方」淨土。其「文字禪」即指所作「誓言」和「經論」。見《暨南大學學報》（哲學社會科學版），2008 年第 6 期，第 11 頁。

〔註35〕〔宋〕惠洪集：《石門文字禪》卷 9，《四庫叢刊本》，上海：上海書店，1989 年，第 539 頁。

燈長到曉，定能百衲不知年」〔註 36〕。把「文字禪」與詩歌聯繫起來，倡導從詩中觀禪。到明萬曆年間（1573～1619 年）達觀撰寫《石門文字禪》的序言時指出，「蓋禪如春也，文字則花也。……故德山臨濟棒喝交馳，未嘗非文字也。清涼天台疏經造論，未嘗非禪也」〔註 37〕，明確地將「禪」與「文字」統一起來，同時擴大了「文字」與「禪」的內涵。

目前學術界對「文字禪」的界定不一，本書選取眾家之長，將其界定為：它是指借助語言文字表達禪宗旨意、禪修見解、禪悟意境乃至禪宗歷史等內容的各種文體形式和傳法風尚。它以「繞路說禪」為特點，以「代別」、「拈古」、「頌古」、「評唱」為主要表現形式，旨在闡述禪法思想。具體說來，呈現出以下特點：

首先，它是禪宗的發展形式。其核心在於「禪」，屬於禪宗體系，與禪宗的總體發展休戚與共。在修行論、解脫論上與禪宗思想是一致的。所以，主要推動者和代表者仍是禪師，要解決的問題仍是禪宗最關心和亟待解決的。在融合趨勢下，立足點仍在佛教中，呈現出佛教式的解脫色彩。

其次，它是具有個性的禪學形式。它建立在「公案」的基礎上，以處理「文字」〔註 38〕與「禪」的關係為切入點，表現為「不離文字」。所以，其一，它需要處理「不立文字」與「不離文字」的關係，解決二者間的矛盾。這些在「語錄」、「燈錄」、「僧傳」中都有所反映。其二，建立在對「公案」的解讀和詮釋的基礎上，「舉古」、「拈古」、「代別」、「頌古」、「評唱」等方式，皆由此而發。其三，充分體現了禪學思想。無論採用何種形式的表達方式，語言文字只是「方便」，最終目的仍在於借助此類工具間接傳達禪學思想，在於「繞路說禪」。

第三，它反映出時代的特色。這一體系與傳統的注重「師承」的禪學發展脈絡不同，與以具有開創性禪師的名字命名（如石頭希遷及其弟子所傳之法稱為「石頭系」）的禪學體系不同，並非僅僅屬於某一支派，某一宗門，而受到分屬於不同宗門、支派禪師的共同推崇。代表人物中，除卻溈仰宗的傳

〔註 36〕〔宋〕惠洪集：《石門文字禪》卷 11，《四庫叢刊本》，上海：上海書店，1989 年，第 599 頁。

〔註 37〕〔宋〕惠洪集：《石門文字禪・達觀序》，《四庫叢刊本》，上海：上海書店，1989 年，第 2 頁。

〔註 38〕「文字禪」中的「文字」既包括成文的記載，即一般意義上的「文字」，也包括口頭表達的語言，是二者的綜合體。

承趨於淹沒之外，法眼宗、臨濟宗、雲門宗、曹洞宗中都有代表禪師。這表現出「文字禪」的涉及範圍頗廣，成爲當時各宗門的共同追求；也說明，「文字禪」的發展並不僅僅因爲北宋特殊的社會背景和士大夫居士的參與而興盛，而已經成爲禪宗發展的必然選擇。

第四，它呈現顯性與隱性並行的特點。在北宋禪林中，它未能形成獨立的禪學派別，在法系傳承上，與「看話禪」和「默照禪」不同，是分散在北宋各禪門中，是「隱性」的；但它同時反映在各禪門中，成爲社會的共識，又體現出時代特徵，故而是「顯性」的。在顯隱並行中，成爲北宋禪宗的主流。

要正確理解「文字禪」，還必須區分它與「公案禪」、「看話禪」與「葛藤禪」、「老婆禪」的關係。

首先，「文字禪」與「公案禪」〔註39〕。北宋時期的「文字禪」是與「公案」密切聯繫在一起的。其「代別」、「拈古」、「頌古」、「評唱」等表現形式是在「公案」的基礎上產生的。二者頗爲相似。「公案」一詞最早出現在《黃檗斷際禪師宛陵錄》中，「若是個丈夫漢，看個公案」〔註40〕。三教老人在《碧巖錄・序》中認爲，它「倡於唐而盛於宋，其來尙矣，二字乃世間法中吏牘語，其用有三，……具方冊，作案底，陳機境，爲格令，與世間所謂金科玉條清明對越諸書，……祖師所以立爲公案，留示叢林者，意或取此」〔註41〕。明代大建禪師又解釋爲，「公案，乃喻公府之案牘也。法之所在，而王道治焉。公者，乃聖賢一期之轍，天下通途之理也。案者，聖賢之正文也。……蓋取爲法，而治天下之不正矣。夫佛祖機緣，目之曰公案者，亦由是而已。蓋非一人之臆見，乃百千開示同稟至理也」〔註42〕。可見，它本是律法的用語，指已獲公共認可的、判斷是非的標準，後被禪宗借用。而在唐末禪師已將「公案」作爲教化弟子的教材。然而是否所有的前代禪師的事跡皆可作爲準則性的「公案」，尙可質疑。「文字禪」雖建立在解讀「公案」的基礎上，卻不是唯一的基礎，在「語錄」、「燈錄」、「僧傳」、「偈頌」中皆有反映。因此「公

〔註39〕 亦有學者將「公案禪」等同於「看話禪」。如柳田聖山認爲，「公案禪是來自宋代以後的『趙州無字』，它通過重新確認這種暝想的方法，形成了禪的傳統」（《禪與中國》，北京：三聯書店，1988 年，第 177 頁）。
〔註40〕 〔唐〕裴休編：《黃檗斷際禪師宛陵錄》，《大正藏》卷 48，387b。
〔註41〕 〔宋〕克勤評唱：《碧巖錄・三教老人序》，《大正藏》卷 48，139b～c。
〔註42〕 〔明〕大建校：《禪林寶訓音義》，《續藏經》第 113 冊，第 264 頁。

案禪」不盡然是「文字禪」，但「文字禪」卻包括了「公案禪」的大部分內容。

其次，「文字禪」與「看話禪」。「看話禪」正式出現於兩宋之際的大慧宗杲（1089～1163 年）時，並與「默照禪」一起成為南宋禪學的兩大分支。

從內部思想看，「文字禪」與「看話禪」有內在關聯。「話頭」乃公案中的「核心」部分。品評、解讀公案時，固然也有對其中人物得失的品評，但關鍵仍是在「話頭」上。如在臨濟義玄時，就有「話頭」之說。「（明）化問：『來來去去作什麼？』師（指義玄）云：『秪徒踏破草鞋。』化云：『畢竟作麼生？』師云：『老漢話頭也不識！』」〔註 43〕後代禪師也往往以「還我話頭來」作為勘驗對方的手段。「文字禪」中所拈、頌、評唱也多是從「話頭」上著眼的。「文字禪」不離「看話頭」。

被譽為「看話禪」知名宗師的大慧宗杲也多借用「文字禪」的表達形式。他師從黃龍派禪師湛堂文準（1061～1115 年）時，曾作頌古、拈古、小參，深得「禪宗三昧」。在《大慧普覺禪師語錄》10～13 卷，詳細記載其「頌古」、「偈贊」之作；又在《宗門武庫》中集眾禪師的「拈古」之作。甚至有學者認為宗杲的「看話禪」亦屬於「文字禪」的範疇之內〔註 44〕。「看話禪」也體現出禪宗「不立文字」與「不離文字」的雙重運用，與「文字禪」的根本思想是一致的。

「文字禪」與「看話禪」雖然有著千絲萬縷的聯繫，但「看話禪」的核心卻是在「話頭」上下功夫，有時為「一字」，有時為「一句」。而「文字禪」中所拈、頌、評者面向的是整體，角度更廣，包含的內容更多。

第三，「文字禪」與「葛藤禪」、「老婆禪」。「葛藤禪」是從否定層面而言的，是禪師們批判、排斥的對象。因借用語言文字說禪，七縱八橫，如團團絲線，蒙蔽了禪宗的「本來面目」而得名。如克勤提出，「日面月面珠回玉轉，有句無句絲來線去。……透得者，權實句下雙明；透未得者，葛藤窠裏埋沒」〔註45〕。一味糾結於言辭，只識「外尋」，不知「內覓」，為禪林所警示。

「老婆禪」則具有兩層含義，一與「葛藤禪」相似，為否定層面。如法演感歎，「近日太平院，禪和多聚散。參底老婆禪，喫底秈米飯，知事失照顧，

〔註43〕〔唐〕慧然集：《鎮州臨濟慧照禪師語錄》，《大正藏》卷 47，506b。

〔註44〕毛忠賢認為，「所謂文字資料，主要是佛典和前代禪師語錄中的言句或事例，名之為『話頭』或『公案』，其禪也就名之為『看話禪』、『公案禪』」（《中國曹洞宗通史》，南昌：江西人民出版社，2006 年，第 316 頁）。

〔註45〕〔宋〕紹隆等編：《圓悟佛果禪師語錄》卷 3，《大正藏》卷 47，726c。

主人少方便」〔註 46〕。二爲自嘲之辭，嘲諷自身明知「禪」不能用語言表達而以言語解禪。如重顯「舉古」後，又言，「如今不欲見佛，即許爾切忌以手掩面。何以？明眼底覷著，將謂雪竇門下，教爾學老婆禪」〔註 47〕，說明禪師在教化弟子時的拳拳之心，也蘊含著「禪」不可言而不得不說的尷尬。

　　有學者突出「文字禪」中的「葛藤性」〔註 48〕。又將以文字說禪的做法類似於繁瑣的「老婆禪」。但二者只能算是「以文字爲禪」，而非「文字禪」。從歷史發展的內在趨勢上看，「文字禪」是適應時代的產物，也是禪宗內部有意識地解決困擾禪學百年的「不離」與「不立」矛盾的突出表現，不應當全面否定之。至於「文字禪」在長期的發展中出現的弊病，是其「末流」而非其「本源」。

　　通過上述多種概念的比較、分析，可以得知「文字禪」是多重因素的綜合體，有肯定有否定；有顯性有隱性；有廣義有狹義；足以反映出北宋禪學的「融合性」。

〔註 46〕 〔宋〕才良等編：《法演禪師語錄》卷上，《大正藏》卷 47，652b。

〔註 47〕 〔宋〕惟蓋竺等編：《明覺禪師語錄》卷 2，《大正藏》卷 47，680b。

〔註 48〕 如在方立天在《中國佛教哲學要義》（下）中說到，「繞路說的文字繳繞，所云不知東西，猶如葛藤相互糾纏，牽扯不斷，故也稱文字禪爲葛藤禪」（北京：中國人民大學出版社，2002 年，第 1012 頁）。

第一章　北宋禪宗的發展與趨勢

　　學術界一般將兩宋時期的禪宗作為一個整體進行考察，主要分為兩個階段：第一階段，北宋前中期，大約相當於宋太祖到宋哲宗時期（960～1100 年）；第二階段，從北宋末年至南宋末年。本書考察的北宋時期（960～1127 年），包括第一階段，及第二階段的前期。在禪宗中各家的情況為：溈仰宗入宋後逐漸消失，無系統的傳承法系；法眼宗延續了永明延壽的遺風，在宋眞宗以前影響較廣；雲門宗是北宋禪宗的主要派別，雪竇重顯「中興」後，縱橫北宋時期；北宋中期臨濟宗再度分化為黃龍派和楊岐派，最初以黃龍派為主導，到北宋末年楊岐派取而代之成為臨濟宗的主流；曹洞宗經過大陽警玄、投子義青等的發展得以重振，在北宋末年產生了一定的影響。從整體上看，北宋時期禪宗的主要宗派為雲門宗和臨濟宗（北宋中期後為臨濟宗黃龍派），北宋「文字禪」也主要由這兩大宗派的禪師推動。但是，由於自唐末五代時期，「公案」已經成為禪師教化弟子的教材。宋代各家禪師從解讀「公案」出發，創造了多樣的表達形式，實際上共同推動了「文字禪」的發展，使得它成為北宋禪學的主流。故而簡略介紹北宋禪宗各家的發展情況，及代表性禪師，以說明「文字禪」的廣度與深度。

第一節　法眼宗的傳承

　　法眼宗由五代時期的法眼文益（885～958 年）創立，是禪宗五家中最為晚出的宗派，也是融會、總結其它四宗的宗派。北宋初年，法眼宗的傳人主

要有天台德韶〔註1〕與永明延壽〔註2〕，北宋中期之後，此宗歸於隱沒，在朝鮮半島大興〔註3〕。它對於禪學思想最大的貢獻之一在於倡導「融合」。具體說來，表現爲禪學內部融合、禪教合一、禪淨雙修、儒釋合流。因此有學者總結到，法眼宗「對外提倡儒佛融合，對內講禪淨合修，百家並重。在禪法上，隨機接化，懇切提撕，既不乏雲門的箭鋒相拄，也具有曹洞宗的謹嚴執著。同時法眼宗人的文化氣息也很濃，特別喜歡拈提古則公案」〔註4〕。法眼宗的「融合」理論充實了「文字禪」的內容，喜好「拈提古則公案」的特色，推動「文字禪」早期發展。這兩種特色的集中體現者，以永明延壽爲代表。

　　延壽思想最突出的特點在於「融合」，在代表性著作《宗鏡錄》與《萬善同歸集》中，從宗教理論與實踐上倡導禪教合一、禪淨雙修、儒釋融合。作爲早期「文字禪」的代表禪師，延壽的融合思想實際上爲「文字禪」提供了理論與實踐上的動因。

　　首先，禪教融合上的理論借鑒。他折衷法相宗、三論宗、華嚴宗、天台宗多家宗法要義融合於禪宗中，嚴格持戒，日行念佛，兼持密咒，並充實了自草堂宗密（780～841年）以來的「華嚴禪」思想。提出「頓悟圓修，亦不離筌蹄而求解脫，終不執文字而迷本宗」〔註5〕的見解，認可了語言文字（筌、蹄）與解脫之道的關係，其立足點雖然仍在於「不執文字」上，但已經爲語言文字等表達禪法工具的存在提供了理論上的借鑒。

　　另一方面，延壽以「萬善」殊途同歸的「圓教」教義映像出語言文字等

〔註1〕 天台德韶（850～971年），俗姓陳，處州龍泉人。參見54位著名禪師，由「曹溪一滴水」得悟於法眼文益。吳越忠懿王（錢俶）執弟子之禮，漢乾祐元年（948年），事之以國師。

〔註2〕 永明延壽（904～975年），俗姓王，餘杭人。曾任華亭鎮將。出家後，持頭陀行，後師天台德韶。爲吳越王錢俶所重。著有《宗鏡錄》、《萬善同歸集》，倡導禪教一致，禪淨合一。

〔註3〕 據《人天眼目》所記，「雪峯傍出玄沙備，地藏法眼益尊貴。韶國師傳壽與津，佛法新羅而已耳」（智昭集：《人天眼目·五家要括》，《大正藏》卷48，336a）。

〔註4〕 吳立民主編：《禪宗宗派源流》，北京：中國社會科學出版社，1998年，第266頁。

〔註5〕 〔宋〕延壽集：《宗鏡錄》卷34，《大正藏》卷48，614a。「筌」「蹄」說法來源於《莊子·外物》，「筌者所以在魚，得魚而忘筌；蹄者所以在兔，得兔而忘蹄」的說法，其中，「筌」爲捕魚竹器，「蹄」爲捕兔的網，後以「筌蹄」比喻達到目的的手段或者工具。禪學中常以「筌」「蹄」喻指語言文字。

「方便」的存在。他認為「夫萬善是菩薩入聖之資糧，眾行乃諸佛助道之階漸」〔註6〕，進而倡導修十種「圓教」義理，即理事無閡、權實雙修、二諦並陳、性相融即、體用自在、空有相成、正助兼修、同異一際、修性不二、因果無差〔註7〕。在語言文字與禪的關係上，語言文字為「權」、為「用」，禪法為「實」、為「體」。雖然延壽的「圓教」義理的立足點不在於說明語言文字與禪法的同一，但由此圓融思想出發，便可得知工具和本體也是統一的，語言文字能夠表述禪法。

　　其次，以融合論，拉近了與士大夫階層的距離。儒釋兩家在出發點、終極目標、思想性質上是不一致的，而在北宋政權統一，儒學復興的時代背景下，延壽提出「儒道先宗，皆是菩薩，示劣揚化，同讚佛乘。……開俗諦也，則勸臣以忠、勸子以孝、勸國以紹、勸家以和；弘善示天堂之樂，懲非顯地獄之苦；不惟一字以為褒，豈止五刑而作戒。敷真諦也，則是非雙泯，能所俱空；收萬象為一真，會三乘歸圓極」〔註8〕。僅以使用字句的不同作為區分依據，倡導儒家與佛學在思想上的一致性。這樣做，一方面融會了儒釋道思想，顯示出五代、宋初僧人在融合的趨勢下，以佛學統攝別家思想，獲取共通性的努力。另一方面以思想上的趨同，拉近了與士大夫的關係，促使禪師和士大夫以語言文字為媒介宣傳禪法。

　　第三，整理、借鑑前代佛祖、禪師言論。在《宗鏡錄》卷 97～98，收錄自七世佛至先雲居和尚的言論，尤其注重禪師的「偈贊」，延壽認為「是先聖誠言，實為後學龜鏡，可以刻骨，可以書紳」〔註9〕。以「先聖」言論為鑑，為了發揮佛經、禪語的作用，延壽引經據典，進行評論，加以詮釋，開啟了宋代禪師「解禪」的風氣。

第二節　雲門宗的繁榮

　　雲門宗由唐末五代時期的雲門文偃（864～949 年）創立，是禪宗五家中較為晚出的宗派。到北宋時，只經兩三代傳承。在法系的傳承上雖未出現阻斷的局面，但由於宗風「孤危聳峻」，對學習者根性的要求頗高，所以雲門弟

〔註6〕　〔宋〕延壽編：《萬善同歸集》卷1，《大正藏》卷48，958c。
〔註7〕　〔宋〕延壽編：《萬善同歸集》卷3，《大正藏》卷48，992a。
〔註8〕　〔宋〕延壽編：《萬善同歸集》卷3，《大正藏》卷48，988a～b。
〔註9〕　〔宋〕延壽集：《宗鏡錄》卷98，《大正藏》卷48，947b。

子往往停留在在模仿式的傳承上，創見不多，直至雲門第三代弟子雪竇重顯時期才有所改觀，重顯因而被稱爲「雲門中興者」。此後，出現如圓通居訥、佛印了元、大覺懷璉、慧林宗本、法雲善本、法雲法秀、明教契嵩等著名禪師。具體來說，雲門宗與「文字禪」的關係表現爲，其一，由南向北推進。雲門宗的禪師住持京城寺院，擴大了禪宗在北方的影響；其二，創立出新的禪法表達形式，創新了「文字禪」的內容；其三，密切與士大夫的聯繫，推動「文字禪」的發展。

首先，推動禪宗的發展。自唐中期，禪學的重心已經南移。北宋初期，這種狀況仍未發生變化。「文字禪」作爲禪宗體系的一部分，其發展與禪宗的發展是一致的。北宋禪宗在北方的發展又與雲門宗禪師住持京城寺院密切相關的，當時在汴京已經形成了十方淨因禪寺，相國寺慧林禪院、智海禪院，法雲禪院四處雲門宗禪院。其中以大覺懷璉〔註10〕、慧林宗本〔註11〕、法雲法秀〔註12〕、法雲善本〔註13〕爲代表。他們的主要貢獻爲，其一，將南方禪林儀規引入京城寺院中，規範了北方禪宗的發展模式；其二，在皇室、士大夫等上層擴大了禪宗的影響。元豐三年（1080 年）宋神宗下詔在皇家寺院相國寺設置二個禪院時，分別由雲門宗慧林宗本住持慧林禪院，本逸正覺住持智海禪院。兩大禪院成爲在京師中弘揚雲門宗禪法的重鎮，爲「文字禪」吸引了眾多的「外護」力量。惠洪提到，這些禪師「與士大夫論宗教，則指物連類，折之以至理，使其泮然無疑，則亦知爲比丘之大體者歟」〔註14〕。可謂禪學中的「大機大用」者，對於禪宗的發展具有關鍵性的作用。

其次，充實了「文字禪」的內容，豐富禪學界對「文字禪」的兩種主

〔註10〕 大覺懷璉（1009～1070 年），俗姓陳，漳州人，皇祐二年（1050 年）代替居訥住持京城淨因禪院。師承爲：雲門文偃──雙泉師寬──五祖師戒──泐潭懷澄──大覺懷璉。

〔註11〕 慧林宗本（1020～1099 年），俗姓管，常州無錫人。師事承天永安道升禪師，從天衣義懷禪師處悟道。師承爲：雲門文偃──香林澄遠──智門光祚──雪竇重顯──天衣義懷──慧林宗本。曾住持淨慈寺。元豐五年（1082 年），宋神宗開相國寺六十四院爲八，禪二律六，詔宗本住持禪寺。

〔註12〕 法雲法秀（1027～1090 年），俗姓辛，秦州隴城人，同樣從天衣義懷禪師悟道。住持法雲寺，深受宋神宗、冀國大長公主、荊王等尊崇。

〔註13〕 法雲善本（1035～1109 年），俗姓董，穎州人。嘉祐八年（1063 年），籍名顯聖地藏院試所習爲大僧，後從學於宗本，並稱爲「大小本」。宋哲宗聞其名，詔住京城法雲寺，賜號「大通」。

〔註14〕 〔宋〕惠洪集：《禪林僧寶傳》卷18，《續藏經》第 137 冊，第 515 頁。

要表現形式「代別」和「頌古」的運用。在北宋禪師中，明確運用「代別」者始於臨濟宗人首山省念，爲「代別」賦予規範化的界定者爲其弟子汾陽善昭，善昭也是始用「頌古」者。雲門宗禪師雪竇重顯〔註15〕借鑒並推動了這兩種形式。尤其對於「頌古」的貢獻最爲突出，他的《頌古百則》擴大了「頌古體」的影響，「顯錦想繡腸，巧打詩偈，以述祖道。尤於頌古發揮其妙，稱爲雲門宗之中興」〔註16〕，而且成爲後世「頌古」競相參照的標準。正因爲此，也奠定了雪竇重顯在「文字禪」禪師中的地位，成爲雲門宗中的代表禪師。

　　第三，密切與士大夫的聯繫，推動「文字禪」的發展。雲門宗禪師與士大夫交好有兩種模式，一以學識、品行吸引士大夫；一在儒家的「排佛」思潮中，據理力爭，倡導儒釋融合之說，獲取儒士的尊重。前者以圓通居訥〔註17〕和佛印了元〔註18〕爲代表，後者以明教契嵩〔註19〕爲代表。

　　其一，以學識、品行吸引士大夫。在禪學造詣、禪悟境界、禪修見解上雲門宗不乏傑出的代表。宋仁宗聽聞圓通居訥的盛名，皇祐（1049～1054 年）初，詔請他住持十方淨因禪院，居訥請辭不赴，另以同宗的大覺懷璉代之，更加受到仁宗的尊崇。歐陽修本排斥佛教，也因居訥改變態度，成爲佛教的「外護」者。惠洪稱讚圓通居訥：「法道陵遲，沙門交士大夫。未嘗得預下士之禮，津津喜見眉目。訥卻○萬乘之詔，而以弟子行。其尊法有體，超越兩

〔註15〕雪竇重顯（980～1053 年），俗姓李，遂州人。幼年時「讀書知要，下筆敏速」，成年後，「工翰墨」，追慕詩僧貫休，好辭賦。其師承爲：雲門文偃——香林澄遠——智門光祚——雪竇重顯。在住持雪竇寺時，「宗風大振，天下龍蟠，鳳逸衲子，爭集座下，號雲門中興」。（惠洪集：《禪林僧寶傳》卷 11，《續藏經》第 137 冊，第 488 頁）

〔註16〕〔日〕忽滑谷快天著、朱謙之譯：《中國禪學思想史》（下），上海：上海古籍出版社，2002 年，第 402 頁。

〔註17〕圓通居訥（1010～1071 年），俗姓蹇，梓州中江人。十七歲時試《法華經》而得度，於穎眞律師處受具足戒，習禪前，熟讀經論。因讀《華嚴經》起心思慮，悟馬祖之語。其師承爲：雲門文偃——香林澄遠——智門光祚——延慶子榮——圓通居訥。

〔註18〕佛印了元（1032～1098 年），俗姓林，饒州人。世業儒，2 歲誦《論語》和諸家詩，5 歲誦三千首，即長略通五經大意。後以試《法華經》得度。其師承爲：雲門文偃——雙泉仁鬱——開元善暹——佛印了元。曾住持江州承天寺、廬山歸宗寺、金山寺、雲居寺等。

〔註19〕明教契嵩（1007～1072 年），俗姓李，滕州人，其師承爲：雲門文偃——德山緣密——文殊應眞——洞山曉聰——明教契嵩。

遠，觀其標致，可諷後學」〔註20〕。

佛印了元，精通《論語》、諸家詩、五經等儒學典籍要義，擅長詩文，並將其作爲與士大夫交往的紐帶，「凡四十年間，德化緇素，縉紳之賢者多與之遊」〔註21〕。尤其與蘇軾的交往成爲一代佳話。在詩歌唱和、以詩達意中宣傳禪法，推動了士大夫的「禪悅」之風。

其二，倡導「融合」論調，爲「文字禪」獲取新的發展空間。在北宋「排佛」浪潮中契嵩獨自入汴京宣傳佛法正義，請求將著作入藏，靈活運用語言文字，開啓了「排佛」時代的佛教發展模式。其努力主要表現爲：

一則，著述立說。一方面，倡導三家融合說，著《原教論》、《孝論》等十餘萬言，對抗「排佛」之論，令「讀之者畏服」。另一方面，整理禪宗傳承體系，樹禪宗正統地位。在《壇經贊》、《傳法正宗論》、《傳法正宗贊》、《傳法正宗定祖圖》中，明確禪宗的二十八祖傳承說，認可禪宗的正統性，對抗天台宗人的說法〔註22〕，此後禪宗越來越重視「正眼法藏」宗譜的傳承。

二則，言辭論辯。契嵩一方面與儒家知識分子中的「排佛者」論辯，「遇士大夫之惡佛者，仲靈（指契嵩）無不懇懇爲言之。由是排者浸止，而後有好之甚者，仲靈唱之也」〔註23〕，獲得認同。如韓琦、歐陽修皆在與之交往中改變看法，由「排佛」而「事佛」。另一方面與其他義學者論辯。北宋中期前，北方佛教的主流是律學，宋神宗時開相國寺六十四院爲八，禪二律六，即是明證。禪宗在北方的推廣過程中，遭到主修律學之士的反對，契嵩以文爲根據，「援引古今，左證甚明，幾數萬言。禪者增氣，而天下公議，翕然歸之」〔註24〕。

他以著書立說和言辭辯論的形式，在爲佛教獲取發展空間的同時，也爲「文字禪」的發展提供了新的推動力。

從上述雲門宗人的特點上看，他們的師承並不限於一枝，但作爲一個宗派，他們在北宋時期，或適應時代發展，開創新型的傳法方式；或推動北方佛教的發展；或提倡三家融合說，樹立禪宗的正統地位。在多個層面，爲雲

〔註20〕〔宋〕惠洪集：《禪林僧寶傳》卷26，《續藏經》第137冊，第542頁。
〔註21〕〔元〕念常集：《佛祖歷代通載》卷19，《大正藏》卷49，670a。
〔註22〕北宋時，天台宗人以《付法藏傳》爲依據，指出禪宗西土傳承僅到第24祖的師子尊者，不承認菩提達摩第28祖的地位，從而否認了禪宗的正統性。
〔註23〕〔宋〕陳舜俞撰：《鐔津明教大師行業記》，《大正藏》卷52，648b。
〔註24〕〔宋〕惠洪集：《禪林僧寶傳》卷27，《續藏經》第137冊，第546頁。

門宗的發展打開了方便之門，使得雲門宗成爲北宋王朝一百多年中的主要宗派。

第三節　曹洞宗的興起

　　曹洞宗出現於 9 世紀，由洞山良價（808～869 年）與曹山本寂（840～901年）創立，倡導「回互說」，重視理事關係，以「五位法」爲教化特點。它剛成立不久，由於宗法孤傲難解，未曾找到新義理的突破口和生長點，加之未找到合適的傳承人，進入相對沉寂的階段。從唐末五代到北宋中期，由雲居道膺門下勉爲傳承，「至少從公元 10 世紀中葉起，曹洞宗進入了百年孤獨的年代」〔註 25〕。其狀況可謂是「臣主相忘古殿寒，萬年槐樹雪漫漫。千門坐掩靜如水，只有垂楊舞翠煙」〔註 26〕。大陽警玄（943～1027 年）認識到曹洞宗困境，令臨濟宗人浮山法遠（990～1067 年）代爲尋找法嗣，覓得投子義青（1032～1083 年）方有所改觀。義青門下出芙蓉道楷（1043～1118 年），道楷門下出丹霞子淳（1054～1119 年）、淨因自覺（？～1119 年），有日本僧人投到自覺門下，將曹洞宗禪法傳到日本。子淳門下出宏智正覺（1071～1157 年）、眞歇清了（1097～1152 年），正覺倡導「默照禪」，開創了南宋時期「曹一角」之勢。

　　北宋時期曹洞宗著名尊宿主要有大陽警玄、投子義青、芙蓉道楷、丹霞子淳、淨因自覺〔註 27〕，他們對曹洞宗的貢獻主要表現在：

　　首先，以開闊的眼界選擇法嗣。大陽警玄門下雖有眾多弟子但未找到心儀的能帶領曹洞宗走出困境的傳法人，所謂「爲宗譜續法嗣極易，爲精神擇傳人極難」〔註 28〕。但他未囿於宗門之見在自己的弟子中隨意選擇，而是委託給臨濟宗禪師浮山法遠代爲尋找眞正的法嗣，這在曹洞宗的發展史上佔據決定性的地位。從警玄的法嗣上看，少則有一二十人，並非無法嗣可傳，但

〔註 25〕吳立民主編：《禪宗宗派源流》，北京：中國社會科學出版社，1998 年，第 443頁。

〔註 26〕〔宋〕智昭集：《人天眼目》卷 3，《大正藏》卷 48，314a。

〔註 27〕宏智正覺與眞歇清了雖然跨兩宋，但鑒於其在北宋時期，主要處於學習禪法的階段，並未有獨立的傳法活動，尤其是正覺的「默照禪」實際上創立於南宋時期，故而不對其進行討論。

〔註 28〕吳立民主編：《禪宗宗派源流》，北京：中國社會科學出版社，1998 年，第 447頁。

他從其師與自身上看到了曹洞宗思想傳承上的枯竭。史書的記載是，警玄「自以先德付受之重，足不越限，脇不至席者五十年。年八十，坐六十一夏。嘆無可以繼其法者。以洞山旨訣，寄葉縣省公之子法遠，使爲求法器，傳續之」〔註29〕。終其一生，十之七八的時間都在探尋曹洞宗禪法與尋找合適的傳承者，但因爲曹洞宗從創立之初便已埋下的衰退的因子，需要跳出固有的名相概念與回互之說，汲取外在的思想，改變過於綿密而缺乏發展動力的窘境。「大陽警玄以非凡氣魄與手段，了斷曹洞宗在公元十～十一世紀前期尷尬孤獨的百年史，爲曹洞宗的長遠發展帶來了眞正的轉機」〔註30〕。

其次，改變曹洞宗萎靡不振的禪風。投子義青改變了曹洞宗萎靡不振的狀況，「道望日遠，禪者日增，潛通暗證者比比有之」〔註31〕。他的變更表現在，其一賦予曹洞宗法更爲高深的意境，並綜合臨濟宗、雲門宗的宗法實現禪宗內部的融合。其二，以「頌古」和「拈古」的形式解讀公案，是雪竇重顯之後著名的「四大頌古者」之一。他的這種做法適應了北宋時期「文字禪」的整體風氣，是順應時代發展的產物，其法嗣丹霞子淳續做「舉古」、「頌古」〔註32〕，推動了「文字禪」在曹洞宗內的傳播。

第三，促進曹洞宗在北方的傳播。北宋時期，芙蓉道楷首開在北方傳播曹洞宗的先河。他曾在沂州仙洞擔任住持，「後遷西洛之招提龍門，又遷住郢州之大陽。……洞上之風大震西北。崇寧三年（1104 年）有詔，住東京十方淨因禪院」〔註33〕。道楷在今河南省、山西省等區域的傳法活動，促進了曹洞宗在北方尤其是在京城的傳播。後來其弟子自覺再度住持淨因禪院。與淨因禪院的雲門宗僧人共同推動了禪法在北方的傳播。

第四，贏得社會尊重。芙蓉道楷曾因拒絕宋徽宗所賜的師號與紫衣，被貶出京城，並遭罪罰。道楷堅持「常發誓願，不受利名」的理念，以傳法爲己任，不住名利，贏得上至天子下至黎民的尊重，保持了禪僧高貴的人格尊嚴。這無疑是在政權勢力圈中獨善其身的楷模，高尚的人格魅力與高深的禪

〔註29〕〔宋〕惠洪集：《禪林僧寶傳》卷 13，《續藏經》第 137 冊，第 496 頁。

〔註30〕吳立民主編：《禪宗宗派源流》，北京：中國社會科學出版社，1998 年，第 447 頁。

〔註31〕〔宋〕惠洪集：《禪林僧寶傳》卷 17，《續藏經》第 137 冊，第 511 頁。

〔註32〕詳見《投子義青禪師語錄》卷下，《續藏經》第 124 冊，第 463～475 頁。《丹霞子淳禪師語錄》卷下，第 124 冊，第 498～513 頁。

〔註33〕〔宋〕惠洪集：《禪林僧寶傳》卷 17，《續藏經》第 137 冊，第 512 頁。

法為曹洞宗乃至整個禪宗的流行打開方便之門。

　　曹洞宗在北宋時期雖無法與雲門宗、臨濟宗並駕齊驅，但已經開創出「中興」之路，並順應時代趨勢，成為北宋「文字禪」中的一支力量。

第四節　臨濟宗的流傳

　　臨濟宗由臨濟義玄（？～867年）以河北鎮州臨濟院為基地創立，為五宗中唯一出現在北方的宗派，是北宋佔據禪宗主流的另一個宗派。北宋中期，石霜楚圓門下分化出黃龍派和楊岐派，禪門的「五家七宗」正式出現。臨濟宗在北宋出現了多位知名禪師，有首山省念、汾陽善昭、石霜楚圓、黃龍惠南、楊岐方會、白雲守端、五祖法演、圓悟克勤、覺範惠洪等等。北宋中後期，臨濟宗的黃龍派佔據主流，黃龍惠南的「三關」為天下衲子和士人所追捧。楊岐方會門下經白雲守端、五祖法演的傳承有所發展，但真正到法演的弟子「三佛」（佛果克勤又稱圓悟克勤、佛眼清遠、佛鑒慧懃）時代才超越黃龍派成為臨濟宗的主流。他們傳承並擴大了禪宗的體系，推動了臨濟宗的發展。臨濟宗人對「文字禪」的貢獻頗大，學術界公認的四位代表有三位（汾陽善昭、圓悟克勤、覺範惠洪）出自此宗，成為構建「文字禪」體系的重要力量。

　　首先，臨濟宗人對「文字禪」的主要貢獻為運用並創立多樣的表達形式。

　　「文字禪」的主要表現形式有「代別」、「拈古」、「頌古」、「評唱」、「擊節」等。除了「拈古」沒有明文記載始於臨濟宗人外，在北宋，其他四種皆始於該宗。「代別」始用於首山省念〔註34〕，其弟子汾陽善昭〔註35〕續之，正式以「代別」作為解讀「公案」的形式，並明確界定了「代別」使用情況與運用標準。善昭對「文字禪」的貢獻還在於，作《頌古百則》，以「頌古」作為解讀「公案」的另一種形式。後來雲門宗人雪竇重顯仿照善昭「頌古」的

〔註34〕首山省念（926～993年），俗姓狄，萊州人。習禪前，專修頭陀行，誦《法華經》，師從風穴延沼，解禪宗之旨。悟道後，隱居於首山，「登其門者，皆叢林精練衲子。念必勘驗之，留者才二十餘輩，然天下稱法席之冠，必指首山」（惠洪集：《禪林僧寶傳》卷3，《續藏經》第137冊，第453頁）。

〔註35〕汾陽善昭（947～1024年），俗姓俞，太原人。年少有大智，於一切文字，不由師訓，自然通曉。遊歷諸方，見老宿者71人，皆妙得其家風，尤其喜好談論曹洞。自首山省念處悟道後，仍「南遊湘衡」，「北歷湘沔」，至首山歿，得迎於汾州太平寺太子院。

體例，另作《頌古百則》，推動了「頌古」在叢林中的流傳。

「評唱」始於圓悟克勤，以重顯選取的 100 則「公案」和重顯的「頌古」為基礎，引經據典，運用文字詮釋禪法義理。克勤對重顯《頌古百則》的評唱，集成《碧巖錄》（又稱《碧巖集》），被譽為「禪門第一書」，成為北宋末年理解禪理的「敲門磚」。禪門中倡用「擊節」者，仍為克勤，他在重顯「拈古百則」的基礎上，採用「評唱」的體例，但在論述方式上有所簡化而集成《佛果擊節錄》。「評唱」與「擊節」成為北宋末年特有的表達形式，對世俗文學如評書、小說的發展有一定的影響。

其次，為「文字禪」提供理論依據，主要表現為對「文字」的肯定。臨濟宗禪師對「文字禪」的創建貢獻頗大。他們不僅運用並創立了多種表現形式，而且從禪法理論上賦予「文字」與「禪」新的界定。雖然禪宗的語言觀從本質上看是「不立文字」，但由他們對文字的靈活運用，以至於「文字禪」的出現一度被認為改變了禪宗「內證禪」的特色。

善昭在北宋禪師中最先提出「了萬法於一言」，區別於百丈懷海（749～814 年）以來倡導的「說似一物即不中」的語言觀。在「了萬法於一言」中，「一言」能夠包含「萬法」，認同了語言文字的表述功能，在語言與禪法之間建立起必然性的聯繫。這是對「說似一物即不中」的反面說法，充滿著對「文字」的肯定，修正了「不立文字」的傳統觀念。

到北宋末年的圓悟克勤〔註 36〕與覺範惠洪〔註 37〕時，賦予語言文字新的地位。克勤雖論述「聖諦」超越語言，不可表述，重在體會言外之意，但同時提出「語言為入理之門」和「語言為化門之說」，認為傳播禪法必須借助語言，這是古人教化「初級」、「後學」的方便法門，是明確禪法心地，明心見性的權教方法。所以，克勤以「評唱」和「擊節」的形式不惜說破，論述「祖師西來意」。

惠洪正式在理論上賦予語言文字合法性地位。他指出，語言是「道」的標識。「心之妙不可以語言傳，而可以語言見。蓋語言者，心之緣，道之標識

〔註36〕圓悟克勤（1063～1135 年），俗姓駱，崇寧人，兩宋之際著名禪師。五祖法演門下著名的「三佛」之一。先後弘法於四川、湖北等地，晚年住持成都昭覺寺。得賜紫衣和「佛果禪師」之號，後又賜法號「圓悟」。

〔註37〕覺範惠洪（1071～1128 年），俗姓彭，宜豐人，宋代著名詩僧。經歷坎坷，兩次入獄。有《石門文字禪》、《林間錄》、《冷齋夜話》、《禪林僧寶傳》等著述，是「文字禪」禪師的傑出代表。

也。標識審則心契，故學者每以語言爲得道淺深之侯」〔註38〕。在此語言成爲衡量悟道深淺的標準，成爲禪法的重要表現。這比克勤的「方便」之說，又前進了一大步，正式確立了北宋「文字禪」的理論體系。

第三，對臨濟宗風在傳承中有創新。臨濟宗最初以棒喝等相對激烈的教化方式著稱，以直接、乾脆的方式倡導直下頓悟。雖然自善昭運用「代別」、「頌古」後，臨濟宗人多以此作爲詮釋和表達禪法的形式，但仍有禪師堅持臨濟義玄的凜冽之法。在充實臨濟宗的表達方式的同時，堅持了禪法思想的傳承。

楚圓〔註39〕師承善昭，在臨濟宗史中具有重要地位，不僅將臨濟宗由北方轉移到南方，門下出黃龍惠南和楊岐方會，形成黃龍派和楊岐派。他「不弄汾陽之閒傢具，家風簡古，機用逸格，得臨濟之眞宗」〔註40〕，強調了禪法重「心傳」而非「言說」的主張，提出「吾有一言，絕慮忘緣，巧說不得，祇要心傳。更有一語，無過直與」〔註41〕。佛、祖的教化都是以「假名字引導眾生」，悟道的關鍵仍在於自心，在於從日常生活中的對清淨心的回歸。

楚圓門下出黃龍惠南〔註42〕和楊岐方會，皆爲臨濟宗的「大機大用」者。惠南以「三關」著稱。其「三關」分別爲「眾生生緣處」、「我手何似佛手」、「我脚何似驢脚」，引得禪林中人與士大夫爭相問學，法席之盛，堪比馬祖道一、百丈懷海時期。「三關」法不用言說，直指心性，體現出禪宗「明心見性」與臨濟宗的「直下分明」思想。「臨濟宗旨，止要直下分明，鉗錘付在嫡子親孫。予觀黃龍，以三關語，鍛盡聖凡。蓋所謂嫡子親孫，本色鉗錘者也」〔註43〕，歷練凡聖，彰顯了臨濟宗「直下了當而證悟」的心法。

〔註38〕〔宋〕惠洪集：《石門文字禪》卷25，《四部叢刊本》，上海：上海書店，1989年，第1269頁。

〔註39〕石霜楚圓（986～1039年），俗姓李，全州人，師從善昭。他將臨濟宗禪法由北方轉移到南方。

〔註40〕〔日〕忽滑谷快天著、朱謙之譯：《中國禪學思想史》（下），上海：上海古籍出版社，2002年，第412頁。所謂「閒傢具」指「代別」和「頌古」等解讀公案的做法。

〔註41〕〔宋〕李遵勗編：《天聖廣燈錄》卷18，《續藏經》第135冊，第767頁。

〔註42〕黃龍惠南（1002～1069年），俗姓章，江西玉山人，初習雲門宗禪法，後入楚圓門下，得悟，以黃龍三關享譽叢林。

〔註43〕〔宋〕惠洪集：《禪林僧寶傳》卷22，《續藏經》第137冊，第528頁。

　　楊岐方會〔註44〕，更多地吸收了楚圓「心傳」之法與凜冽的機鋒做法。在語言觀上，仍倡導「不立文字」之說，所謂「楊岐一訣，凡聖路絕。無端維摩，特地饒舌」〔註45〕。方會的弟子五祖法演也提出，「眞如凡聖，皆是夢言。佛及眾生，並爲增語」〔註46〕。所有的一切都是應機施設，並未完全認同語言文字的作用。

　　北宋時期的臨濟宗人，有運用語言文字表達禪法者，做到了「不離文字」，又有不用文字者，以傳承「不立文字」的旨意；在「不立」與「不離」中實現了融合，推動了禪法的多樣化發展，既保持了臨濟宗的基本禪法，又實現了新時代下的創新。

　　第四，增加與士大夫的交往，擴大禪宗的影響。北宋禪宗與士大夫的關係極爲密切，有學者指出，「在特定意義上說，宋代的禪宗主要是爲適應士大夫口味的禪」〔註47〕。「文字禪」禪師尤其注重與士大夫的關係。

　　惠南門下對黃龍派有重大影響的幾大著名弟子，分別是晦堂祖心（1025～1100年）、東林常總（1025～1091年）、寶峰克文（1025～1082年）。他們分別在江西多地建立起興盛的黃龍法脈。克文門下又出兜率從悅（1044～1091年）、泐潭文準（1061～1115年）和覺範惠洪（1071～1128年）。其中以覺範惠洪的影響最大，後文有專述。

　　他們一方面積極與士大夫交往。首山省念的弟子廣惠元璉與王曙、許式、丁謂等士大夫都保持著友好的關係。正如《羅湖野錄》所說的「景德間，宗師爲高明士大夫歆豔者，廣慧而已」〔註48〕。石霜楚圓從汾陽善昭處學習禪法後，經智嵩禪師推薦到楊億處求勘驗，是因爲「楊大年內翰知見高，入道穩實，子不可不見」〔註49〕。晦堂祖心與觀文殿學士王韶、潭州太守謝師直、江西轉運判官彭汝礪等有交往，在京城也有一定的影響，駙馬都尉王詵「盡禮迎之」。東林常總在元豐三年（1080年）代替祖心禪師住持東林禪寺，又應詔住持京城相國寺智海禪院，與蘇東坡等交往密切。寶峰克文先後住持江西的寶峰寺、洞

〔註44〕楊岐方會（992～1049年），俗姓冷，袁州宜春人，石霜楚圓的弟子，臨濟宗楊岐派的創始人，以楊岐四句爲特徵。

〔註45〕《楊岐方會和尚後錄》，《大正藏》卷47，647b。

〔註46〕〔宋〕才良等編：《法演禪師語錄》卷上，《大正藏》，卷47，651b。

〔註47〕杜繼文、魏道儒：《中國禪宗通史》，南京：江蘇古籍出版社，1993年，第379頁。

〔註48〕〔宋〕曉瑩：《羅湖野錄》卷下，《續藏經》第142冊，第986頁。

〔註49〕〔明〕朱時恩：《居士分燈錄》卷上，《續藏經》第147冊，第883頁。

山寺、聖壽寺、廬山歸宗寺、金陵報寧寺（王安石施舍家宅而立），與王安石、張商英往來頻繁，其住持法度甚嚴，有犯必罰，「五坐道場，爲諸方所法，得遊戲三昧，有樂說之辯，詞鋒智刃，斫伐邪林，如墮雲崩石，開發正見，光明顯露，如青天白日……民信其化，家家繪其像，飲食必祠」〔註50〕。

另一方面倡導儒、釋融合。晦堂祖心經常「禪話儒說」，啓發學人。在《論語・里仁》中，孔子告訴曾子「吾道一以貫之」，曾子表示認同，後來其他人問夫子之道，曾子曰：「夫子之道，忠恕而已矣」。祖心對其解讀爲，「吾道既一，則可以統貫萬差之事。當其一貫，萬事之中可容其見。若容其見，則不爲一。若不見時，萬事顯然。一何形狀，苟能見達。忠恕之道，可得而明」〔註51〕。以「一」統攝世事，帶有明顯的佛家本體論色彩，而與儒家重「忠恕」的原意有所偏差。但是這種以本體思維解讀儒家典籍的思路爲構建宋代理學的儒士接受並加以借鑒，而使得宋代理學成爲融合儒釋道思想的「新儒學」。

在三家融合的論調下，黃龍派禪師與士大夫建立密切聯繫，並且在宋神宗、哲宗和徽宗時期推動了「禪悅」之風。據研究「北宋中後期文人士大夫與黃龍僧人交往人數之多、關係之密，相契之深，在禪宗史上是從未有過的」〔註52〕。他們之間的交往，不僅有助於擴大禪宗的影響，而且加強了語言文字（尤其重視「頌古」）的交流功能，推動了「文字禪」的發展。

北宋末年，楊岐派取代黃龍派成爲臨濟宗的主流，其中有黃龍派和楊岐派各自的因素，也與時代背景密切相關。

其一，黃龍派韜光晦跡的風氣。惠南嗣法弟子84人，到第二三代傳人時，禪法橫被天下。但是在半個世紀後〔註53〕，逐漸被楊岐派取代。其中原因主要在於黃龍派禪師「韜光晦跡」的風氣。他們堅持「他人行處我不行」的教誨，在禪林中特立獨行；重視對個人禪法的修養，卻不重視禪法的傳承體系。在當時禪林中普遍興起的與士大夫交往的風氣中，他們並不刻意追隨，趨炎

〔註50〕〔宋〕福深撰：《雲菴克文禪師語錄・雲菴眞淨和尚行狀》，《續藏經》第120冊，第213頁。

〔註51〕〔宋〕正受編：《嘉泰普燈錄》卷4，《續藏經》第137冊，第86頁。

〔註52〕吳立民主編：《禪宗宗派源流》，北京：中國社會科學出版社，1998年，第282頁。

〔註53〕惠南的生卒年爲1002～1069年，到圓悟克勤（1063～1135年）時，楊岐派取代黃龍派成爲臨濟宗的主流，總時長也不超過半個世紀。

附勢，而是以「意合則千里應之，不合則數舍亦不往」的原則，保持著禪家應有的自尊。爲了保持禪宗的「虛靜」之風，多數的黃龍派傳人寧可尋找偏僻的山野居住，以恢復達摩禪「遠離都市、退隱山林」的傳統。

其二，楊岐派靈活多樣的傳法方式。與黃龍「三關」相比較，楊岐派的傳法方式更爲多樣，既體現出臨濟宗凜冽的宗風，又有雲門宗溫和的教化方式，倡導儒釋融合、禪教融合、禪門內部融合等等，擴大了禪宗的受眾。在與士大夫的交往中，運用「代別」、「拈古」、「頌古」、「評唱」等形式說禪，積極迎合士大夫的口味，實現「內護」與「外護」的結合。

其三，時代環境的轉變。一則，「排佛」活動。在宋徽宗時期有過短暫的「排佛」，雖時間不長，但將佛教「道化」的做法對佛教造成的危害是長遠的。克勤在《破妄傳達磨胎息論》中就曾說道，「見一流拍盲野狐種族，自不曾夢見祖師，卻妄傳達磨胎息傳人」，推崇「初祖雙履普化空棺」的幻化肉身之法，並稱爲「歸眞之法」、「脫生死法」〔註 54〕。這種「羽化成仙」的思想，與大乘「空宗」不執有無的思想是背道而馳。二則，政治鬥爭。北宋禪宗的發展與士大夫階層的關係是密切相關的，政治權力的更迭，政治力量的推崇或壓制對已具有濃厚入世色彩的禪宗有很大的影響。北宋時期新、舊政黨間的權利鬥爭，主戰派與主和派之間勢力更迭，使得禪宗僧人受到牽制。比如覺範惠洪曾因與張商英談論政事而發配，命運多舛，臨濟宗黃龍派的發展也受到壓制。三則，戰爭破壞。北宋末年，戰亂不斷，北方佛教再度受到重創，曾經住持過京城禪寺的雲門宗、臨濟宗黃龍派的勢力同時受到限制，佛教重心再度傾向南方。楊岐派適逢大匠出世，一改禪宗的衰敗之相，故而異軍突起，成爲兩宋之際禪宗發展的主流。

小　結

北宋時期，從宗派上看，佛教呈現出義學衰落的態勢，個別宗派有所發展，如天台宗、密宗經歷中興，但無法繼續成爲佛教的主流形態。具有中國化色彩的禪宗正式成爲佛學的主流。而北宋禪宗各家也是不平衡的，主要以雲門宗和臨濟宗爲代表。但各家都面臨著同樣的時代課題，即「繼承」、「發展」與「融合」。

〔註 54〕　〔宋〕紹隆等編：《圓悟佛果禪師語錄》卷 20，《大正藏》卷 47，809c～810a。

　　「繼承」和「發展」是從處理唐五代禪宗遺產的角度而言的。唐五代時期，禪宗的核心理論形成；組織制度更系統，出現了明確的規則和固定的生活、生產、參禪的方式〔註55〕；禪法形態多樣，形成「如來禪」、「祖師禪」、「分燈禪」〔註56〕等多種模式。但同時，禪林中也出現了「重執」和「模仿」的弊病，執著記憶著名禪師的言論與教誨，做表面功夫而忽視「內證」之道；或模仿奇言畸行，矯揉造作，落入只知其爲不知其所爲的窠臼。

　　在炫目璀璨但又弊端橫生的禪宗文化面前，在政權統一、社會支持的穩定局勢下，北宋禪師必須以正確的態度對待繼承和發展的問題，在新的時代課題下，創造出新的發展模式。他們在堅持「不立文字，教外別傳，直指人心，見性成佛」的理論指導下，在具體的心性論、解脫觀和修養論上與慧能時的禪學是一致的。但是，面對已經形成的大量「公案」，爲了禪法的傳承，又必須進行解讀，爲避免禪宗因「說破」而喪失生命力，所以運用了多種「繞路說禪」的形式，如「舉古」、「拈古」、「代別」、「頌古」、「評唱」、「擊節」。「文字禪」即是這種時代需要的集中表現。

　　在「融合」中，要處理多種關係。北宋時，禪宗五家呈現「不平衡」的發展態勢；在佛教內部，存在禪、教關係；從整個社會文化來說，需要處理儒釋道關係。基於此，北宋禪風以「融合」爲基調，繼承了佛教義學與禪宗祖師的教誨，以語言文字說禪，獲取「文化精英」——士大夫階層的支持，推動了禪宗的文字化。

〔註55〕「明確的規則」指出現了《百丈清規》，規範化了禪宗的生存方式；在生存模式上採用自給自足的形式，並推出「普請」法；參禪中在「道由心悟」、「明心見性」的主張下突出了行腳參請的動態修行手段，對於融合宗風與禪人悟道皆有巨大的推動作用。

〔註56〕「如來禪」與「祖師禪」從時間上看是以慧能禪法的形成爲分界。「如來禪」中的「如」即眞如，爲佛教所一致追求的，因其「藉教悟宗」而與重視祖師「明心見性」之法的「祖師禪」有所區別。關於二者的關係，在禪林中主要以對「祖意與教意」的問題出現。從時間上看，「分燈禪」主要指禪宗五家出現後的禪法，因有「一花生五葉」的分別而得名，主要表現爲「呵佛罵祖」論調的出現，即對空、有的雙遣。從實質上說，三者並無根本的區別。釋印順在《中國禪宗史》中認爲，不論禪宗的表現形式、教化方式如何，「其實還是如來藏禪。所不同的，慧能從高遠而引向平實，後人又從平實而引向深秘」（南昌：江西人民出版社，2007年，第282頁）。

第二章　北宋「文字禪」的興起與發展

「文字禪」並非北宋時期特有的產物，而與禪宗的發展史密切相關，但在北宋時期成為禪學界的主流。其興起和發展既是禪宗發展的內在趨勢，也同北宋特殊的時代背景密切相關。

第一節　北宋「文字禪」的興起原因

北宋「文字禪」能夠成為禪學界的共識，是內、外雙重因素的結果。

一、北宋「文字禪」興起的內部條件

從禪宗內部而言，「文字禪」的興起原因包括禪宗發展的必然趨勢、教化的需要、禪師的造詣等多重因素。

首先，「文字禪」的出現是禪宗發展的必然產物。禪宗的原創性思想在唐五代時期基本完備。無論從對「禪」的詮釋，具體修行方式和解脫方式的形成，制度上的構建，都已經頗具規模，因而唐五代時期被稱為禪宗思想發展史上的興盛期。北宋時期，發生了變化，禪宗在發展規模和影響上雖達到了興盛期，但思想上的創新明顯存在著內在動力不足的窘境。「禪」的目的在於捕捉流動的生命，側重於在日常行為的具體實踐中「明心見性」。心性認知上的差異導致了禪風上的變化。「在唐代時期，人心單純，對事物容易相信，那時的人心也沒有被知的偏執完全堵塞。但在發生了許多事端的後代，禪的生氣已經難以維持，有必要發現某種使禪向更為親切、更為深入、更為一般化

的方向擴展的手段」〔註1〕。在「心」受蒙蔽而導致的「原始推動力」不足的北宋時期，禪師們需要從前代禪宗文化中汲取營養，獲得借鑒，需要從「公案」中，評定出衡量禪法正誤的標準。主要表現為：

其一，禪學轉向的需要。經歷唐五代時期的發展，至北宋時，禪學已經發生了一定的變化，在否定與肯定、玄渺與平常、超越與現實之間（具體表現為「把住」與「放行」；「一」與「異」等等），出現了諸多矛盾，為在「矛盾中實現統一」，在混亂中「撥亂反正」，加強「禪」與日常生活的關係，解決思想與現實的問題，需要借用語言文字給以明示，由此導致了「禪宗」的轉向。同時，唐五代出現的多樣性言說方式為北宋「文字禪」提供了借鑒。北宋以前禪宗教學中已經出現多種回答方式，如四句（恁麼、不恁麼、恁麼中不恁麼、不恁麼中恁麼，即有、無、有中無、無中有，或肯定、否定、肯定中否定、否定中肯定）之法，體現出禪宗不執一義，消除有無的多樣性和融合性；另有對三句（雲門三句、臨濟三句等）、前代禪師的說法方式（截取一意、問東答西、諧音變更、以不答為答）的解讀和闡發。這些對於北宋禪師運用語言文字「繞路說禪」，具有啟示和引導作用。

其二，闡述禪宗教義的需要。禪宗以「不立文字，教外別傳」的頓悟法門指示學人「明心見性」。但為了表述禪宗獨特的教旨，區別於佛教其他義學宗派，又需要借助語言文字有所說明。即便強調「以心傳心」式的無言傳承，也需要借助於語言文字的描繪記錄，弘揚表現的所「傳」之法。因此，「解決禪與文字、心與語言的關係，對於欲謀求更大發展的禪宗來說，不僅是實際需要的問題，而且對於始終以不立文字相標識的禪風，更是理論上亟待解決的問題」〔註2〕。所以，在「不立文字」的語言觀下，禪師們採用「說似一物即不中」的方式，嘗試採用「反常」的言說方式解構語言。但正是這種「反常」的行為，反而極大地挖掘出語言的各種表意潛能，從而促進了對語言文字的大量運用。

其三，解讀「公案」需要借助語言文字。唐五代已形成了大量「公案」、「語錄」、「燈錄」，積累了大量語言文字的素材。同時，「公案」成為禪師教

〔註1〕〔日〕鈴木大拙著、謝思煒譯：《禪學入門》，北京：三聯書店，1988年，第124～125頁。

〔註2〕麻天祥：《中國禪宗思想發展史》（修訂版），武漢：武漢大學出版社，2007年，第97頁。

化弟子的教材，成爲弟子悟道過程中不得不過的「關卡」。北宋時期，從文化傳承的角度出發，要對前人的遺產有所解讀、詮釋，因此要求禪師在日常教化中，需用某些獨特的形式，既能明示「公案」的本來之意，又不打破「禪」的神秘性，因此發明了「代別」、「舉古」、「拈古」、「頌古」、「評唱」等多種「繞路說禪」的方式。然而雖然「繞路」，也畢竟是在「說禪」。

其次，教化的需要。禪宗作爲一個佛教宗派，解決人與人、人與社會、人與自然的關係，解決此岸世界與彼岸世界的問題。創立獨特的理論，只是第一步；更重要的在於宣傳、教化，將理論與日常生活結合起來，保持理論的生命力。「禪宗教育和傳播的途徑可以分爲『言傳』與『身教』兩大類」〔註3〕。「言傳」即借助語言文字傳播，發展出暗示、反證、斗機鋒、繞路說禪、看話頭等多種方法。「身教」即「無言之教」具有當時性，在場參與的受眾能直接感受到，對象有限；而需要語言把「身教」的具體做法傳播開來，需要文字把具體行爲延續下去。在一定程度上，北宋「文字禪」是以「言傳」明示「身教」的傳法方式。

對於根性相對較高者，在言語的交流中，更易於明見心性。如克勤聽聞法演吟誦「頻呼小玉元無事，只要檀郎識得聲」的詩句便有所悟。所謂，「上士相見，一言半句如擊石出火，瞥爾便過應非，即言定旨，滯句迷源。……所以棒頭取證，喝下承當，意句交馳並同流浪。其有知方作者，相共證明」〔註4〕；而對於初次接觸禪法或根性不高者，並不適應棒喝之法，更需要語言文字的指引，樹立「自信心」，確立「佛法非外，內求方得」的理念，實現最終解脫。

在教化過程中，明示禪法是一方面；糾正弊病是另一方面。

其一，明確祖師運用言語的目的。克勤曾明示，「祖師西來不立文字，直指人心，見性成佛。只論直指人心，要須是其中人始得。若立語句，以至百千萬億方便，其意只是與人解粘去縛，令教淨裸裸地輝騰今古」〔註5〕。祖師的「立語句」在於「解粘去縛」，消除外在執著，去除錯誤認識和一切不利於「明心見性」的障礙，以博通古今，恢復正途。

〔註3〕 柏元海：《禪宗的傳教方法對禪宗發展的影響》，《首都師範大學學報》（社會科學版）2010 年第 1 期，第 35 頁。

〔註4〕 〔宋〕惟蓋竺等編：《明覺禪師語錄》卷 1，《大正藏》卷 47，669b。

〔註5〕 〔宋〕紹隆等編：《圓悟佛果禪師語錄》卷 13，《大正藏》卷 47，772c。

其二，指出對語言文字認識上的誤解，並加以修正。執著於記憶語言文字而不能返歸自性者被稱為「學語者」或「學語之流」，為禪師不許。這類人「塵沙海墨，不能頓省自慚，隨流認影，妄生節目……不解返光，探尋識浪，劫石俱銷，不能自信」〔註6〕。他們只注重表面，記誦禪師說過的話，寫下的字，卻不知說這些話寫這些字的背景與真實內涵；在具體的修行中，未能將語言文字與內心、自性結合起來，忘記了「佛性本有，不假外求」。

北宋末年，惠洪集成 30 卷《石門文字禪》，著述達萬言，正是因為看到學禪者執著於文字的錯誤做法，而不惜冒天下之大不韙，用語言文字糾正這種錯誤行為。他在《題隆道人僧寶傳》中指出，「禪宗學者自元豐以來，師法大壞，諸方以撥去文字為禪，以口耳受授為妙」〔註7〕，故而從正面解說語言文字與禪法大道的關係，確立語言文字為「心」之標識的地位，解決了語言文字長期以來無正當「名分」的尷尬地位；他明確文字只是「標識」，並不能完全取代「心」、「道」，學禪者仍要從自性中體悟。惠洪樹起「文字禪」的大旗是為了反對「以文字為禪」的錯誤做法，為了恢復正統禪法，在「不離文字」的同時堅持「不立文字」。

其三，糾正對禪法的誤解。禪宗倡導「頓悟」法門，但是對於「悟」並沒有具體的標準，由於個體的根性不同，即便是「悟道」後境界也有所不同。更糟糕的是還存在大量自以是的「悟道」者。所以對於某則「公案」的理解，角度不同，禪門風格不同，意境也就不盡相同，甚至風行錯誤的詮釋。重顯已表明，「如今巧說異端，不肯荷負，真可哀愍」〔註8〕，指出了禪林的困境。克勤在「評唱」時也屢次指出，關於洞山良價以「麻三斤」回答「如何是佛」的公案，多人錯會，學人僅從「麻三斤」的回答上著手，認為洞山當時正在庫中稱麻，有僧問，便如此回答；也有人言，這是洞山禪師問東答西的表現。實際上，此則「公案」的著眼點並不在於此，若僅僅從洞山禪師的語句中考察「參到彌勒佛下生，也未夢在」〔註9〕。

可見，為了在「末法時代」維護正法，實現傳承，是需要借助語言文字加以說明的。

〔註 6〕〔宋〕楚圓等集：《汾陽無德禪師語錄》卷上，《大正藏》卷 47，604c。

〔註 7〕〔宋〕惠洪集：《石門文字禪》卷 26，《四庫叢刊本》，上海：上海書店，1989 年，第 1333 頁。

〔註 8〕〔宋〕惟蓋竺等編：《明覺禪師語錄》卷 1，《大正藏》卷 47，676a。

〔註 9〕〔宋〕克勤評唱：《碧巖錄》卷 2，《大正藏》卷 48，152c。

第三，禪師的造詣和文化素養。禪師是禪學發展的主力，禪風的轉向與禪師有著莫大的關係。禪師的造詣是決定禪法能否長期傳承的關鍵條件，其文化素養在某種程度上決定著禪風的轉向。北宋時期，禪師「群體的知識化」也是「文字禪」興起的重要保障。

其一，禪師的文化素養與禪風特徵。關於禪宗與佛教其他義學宗派的區別、它之所以能在唐末五代興起、先出現「南能北秀」的差異後形成五宗，在北宋時期又出現轉型，興起「文字禪」的浪潮，有學者認為禪師的文化素養在其中發揮著重要作用〔註10〕。由於文化水平相對不高，慧能時的禪宗更傾向於「不立文字」的頓悟法門，而改變以往對經卷的注疏、記誦。而宋代禪師的文化素養相對較高，北宋禪宗已逐漸從「農民禪」轉向「文人禪」〔註11〕。

重顯幼時便「讀書知要，下筆敏速」，成年後「工翰墨」，追慕唐代詩僧禪月貫休，被譽為「錦腸繡腹」。黃龍祖心考試佛經時，「獨獻詩，得奏名」〔註12〕。惠洪也自稱「平生好詩」，晚年感歎，「老來漸覺朋儕少，夜室孤禪還自照。惟詩垢習未全除，賴有汪郎恰同調」〔註13〕，在 30 卷《石門文字禪》中，以詩抒情、達意，善於用韻，推動了江西詩派。克勤與張商英談論華嚴要旨時，「逞辭婉雅，玄旨通貫」〔註14〕，深受後者欽佩。

因為北宋禪師擁有相對較高的文化素養，才能與士大夫階層的詩歌唱和，能夠建立以文字辭賦的「對話」，具備了北宋「文字禪」興起的文化基礎。

其二，禪師的禪學造詣。「文字禪」的代表禪師多是在宋代禪宗史上扮演著轉折使命的禪師，繼承大法，得大機大用，開創了禪法新局面。

〔註10〕關於佛教風氣與僧人的文化素養的關係，侯外廬曾詳細地考證隋唐之際各個宗派高僧的文化水平，總結出他們的共同特點，「他們多出自魏、晉、南北朝以來的舊的名門大族，品級地位很高；這樣的家世是有家學淵源的，這就使他們容易接受玄學傳統，具有名理教養，浮游於佛學的概念世界；他們的家世，教養以及世家子弟的風度，取得了名門大族的『鄉黨』、『閭里』之間的推重，這種推重乃是一種巨大的傳統力量的表現，也是這些佛學宗派得以盛行的一個重要原因」（侯外廬主編：《中國思想通史·第四卷·上》，北京：人民出版社，1959 年，第 146 頁）。北宋「文字禪」禪師的家世、文化水平與其相似，正是較高的文化素養，為運用語言文字解讀禪學思想提供了基礎。

〔註11〕任繼愈：《任繼愈禪學論集》，北京：商務印書館，2005 年，第 76 頁。

〔註12〕〔宋〕惠洪集：《禪林僧寶傳》卷 23，《續藏經》第 137 冊，第 530 頁。

〔註13〕〔宋〕惠洪集：《石門文字禪》卷 2，《四庫叢刊本》，上海：上海書店，1989 年，第 38 頁。

〔註14〕〔宋〕祖琇編：《僧寶正續傳》卷 4，《續藏經》第 137 冊，第 596 頁。

　　善昭以靈活多樣的方式和對宗風的整理推動了北宋時期臨濟宗的發展。楊億贊爲，「蓋有黃檗之迅機，臨濟之妙脈，三玄三要，在掌握之所施，二主二賓，與盲瞑而何異，是爲正路，直造上乘。師之所證，踰於格量，非齊肩於佛慧，曷染指於禪味哉」〔註15〕。以其媲美於馬祖道一、百丈懷海、南泉普願、趙州從諗、洞山良價、仰山慧寂、雪峰義存、雲門文偃等唐五代禪宗史上傑出禪師，評價不可謂不高。首山省念門下有多支傳法體系，善昭門下出石霜楚圓，楚圓門下產生出黃龍派和楊岐派，善昭的法系成爲臨濟宗正統法系，其本人也成爲北宋禪宗史、臨濟宗史上的代表人物。

　　重顯則被譽爲雲門宗的「中興之祖」〔註16〕，他的《頌古百則》一出爲後世膜拜。黃龍惠南以「三關語，鍛盡聖凡，蓋所謂嫡子親孫，本色鉗錐者也」〔註17〕。楊岐方會被譽爲兼得禪宗之大機大用者〔註18〕，克勤是楊岐派的著名禪師，「不數德山歌，壓倒雲門曲」〔註19〕。

　　可見，上述禪師皆是禪宗正法的傳承者，在北宋時期對於禪宗的創新和轉向有導向作用，保證了禪宗的傳承；在三教合一的整體趨勢下，維繫了禪宗的生存。也正是他們的卓越見識方能夠在「不離文字」時做到「不立文字」，構建獨特的「文字禪」體系。

　　第四，宗派與「文字」。北宋時期盛行的禪宗宗派主要是雲門宗和臨濟宗。這兩大宗派從某些方面體現出對語言文字的認同，較圓滿地處理了「文字禪」中的「文字」與「禪」的關係。

　　雲門宗禪師重顯作《頌古百則》，以綺言、玄意完善了「頌古體」，推動了「頌古」之風的盛行。在思想中也肯定了「語言」的作用，「夫聖人之立言也，必睽虛，必冥奧，使文外之士同振古風，垂千萬世」〔註20〕。他借用儒家「三立」（立德、立功、立言）中「立言」說法，規定「聖人之言」的性質，使「文外之士」藉「言」而悟，確立了語言與「道」的聯繫。

　　北宋臨濟宗禪師也已經注意到語言文字的作用。善昭論述「禪學」區別

〔註15〕〔宋〕楚圓等集：《汾陽無德禪師語錄·楊億序》，《大正藏》卷47，595a～b。

〔註16〕〔元〕念常集：《佛祖歷代通載》卷18，《大正藏》卷49，666b。

〔註17〕〔宋〕惠洪集：《禪林僧寶傳》卷22，《續藏經》第137冊，第528頁。

〔註18〕〔宋〕仁勇等編：《楊岐方會和尚語錄·潭州雲蓋善會和尚語錄序》，《大正藏》卷47，645c。

〔註19〕〔宋〕紹隆等編：《圓悟佛果禪師語錄·耿延禧序》，《大正藏》卷47，713b～c。

〔註20〕〔宋〕惟蓋竺等編：《明覺禪師語錄》卷6，《大正藏》卷47，704c。

「義學」的特點時，提出「了萬法於一言」，以爲「夫參玄大士，與義學不同，頓開一性之門，直出萬機之路。……是僧俗以同遵，乃聖凡而共湊，心明則言垂展示，智達則語必投機，了萬法於一言，截眾流於四海」〔註21〕。一改百丈懷海的「說似一物即不中」的論調，以「心明則言垂展示，智達則語必投機」的說法，把「心明」、「智達」作爲言語的基礎；使「心明之言」與「智達之語」成爲禪法的表現。這是北宋時期禪師對語言文字認識的重大轉變。這一思想影響其弟子石霜楚圓，並反映在黃龍派禪師思想中。

黃龍惠南的弟子黃龍祖心說「眞性既因文字而顯，要在自己親見」〔註22〕，以爲「文字」可以顯示「眞性」。另一弟子眞淨克文則素愛以「詩文爲工具宣揚佛學禪理，或者說『以筆硯作佛事』」〔註23〕。克文的門人惠洪最終提出「心之妙不可以語言傳，而可以語言見」的主張，最終確立了語言文字的合法性地位。與其他禪門相較而言，黃龍派禪師對語言文字持較爲肯定的態度。

楊岐派的克勤也提出，「諸聖推出建立宗風，無不稟高行，務報佛恩，流通大法。始出一言半句，抑不得已，明知是接引入理之門，敲門瓦子，其體裁力用，不妨爲後昆模範，當宜師法之轉相勉勵追復古風」〔註24〕，以語言文字作爲「入理之門」與追思「古風」（「祖師禪」時代的見解與風尚）的憑藉，認可了它們在論述禪教關係、指導修行的作用。

由於這些禪師認爲語言文字能夠在某種程度上顯示「道」，故而或爲弟子開示，或在解讀公案中運用「代別」、「頌古」等方式，或賦予語言文字「合法性」的地位，從而保證了「文字禪」中「文字」的存在的必要性。

二、北宋「文字禪」興起的外部條件

北宋「文字禪」興起的外部條件，主要包括佛教政策、居士佛教中的趨向和融合趨勢等因素。北宋皇帝崇信佛教，士大夫好禪，這是宋代文化的重要特徵之一。

首先，北宋時期的佛教政策。北宋建國一百六十餘年中（960～1127 年），

〔註21〕〔宋〕楚圓等集：《汾陽無德禪師語錄》卷下，《大正藏》卷47，619b。
〔註22〕〔宋〕惠洪集：《禪林僧寶傳》卷23，《續藏經》第137冊，第531頁。
〔註23〕周裕鍇：《惠洪文字禪的理論與實踐及其對後世的影響》，《北京大學學報》（哲學社會科學版）2008年第4期，第83頁。
〔註24〕〔宋〕紹隆等編：《圓悟佛果禪師語錄》卷15，《大正藏》卷47，781c。

除卻宋徽宗時期短暫的「毀佛」活動，統治者多爲支持態度。宋太祖曾在汴京大相國寺供奉佛牙。宋太宗常考驗學禪者，編寫《天聖廣燈錄》的李遵勗對禪學深有體會，而恩寵有加。宋真宗時陳恕上書廢除譯經院，真宗以「三教之興，由來已久，前代也多有打壓，但效果不佳」的理由不允。宋仁宗喜好禪學，閱覽「有僧問如何是露地白牛，投子禪師連叱」時有所體悟，而寫下 14 篇頌辭。

此外北宋朝廷對佛教的態度可從僧眾數量的增加上反映出來。宋初全國各地僧眾不超過 68,000 人，宋太宗朝（976～997 年），增加到 24 萬人，宋真宗朝（998～1022 年）有僧眾 40 萬人，到真宗天禧末年，全國寺院近 4 萬所，僧尼 46 萬，達到宋代的高峰期。

與「文字禪」直接相關的北宋佛教政策主要體現在以下幾個方面：

其一，試經度僧，即正式成爲「出家人」必須通過對經典的「考試」。根據《佛祖統紀》記載，「宋太祖，詔沙門殿試經、律、論、義十條。全中者賜紫衣。太宗雍熙（984～987 年），詔天下係帳、童行並與剃度，今後讀經及三百紙，方許係帳。至道（995～997 年），詔兩浙、福建路每寺三百人，歲度一人；尼百人度一人。誦經百紙，讀經五百紙，爲合格。真宗詔，釋、道歲度十人，特放一人不試經業。詔天下童行，試經業剃度。仁宗詔試天下童行誦《法華經》，中選者得度，參政宋綬、夏竦監試」〔註25〕。可見，至少在北宋前中期，對「試經」有明確的規定，從「童行」（又名「行者」，爲未受剃度者）時就對「出家者」的文化水平有一定的要求，待到成爲正式僧侶時，須能背誦或熟讀一定的佛經。這種「度僧」的方式，要比傳統重戒律的方式，對僧尼的文化水平提出更高的要求。這種措施與「禪師的文化素養」是直接相關的，也正是這些文化水平較高者，能夠熟練運用語言文字，能夠把握「言外之意」，從而爲北宋「文字禪」的興起和發展提供了保障。

其二，編撰並雕刻藏經。從北宋以來，朝廷重視佛經的編撰，集中整理佛教的典籍，保存了大量的文字記錄。我國木質雕刻史上第一部漢文大藏經——《開寶藏》，就是在開寶四年（971 年），奉敕編訂、雕刻。宋代歷史上 6 次刻藏，前兩次發生在北宋時期。雖然從數量上看不如南宋，但奠定了編刻模式。《開寶藏》是我國第一部官刻藏經，而《崇寧藏》（1103 年刻成）爲我國第一部私刻藏經，其他的後四部藏經，仿照了兩部編撰體例和分類方法。

〔註25〕〔宋〕志磐編：《佛祖統紀》卷 51，《大正藏》卷 49，452c。

藏經的編刻，無疑對於推動佛教及禪宗的發展具有重大作用。

　　編撰藏經，保存了大量的文字資料；而雕版印刷術的發展，則擴大文字的影響。從隋唐時期，科舉制度出現後，爲了滿足讀書人對書籍的需求，及其佛教盛行階段對佛像、經咒、發願文等印刷，雕版印刷術出現並逐漸提高技術。到北宋時期，雕版印刷更爲發達，技術臻於完善。宋仁宗慶曆年間（1041～1048 年），畢昇發明活字印刷術，提高了印刷速度與質量。隨著印刷技術的推廣，在全國各地建立起各種書坊，宋代民間書坊以今河南開封、福建建陽、浙江杭州、四川成都以及江西等地著名。這些地點，恰恰屬於禪宗相對發達的地區。借助發達的印刷術，記載禪師思想的「語錄」能夠得到推廣；他們在「說禪」時運用的「代別」、「頌古」等形式也更便於普及，並爲各地禪師競相仿照，從而使得運用語言文字解「禪」成爲禪林中的普遍現象。

　　其三，設立禪宗寺院，推動禪宗發展。「文字禪」的發展與禪宗的發展一致的。統治者在發展禪宗的過程中，也推動了「文字禪」的發展。北宋時，禪宗的重心依然在南方。北方寺院多爲律寺，統治者爲發展北方禪宗，擴大禪宗的影響力。一則，詔立禪寺。在宋太祖時，汴京「兩街止是南山律部、慈恩、賢首疏鈔義學而已。……至是內侍李允寧奏施汴宅一區創興禪席，帝賜額曰十方淨因禪院」〔註26〕。「十方淨因禪院」後成爲北方禪院的代表，雲門宗、曹洞宗多位著名禪師曾住持於此。宋眞宗天禧五年（1021 年），又詔立并州（今太原）資聖禪院，爲將士戰亡者追福。〔註27〕二則，改別寺爲禪寺，請著名禪師住持。宋眞宗大中祥符三年（1010 年）十月，「有旨改明州保恩院爲延壽院，敕改華亭陸機別業大明寺，額曰普照，敕改義興函亭鄉禪林院，額曰聖感禪寺，傳十方住持」〔註28〕。元豐五年（1082）年，宋神宗將汴京相國寺六十四院分爲八，禪二律六，詔慧林宗本與東林常總住持慧林、智海二禪院。通過設立禪院，發展了禪宗。同時爲京城的士大夫參拜禪師提供了固定場所，爲他們的交流提供了條件。

　　經過多方支持，臨濟宗、雲門宗和曹洞宗在汴京、洛陽兩京和汝州地區，鄧州、唐州多地的形成了傳法中心。

　　汝州主要是北宋初期臨濟宗的發展地，出現了以寶應禪院（代表禪師有：

〔註26〕〔元〕覺岸編：《釋氏稽古略》卷 4，《大正藏》卷 49，867b。
〔註27〕〔宋〕志磐編：《佛祖統紀》卷 44，《大正藏》卷 49，406b。
〔註28〕〔元〕覺岸編：《釋氏稽古略》卷 4，《大正藏》卷 49，863a。

寶應首山省念、寶應法昭、寶應演教、寶應法照）、廣惠院（代表禪師有：廣惠院真惠元璉、廣惠懷慶、廣惠德宣）、首山（代表禪師有：首山省念、首山乾明院懷志、首山處珪）、廣教院（代表禪師有：葉縣廣教院歸省、廣教歸省明壽、廣教海仙）等中心。據禪宗典籍記載，在汝州傳法的禪師還有臨濟宗人穎橋安、西院思明、高陽山法廣等。隨著雲門宗禪師大量進入東西京，不少雲門宗弟子將傳法中心也擴大到臨濟宗的地盤，其中慧林圓照的弟子香山法畫是其中的佼佼者。

借用朝廷的力量，在汴京皇家禪院中傳法的禪師多屬於雲門宗人，也形成了早期獨屬於雲門宗的禪寺：但隨著臨濟宗與曹洞宗的發展壯大，獨屬於雲門宗的禪寺中也出現了其他禪師的身影，同樣獨屬於臨濟宗的禪寺中也多有雲門宗和曹洞宗人住持。在汴京與洛陽的行政中心，各個禪宗派系之間進行了融合。

法雲禪寺中多由雲門宗禪師住持，如佛國惟白、法秀圓通、善本大通、佛照杲禪師等，在兩宋時期是雲門宗發展的重要場所。但其他如最初雲門宗禪師住持的禪寺，都不同程度地加入了其他禪宗派別。如懷璉大覺住持的十方淨因禪寺，也培養出如佛日惟嶽、淨因繼成等知名的雲門宗禪師繼續在淨因禪寺中佔據重要地位，但臨濟宗禪師淨照道臻和曹洞宗禪師芙蓉道楷、淨因法成都曾長期在此傳法。相國寺的慧林禪院，最初由雲門宗大師慧林宗本住持，先後培育出慧林覺海、慧林圓照、慧林常悟、慧林懷深慈受、慧林慧海月印等多位長期在禪林佔據一定地位的禪師。而同樣在北宋中期臨濟宗禪師，黃龍惠南的弟子慧林德遜佛陀曾接受邀請住持慧林禪院；在智海禪院，雖然也有智清佛印、本逸正覺、佛鑒慧勤等雲門宗禪師的影子，同樣臨濟宗禪師慕喆真如也曾長期在此傳法。

同樣在原本屬於臨濟宗禪師主要宣傳地的褒親旌得院中，臨濟宗禪師首山省念再傳弟子、石門蘊聰弟子褒親圓惠與東林常總的弟子褒親佛海有瑞在此培育出如褒親宗諭和褒親寺諭為代表的臨濟宗弟子，擴大了臨濟宗在開封的傳播。其中與法雲大通同出圓照禪師門下的雲門宗禪師褒親慈濟也在此佔有一席之地。

在一些宗派不鮮明，不獨屬於某一宗派的禪寺中，這種混合的現象更為常見，如在華嚴禪寺中，臨濟宗廣惠居璉真慧弟子華嚴圓明曾在此住持，雲門宗禪師華嚴智明佛慧也曾在此教化。

在鄧州傳法者以曹洞宗禪師丹霞子淳最負盛名，臨濟宗禪師龍潭從曉也

曾在此長期活動，另外香嚴寺的倚松如璧禪師、廣濟院守方禪師和廣濟同禪師都在此留有印跡。在鄭州傳法者以雲門宗禪師資福寶月法明爲代表。而有證可考曾在唐州傳法禪師包括臨濟宗人大乘山惠果、龍潭智圓、天睦山惠滿、福安山惠珣等。

其次，居士佛教的趨向。統治者的政策爲禪宗乃至整個佛教的發展打開方便之門，然而構成禪宗「護教」者的主力是居士。他們作爲「外護」力量與「內護」的僧尼相得益彰。眞淨克文提出「佛法長存，外護斯在」〔註29〕的說法，密切佛法的流傳與居士的關係。從佛教的發展歷史上看，從來就是居士的數量遠遠多於僧眾的數量，居士是佛教發展中必不可少的構成。

北宋時期是佛教發展的興盛期，也是居士佛教的興盛期。與其他時期的居士佛教相比較，北宋的居士佛教出現了明顯的階次劃分。上層居士以士大夫爲代表，傾向於相對高深、崇尚頓悟法門的禪宗；下層廣大民眾傾向於簡易的以念佛爲主的淨土宗。在士大夫與禪宗的交往中，「參禪」成爲宋代居士佛教的基本形態〔註30〕。

關於士大夫與宋代禪宗的聯繫，有學者指出，「在特定意義上說，宋代禪宗主要是爲適應士大夫口味的禪」，「理學性格加禪學性格，才是宋士人的全面性格」〔註31〕。何以宋代士大夫大量湧入禪門中，並推動了北宋禪學的轉向？其中緣由在於：

其一，士大夫好禪。北宋士大夫好禪，與其個人經歷與思想追求是密切相關的。

一則，排遣政治失意而好禪。北宋是士大夫的黃金時代，士子通過科舉制度有了更多進入政權的機會。但同時由於北宋複雜的民族矛盾、國內矛盾、新舊黨爭，使得許多的士大夫漂浮於政權的邊緣。在「朝爲座上客，暮爲階下囚」的不安定的狀態下，士大夫好禪，主要是爲了排遣政治上的失意，向解脫困惑、排除苦難的宗教中尋求解脫。正如大慧宗杲所言，「今時士大夫學道，多是半進半退。於世事上不如意，則火急要參禪；忽然世事遂意，

〔註29〕〔宋〕賾藏主編、蕭萐父等點校：《古尊宿語錄》卷43，北京：中華書局，1994年，第811頁。

〔註30〕潘桂明：《中國居士佛教史》（下），北京：中國社會科學出版社，2000年，第483～484頁。

〔註31〕杜繼文、魏道儒：《中國禪宗通史》，南京：江蘇古籍出版社，1993年，第379、382頁。

則便罷參。爲無決定信故也」〔註32〕，明確地指出了士大夫參禪的不徹底性。
與惠洪交往的士大夫一面在詩歌唱和中領會禪意，另一方面也不忘「功名」，
暫時歸隱。如李德修在紹聖（1094～1098年）初年，與任職部門不合，棄官
歸隱，長期與禪師交往「晚屏跡田園」，然而「視其氣貌精特，功名一念未
置也」〔註33〕。

歐陽修、王安石、韓琦、富弼、范仲淹、司馬光、蘇軾、黃庭堅等人在
政治受挫後，都無一例外地出入佛門，與禪師交好，以獲取精神上的釋放。
其中以蘇軾最具代表性。他的政治生涯隨著新舊黨爭的更迭而起伏，屢次外
遷流放，甚至遠達海南崖州。他先後與大覺懷璉、明教契嵩、慧林宗本、徑
山維琳、真淨克文、東林常總、佛印了元等在當時享有聲譽的雲門宗禪師交
好，尤其與佛印了元的交往成爲士大夫與禪師交往的佳話。在初次受貶黃州
後，即前往城南精舍，「焚香默坐，深自省察，則物我相忘，身心皆空，求罪
垢所從生而不可得。一念清淨，染污自落，表裏俶然，無所附麗」〔註34〕。
習讀釋教之書後，文風也發生變化。

儒家多關注此岸世界的世俗秩序的構建，而禪宗能提供彼岸世界的終極
關懷。當在此岸受挫後，更容易寄託希望於彼岸中。

二則，爲重建儒學新道統而好禪。面對「儒門淡薄，收拾不住」〔註35〕
的狀況，在復興宋代儒學時，需要從佛教中有所借鑒。「佛教影響儒學最大者
是其本體論的思維模式」〔註36〕，長於其深邃的心性論。歐陽修提出「修其
本而勝之」的主張，其中之「本」，即指佛教具有本體意義的「心性論」，意
思是說，「要抵禦禪學影響，關鍵在於應借鑒禪門的心性之學，其心性之學才
是其征服眾多人心的主要原因，儒門應重建先秦儒學所罕言的『性命』之學」
〔註37〕。余英時在《朱熹的歷史世界》中則說明，在宋初，對「性命之學」
的研究，僧侶的水平也要比傳統的士大夫更高一籌。對《中庸》之學的理解，

〔註32〕〔宋〕蘊聞編：《大慧普覺禪師語錄》卷19，《大正藏》卷47，894a。

〔註33〕〔宋〕惠洪集：《石門文字禪》卷2，《四庫叢刊本》，上海：上海書店，1989
年，第64頁。

〔註34〕〔宋〕蘇軾：《蘇軾文集‧黃州安國寺記》卷12，北京：中華書局，1986年，
第392頁。

〔註35〕〔宋〕志磐撰：《佛祖統紀》卷45，《大正藏》卷49，415b。

〔註36〕賴永海：《佛學與儒學》，杭州：浙江人民出版社，1992年，第23頁。

〔註37〕張豈之主編：《中國思想學說史‧宋元卷》（下），桂林：廣西師範大學出版社，
2008年，第538～539頁。

明教契嵩、天台智圓的見解更爲精到〔註38〕。

　　其二，禪宗的意旨。禪宗能在北宋引起士大夫的關注，部分原因在於它成爲當時佛教的主流宗派。宋太宗曾鼓勵大臣讀點佛教典籍，「浮屠氏之教有裨政治，……雖方外之說亦有可觀。卿等試讀之，蓋存其教，非溺於釋氏也」，雖是從政治需要爲出發點，卻也說明了佛教的「可觀」之處。除此之外，還與禪宗本身的特性有密切關係。「在佛教的所有派別中，禪宗是最爲豁達、最具情趣的一個。……難言的不幸和極度的痛苦，一旦通過禪宗的洗禮，就會變得清淡冷漠起來──當然，這並不妨礙內心依然熱血沸騰。禪宗的這種近乎矛盾的情調，在破敗的士人中尤能觸發共鳴，在激烈的官場角逐中也能成爲平衡心理的休歇處」〔註39〕。更爲重要的是，禪宗的「即事而眞」、「平常心即道」的平淡，禪宗「無住」、「無相」、「無念」的不執有、不執無的灑脫，都引起身處矛盾漩渦中的士大夫的興趣與羨慕。在變化複雜的社會環境中，尋求心靈上的安寧，無疑是當時士大夫最想得到的一份心靈淨土，故而宋儒多好禪。

　　其三，士大夫「禪悅」之風的興起。在內部需求與外部供給的共同作用下，「慶曆（1041～1049年）後，士大夫競讀佛書的熱潮就已經興起，閱讀佛說，崇信禪宗蔚爲士林、學術界之大觀」〔註40〕。他們的「好禪」多以語言文字表現出。

　　一則，參與加工、編集語錄、燈錄。楊億參與修訂《景德傳燈錄》，李遵勖編成《天聖廣燈錄》作爲前書的補充。另外，在士大夫中興起爲禪師的語錄撰序之風，「本朝士大夫與當代尊宿撰語錄序，語句斬絕者，無出山谷、無爲、無盡三大老」〔註41〕。擁有較高文化水平的士大夫階層與禪師交好，在整理禪宗語錄、燈錄的同時，也嘗試解讀「公案」。如張商英自稱禪宗一千七百餘則公案，惟「德山托鉢」話不會，已頗爲熟悉禪宗「公案」。楊億的禪學造詣得到智嵩禪師的肯定，贊爲「楊大年內翰知見高，入道穩實」〔註42〕。

〔註38〕余英時：《朱熹的歷史世界》，北京：三聯書店，2004年，第85頁。

〔註39〕杜繼文、魏道儒：《中國禪宗通史》，南京：江蘇古籍出版社，1993年，第5～6頁。

〔註40〕張豈之主編：《中國思想學說史・宋元卷》（下），桂林：廣西師範大學出版社，2008年，第536頁。

〔註41〕〔宋〕道融撰：《叢林盛事》卷下，《續藏經》第148冊，第83頁。「山谷」爲黃庭堅，「無爲」指「楊傑」，「無盡」乃張商英，此三者皆爲北宋時期崇佛「好禪」的著名居士，於《居士分燈錄》中各有傳記。

〔註42〕〔宋〕惠洪集：《禪林僧寶傳》卷21，《續藏經》第137冊，第522頁。

　　二則，與禪僧詩歌唱和。在唐以後，「禪」與「詩」的結合更爲密切，「禪宗後期多以詩歌的形式說禪理，這也是唐代科舉取士，文人必習詩賦的習慣帶到禪宗裏來的反映」〔註43〕。北宋時代，士大夫進一步加強「詩」與「禪」的關係，最終形成了「詩爲禪客添花錦，禪是詩家切玉刀」的關係。「騷人墨客通過參禪體驗，在他們的詩文中表達禪理和禪趣，禪僧也通過與文人的酬唱，述說他們對宇宙人生的理解。在禪與詩的共同基礎上，禪僧與士大夫感受到了生活情趣上的統一和思想感情上的一致性，終於造成禪宗思想的進一步蛻變」〔註44〕。

　　李遵勖曾將描寫自己悟道的兩句偈子送給葉縣歸省的弟子、同輩的浮山法遠唱和，法遠將兩句擴展爲八句，再次讓人回傳給李遵勖。一首偈子從京城傳到外地，再從外地傳回京城，譜寫了禪師與士大夫之間友好往來的序曲。雙方在詩文酬唱和機鋒問答中，士大夫逐漸獲得特殊的精神愉悅——「禪悅」。這種心理是他們「參禪的主要的內在動力，高雅空靈的精神享受最爲士大夫所看重」〔註45〕。在保持和推動「禪悅」之風中，他們不斷獲取禪宗所帶來的心靈的滿足感，不斷實現「詩」與「禪」的結合。禪師在適應士大夫口味的過程中，在解讀「公案」時，推動了「頌古」的盛行。雙方共同推動了禪宗的文字化進程。

　　第三，融合的趨勢。北宋新政權的統一，也爲儒釋道三家在思想上的融合帶來契機。融合非全部出於政治壓力，而是各種思想內在要求。

　　其一，融合是儒學發展的需要。北宋初期儒學出現「淡薄」景象，宋神宗元豐三年（1080年）王安石曾問張方平「『孔子去世百年生孟子，後絕無人，或有之而非醇儒。』方平曰：『豈爲無人，亦有過孟子者。』安石曰：『何人？』方平曰：『馬祖、汾陽、雪峰、岩頭、丹霞、雲門。』安石意未解。方平曰：『儒門淡薄，收拾不住，皆歸釋氏。』安石欣然歎服。後以語張商英，撫几賞之曰：『至哉，此論也！』」〔註46〕「儒門淡薄，收拾不住」的說法，雖有點「言過其實」，但是與隋唐時期佛學創造出的宗派特色鮮明的義理之學相較，在理論建樹上儒家確實存在創造性與內在動力發展不足等景象，對「內

〔註43〕任繼愈：《任繼愈禪學論集》，北京：商務印書館，2005年，第76頁。
〔註44〕潘桂明：《中國禪宗思想歷程》，北京：今日中國出版社，1992年，第446頁。
〔註45〕張岂之主編：《中國思想學說史·宋元卷》（下），桂林：廣西師範大學出版社，2008年，第541頁。
〔註46〕〔宋〕志磐編：《佛祖統紀》卷45，《大正藏》卷49，415b。

聖外王」之道的內涵、現實意義都需要充實。要復興儒門，需要不斷學習其他思想之所長，借鑒佛教的「本體論」思維也具有現實意義。

其二，佛教中主動提倡的「融合」說。在與儒道文化長期的並存發展中，佛教中人也在努力尋找三方的契合點。五代、宋初的法眼宗人永明延壽，倡導三家融合，以爲俗諦（儒家之說）與眞諦（佛教主張）是針對不同的對象而言的，並無實質的差異。「敷眞諦也，則是非雙泯，能所俱空；收萬象爲一眞，會三乘歸圓極。非二諦之所齊，豈百家之所及」〔註47〕。宋初律宗僧人贊寧也說，「古人著述用則闕如，曾不知三教循環，終而復始；一人在上，高而不危。有一人，故奉三教之興；有三教，故助一人之理。……夫如是則三教是一家之物，萬乘是一家之君」〔註48〕。僧人提倡的「融合」說，是從內部的主動靠攏，更便於佛教文化被接受和認可。

其三，適應我國文化傳統的要求。「中華人文精神是一種文化會通精神」〔註49〕。我國文化以「和而不同」的精神爲指導，融合多種思想。禪宗本爲中國化色彩濃厚的佛教宗派，蘊含著儒道等思想因子。經過北宋儒、釋兩家有意識的融合，更貼近我國文化傳統。此外，我國文化中重視對經典的詮釋，對儒家經典不同版本和內容的解讀形成了兩漢「經學」；在《周易》、《老子》、《莊子》「三玄」之書的基礎上發展起了「魏晉玄學」；對外來翻譯佛經的不同解讀衍生出隋唐佛學的多個宗派；在某種程度上，「文字禪」的發展「也是中華民族注重文史的傳統在佛教界的一種反映」〔註50〕。

在政權統一的大背景下，經過儒學與佛學雙方的共同努力，儒、釋兩家建立起溝通的橋梁，在崇尚辭賦的宋代，在禪學內部發展出「文賦」之風。

第二節 「文字禪」的發展

北宋「文字禪」由當時的禪學界共同推動，主要表現爲兩條線索。一條爲對「公案」的不同解讀形成的表現形式，即「代別」、「拈古」、「頌古」、「評唱」、「擊節」的運用。一條爲軸心人物的理論建構，汾陽善昭、雪竇重顯、

〔註47〕〔宋〕延壽編：《萬善同歸集》卷6，《大正藏》卷48，988a～b。
〔註48〕〔宋〕贊寧撰：《大宋僧史略》卷下，《大正藏》卷54，254c～255a。
〔註49〕張豈之：《中華人文精神》（增訂本），西安：陝西人民出版社，2007年，第129頁。
〔註50〕楊曾文：《宋元禪宗史》，北京：中國社會科學出版社，2006年，第284頁。

覺範惠洪、圓悟克勤四位禪師為主要代表，以永明延壽、明教契嵩、黃龍惠南及其弟子、楊岐方會及其弟子、投子義青與弟子為輔助。

一、北宋「文字禪」的主要形式

北宋「文字禪」是建立在「語錄」、「燈錄」、「公案」大量存在的基礎上的。唐中後期，禪門僧俗兩界弟子紛紛整理、記錄前人的「語錄」，黃檗義玄的俗世弟子，著名的唐代居士裴休撰成《黃檗山斷際禪師傳心法要》與《黃檗斷際禪師宛陵錄》，臨濟義玄的弟子慧然集成《鎮州臨濟慧照禪師語錄》。溈仰宗、曹洞宗、雲門宗、法眼宗著名禪師皆有「語錄」流於世。我國現存最早的禪宗「燈錄」——《祖堂集》，由雪峰義存的後學集成於南唐，詳細地勾勒出石頭系和洪州系的傳承法系。由於「語錄」與「燈錄」的大量出現，持「不立文字」的禪宗至唐末五代時期，已經有數萬言的文字記錄。所記錄的或口耳相傳下來的「公案」成為了教化弟子的素材。

到北宋時期，「語錄」、「燈錄」的數目更巨。禪門各宗知名禪師大都有「語錄」傳世；並且先後出現了三部「燈錄」，即由法眼宗僧人道原編纂的《景德傳燈錄》，臨濟宗信仰者、居士李遵勖編訂的《天聖廣燈錄》和雲門宗禪師佛國惟白編撰的《建中靖國續燈錄》〔註51〕。「語錄」、「燈錄」中記載大量的「公案」，不同時代，不同宗門的禪師對它們的解讀，逐漸豐富了「代別」、「拈古」、「頌古」、「評唱」等形式，它們構成了北宋「文字禪」的主要表現形式。

北宋時期，「代別」始於臨濟宗禪師首山省念及弟子汾陽善昭。善昭對「室中請益，古人公案未盡善者，請以代之；語不格者，請以別之，故目之為代別」〔註52〕的界定中，規定其發生、發展的語境，即在弟子的「請益」過程中，完善「公案」中「未盡善者」和「語不格者」，是作為「公案」的「補充」而出現的。對象為「公案」的主賓中的一方或雙方。它的主要特點是「言簡」，運用的字數有限，對作「代別者」的要求頗高，對領會「代別」者的要求亦高，開啟了北宋以語言文字「說禪」的先河。

隨著禪師與士大夫的交往，北宋禪風發生轉變，「拈古」和「頌古」開始

〔註51〕另外兩部「燈錄」《聯燈會要》和《嘉泰普燈錄》出現於南宋時期，故不予涉及。

〔註52〕〔宋〕楚圓等集：《汾陽無德禪師語錄》卷中，《大正藏》卷47，615c。

興盛。雪竇重顯時「拈古」盛行〔註53〕，仍側重以「簡言」達「賅意」。據《古尊宿語錄》卷 25《筠州大愚芝和尚語錄》，卷 46《滁州琅琊山覺和尚語錄》，大愚守芝（卒於 1058 年左右）與琅琊慧覺（善昭的弟子）多有「拈古」之作。到北宋末年，圓悟克勤作「拈古」時，運用的字數有所增加。

　　由於禪宗中出現「文風」日熾的現象，在與士大夫的唱和中出現了強調韻律的「頌古」，它類似於佛教傳統的偈贊與五言、七言詩的集合體。與「拈古」相比，字數更多，用語更趨詩意，所表達的禪意更爲婉轉。在北宋，由善昭始用，重顯續之，推動了禪學的文學化，突出「繞路說禪」的特徵。在士大夫中亦頗爲盛行，如張商英亦有「頌古」行於世。從《禪宗頌古聯珠通集》看，在北宋時期，「頌古」已經成爲解讀「公案」的「時尚」。它是佛教文化與世俗文化的結合體，顯示出禪宗在解讀「公案」時外來因素的影響。

　　「頌古」對禪師和學禪者的要求較高。然而由於戰亂、逃避賦稅等多重因素，北宋末年僧眾隊伍增大，文化水平不一，同時「頌古」也走向了重修辭，尚虛言、綺語的風尚，使得學人參究「公案」如同「蚊咬鐵牛」，無從下口。鑒於此，克勤在「頌古」、「拈古」的基礎上發展出側重注釋、考證的「評唱」與「擊節」，集中表現在《碧巖錄》和《佛果擊節錄》中。「評唱」者，品評提唱也。用字更多，涉及面更廣，不僅品評「公案」，重顯所做的「頌」，還對「公案」的來龍去脈及其他人解讀的優劣加以說明。它將禪宗思想與禪學歷史結合起來，互相證明，體現出北宋末年，對禪學思想與歷史的雙重關注。「擊節」者，取自音樂中合乎節拍之意，表達出正確解讀「公案」的意圖，因《佛果擊節錄》而盛行。在士大夫中頗有影響。「士大夫中，諦信此道，能忘齒屈勢，奮發猛利，期於徹證而後已。如楊大年侍郎、李和文都尉，見廣慧璉、石門聰並慈明諸大老，激揚酬唱，斑斑見諸禪書。楊無爲之於白雲端，張無盡之於兜率悅，皆扣關擊節，徹證源底，非苟然者也」〔註54〕。

　　「評唱」和「擊節」雖是在重顯「頌古」和「拈古」的基礎上發展而來，但不論是從文風還是從表述方式上，都凸現出普及性的特色，對禪學思想表述的更爲詳細，爲學人提供更直接的幫助。這是禪宗在北宋末年爲改善禪宗

〔註53〕「拈古」非北宋時期特有的產物。據《景德傳燈錄》卷 26《前金陵清涼泰欽禪師法嗣》，道齊禪師（929～997 年），「三處說法，著語要搜玄，拈古、代別等集，盛行諸方」（《大正藏》卷 51，428c）。

〔註54〕〔宋〕道融撰：《叢林盛事》卷上，《續藏經》第 148 冊，第 70 頁。

內部條件與擴大社會影響，與世俗文化結合的產物，是「文字禪」發展的必然趨勢，更大程度地突出了對文字的運用。

從「代別」到「評唱」，目的是一致的，皆反映出北宋禪師詮釋「公案」的努力，在繼承前人文化的基礎上，發展出獨特的禪法表現形式，可謂「以古證今」。作為「文字禪」的主要表現形式，其演變有時代因素，但更多地與禪宗不拘一格、不斷創新的思想密切相關。

然而，「文字禪」並非僅僅表現於解讀「公案」中，另有修訂禪宗歷史、整理法系、撰寫傳記等方面。禪宗歷史的修訂，以撰寫《景德傳燈錄》的法眼宗人道原和編撰禪僧傳記、整理宗門的惠洪為代表。他們不僅整理了禪宗的法系脈絡、傳承體系，而且創造出有別於律師編訂史傳的撰寫體例，凸現出將禪師生平與思想相結合的特點，奠定了「燈錄」體的編撰方法和禪宗治史風格。

「文字禪」還表現在惠洪「以禪入詩」，集成《石門文字禪》和《林間錄》等著述的行為上，在「翰墨」場中遊戲，收集詩偈、贊辭，講述佛教典籍、禪宗語錄的集成與編訂緣起，補充史傳和增補語錄，讓語言文字發揮出應有的價值。

二、北宋「文字禪」的軸心人物

學界一般將「文字禪」在北宋的發展以善昭時為初始期，重顯時為發展期，克勤、惠洪時為興盛期〔註55〕。一方面在於，表現形式上的深化和社會普及的程度，另一方面在於他們對「文字」與「禪」關係的認可。善昭提出「了萬法於一言」，改變了「說似一物即不中」的傳統觀念，為語言文字與「禪法」構建聯繫；重顯以語言為「化門之說」運用「代別」、「拈古」、「頌古」等形式，引導、教化眾生；克勤則以「入理之門」說，使語言文字上升到「入理」的層面；惠洪續而提出語言為「心」的「標識」，語言文字可以呈現「禪法」見解。逐步深化、認可語言文字與「禪法」的關係，從而保證「文字禪」中「文字」與「禪」的雙重存在。

然而，北宋「文字禪」並非一家一派獨有，而具有時代特徵，為各宗門共同建構。因此，它的範圍頗廣，在解讀形式上，以上述四者為代表；在禪宗歷史的修撰上，則以法眼宗禪師道原、臨濟宗禪師惠洪為代表；在禪宗與其他思想的融合上，以法眼宗禪師永明延壽、雲門宗禪師明教契嵩為代表。

〔註55〕從時間上看，「文字禪」在北宋並未經歷「衰落期」，要到南宋方才出現，所以說，「文字禪」實是北宋時期主流的禪學形態。

其他禪師，如黃龍惠南、楊岐方會、五祖法演、投子義青等亦對「文字禪」的發展做出過貢獻。

北宋中後期，「文字禪」已經獲得大發展，當時的知名禪師多有「舉古」、「拈古」、「頌古」之作。如以「三關」著稱的黃龍惠南喜以偈讚頌「公案」，他自稱，「撥草占風辨正邪，先須拈却眼中沙。舉頭若味天皇餅，虛心難喫趙州茶，南泉無語歸方丈，靈雲有頌悟桃花。從頭爲我雌黃出，要見叢林正作家」〔註56〕。其中「天皇餅」、「趙州茶」、「南泉無語」、「靈雲頌桃花」皆爲著名「公案」典故。五祖法演將解讀「公案」稱爲「過祖師關」，其「語錄」中多記載「舉古」之作，並且在解讀「狗子有無佛性」時提出參「無」字的做法，被認爲開啓了「看話禪」的先河。他的思想對弟子圓悟克勤有一定的影響。克勤在《碧巖錄》中，多借鑒其師的見解。投子義青推動了兩宋之際曹洞宗的復興，「他向門下說法的語句富於文采，經常運用描述日月山川自然景物的詩偈」〔註57〕，現存語錄中仍大量保持「頌古」、「拈古」之作，被譽爲四大著名「頌古」禪師之一。

永明延壽著100卷《宗鏡錄》，倡導禪教、禪淨、儒釋等多層面的融合，爲五代、宋初引經據典、從正面論述禪法和解脫之道的重要人物，被譽爲「禪道爛熟時代」的「代表者」〔註58〕。他爲北宋禪師的著述提供了經驗借鑒。明教契嵩在「排佛」時期，勇於北上抗爭，與「排佛者」辯論，爲禪宗爭取正統地位，著成《壇經贊》、《傳法正宗記》等，並懇請將著作「入藏」。不僅爲禪宗獲取外部支持，同時借助語言文字維繫了禪宗的生存和發展，同樣對「文字禪」的發展有所貢獻。

由上可見，從其主要表現形式上看，北宋「文字禪」的發展具有邏輯上和時間上的雙重深化，加之內容上包羅萬象，多個宗門禪師共同關注，滲入到社會各層面，使其成爲北宋禪宗的主流形態。

小　結

本章主要剖析北宋「文字禪」的興起原因及其發展狀況，揭示出「文

〔註56〕〔宋〕惠泉集：《黃龍惠南禪師語錄》，《大正藏》卷47，635b。

〔註57〕楊曾文：《宋元禪宗史》，北京：中國社會科學出版社，2006年，第474頁。

〔註58〕〔日〕忽滑谷快天著、朱謙之譯：《中國禪學思想史》（下），上海：上海古籍出版社，2002年，第372頁。

字禪」在北宋興起既有必然性又有偶然性，是內在發展趨勢與時勢需要的雙重結果，是特定歷史條件下的必然產物。鑒於「北宋最初幾十年，文是政治與『學』兩個領域共有的價值，這奠定了北宋思想史的開端」〔註59〕。在禪學發展趨勢和北宋整體風氣的共同作用下，推動了禪學的「文字化」傾向。

自唐中期，禪宗由道信、弘忍創立，經過慧能的「革命」。在唐代中後期，南嶽系和青原系成為主流，後又出溈仰宗、臨濟宗、曹洞宗、雲門宗、法眼宗。唐五代時期，是英才輩出的時代，呈現出思想上的「百花齊放」。作為主導「內在推動力」的禪師，實現了禪學思想上的「創新」。他們以灑脫、自然的獨立精神，解決「禪」與人的關係，確立禪法不離日常生活的修行方式，設立禪宗戒律制度，在遠離紅塵的山林中創立了明顯區別於佛教其他義學的宗派，同時在禪學思想上達到了頂峰。

從唐五代的「農民禪」到北宋的「文人禪」，不只是表現形式上的差異，還出現禪宗內在推動力的變化。北宋時期，「入世」色彩濃厚的禪宗，在思想的獨立性上無法與前代同日而語，但「佛教以犧牲自己的獨立精神，放棄哲學思想領域的特殊地位為代價，在艱難處境中不僅獲得了生存空間，而且還團結和影響了大批官僚士大夫，迎來居士禪學形態的又一佛教高漲時期」〔註60〕。然而思想上的「屈服」，限制了禪宗「內在推動力」，呈現出「原創性不足」的局面。因而，需要借鑒已達到「頂峰」的前代禪宗文化，以其作為衡量準則，從「公案」中汲取營養，維繫禪宗的生存與發展，並以表現方式上的「創新」彌補思想「創新」上的不足。所以解讀「公案」的「代別」、「拈古」、「頌古」、「評唱」和「擊節」等形式被廣為使用。另一方面，北宋的禪師群體知識提升，為禪宗與士大夫進一步交流提供條件，也為「文字禪」的出現與發展提供一定保障。

在時勢需要和禪學內在轉向諸因素的共同推動下，北宋禪人從解讀、詮釋古「公案」入手，發展出多種表現方式，運用語言文字開創出文字化、文學化色彩濃厚的「文字禪」。

〔註59〕〔美〕包弼德著、劉寧譯：《唐宋思想的轉型》，南京：江蘇人民出版社，2001年，第156頁。

〔註60〕潘桂明：《中國居士佛教史》（下），北京：中國社會科學出版社，2000年，第488頁。

第三章 北宋「文字禪」的主要表現形式

　　北宋「文字禪」的內容包羅萬象，本章主要從解讀「公案」的主要表現形式和禪史的修訂、編撰的角度加以說明。

　　北宋「文字禪」的主要表現形式有「舉古」、「代別」、「拈古」、「頌古」、「評唱」、「擊節」〔註1〕。其中，「評唱」與「擊節」皆由克勤所創，是在重顯「頌古」和「拈古」的基礎上發展出的，屬於北宋時代特有的產物。其他的四種方式，早在唐五代時期即已出現，在北宋經歷了「模式固定化」和「意蘊玄妙化」的改造。

　　禪師們還修訂和編撰了禪宗歷史，記述歷代祖師、不同法系禪師的傳承，明確禪宗內在發展脈絡，擴大對文字的使用範圍。

第一節 「舉古」與「拈古」

一、「舉古」

　　「舉古」即列舉「古公案」中的具體緣起，所涉及的言行等內容，目的在於古為今用，把古「公案」作為參究的對象、或教化事例，或借助對「公案」的理解陳述自己不同的見解。

　　「舉古」出現於公元 8 世紀左右，主要有兩種方式。第一種方式為，弟子

〔註1〕 具體說法不一，如元代禪師行秀指出，「古來有拈古、頌古、徵古、代古、別古」（〔元〕行秀評唱：《萬松老人評唱天童覺和尚拈古請益錄》卷上，《續藏經》第 117 冊，第 827 頁）。「徵古」或為「證古」重在「證明」上，類似於「評唱」和「擊節」。

列舉先師（多爲自己的嗣法師）之事。這種現象發生在石頭系藥山惟儼的弟子雲岩曇晟（782～841年）時。「師（指藥山）夜不點火，僧立次。師乃曰：『我有一句子，待特牛生兒，即爲汝說。』僧曰：『特牛生兒了也，只是和尚不說。』師便索火。火來，僧便抽身入眾。後雲岩舉似洞山（雲岩的弟子），洞山曰：『此僧卻見道理，只是不肯禮拜。』」〔註2〕雲岩禪師教化弟子時先列舉先師事跡作爲教材，掀起了「舉古」之風，已經較爲有意識地參究古人之事。

在石頭系中的天皇道悟門下，德山宣鑒（782～865年）也出現了以先師的證據的做法〔註3〕。在南嶽系中，趙州從諗（778～897年）也在說法時，引用先師南泉普願的做法。也出現以「後人」之見，解讀先師的做法〔註4〕。這反映出時人對祖師之法的尊重與傳承。禪門弟子常詢問「祖師意」或「祖師西來意」，禪師們也常以對「祖師意」的理解作爲勘驗入門弟子和來訪者的憑證。

第二種爲舉「教」中之語，即列舉佛教經典中的語句或佛教的歷史事件。這在曹山本寂（840～901年）時已存在。「師（指曹山）舉教中事問大眾：『無問而自說，稱讚所行道。作麼生是無問而自說？』云：『盡大地未有一人得聞。』師云：『雖然與麼，摘一個字，添一個字，佛法大行。』眾無對。師云：『盡大地未有一人得聞』」〔註5〕。「無問而自說，稱讚所行道」，出自後秦鳩摩羅

〔註2〕 〔南唐〕靜、筠禪僧編、張華點校：《祖堂集》卷4，鄭州：中州古籍出版社，2001年，第158頁。

〔註3〕 如「欽山（洞山弟子）問：『天皇也與麼，未審德山作麼生道？』師（指德山）曰：『試舉天皇、龍潭看。』欽山禮拜，師乃打之」。（《祖堂集》卷5，第199頁）德山宣鑒的傳承體系爲：石頭希遷——天皇道悟——龍潭崇信——德山宣鑒。與藥山惟儼的弟子雲岩曇晟皆屬於石頭系。在此也反映出德山已經有意識地引用「先德」之力。

〔註4〕 「有講經論大德來參師（指南泉普願），師問：『教中以何爲體？』對云：『如如爲體』。師云：『以何爲極則？』對云：『法身爲極則』。師云：『實也無？』對云：『實也』。師云：『喚作如如，早是變也。作麼生是體？』大德無對。因此索上堂云：『今時學士類尚辨不得，豈辨得類中異？類中異尚辨不得，作麼生辨得異中異？喚作如如，早是變也，直須向異類中行』。趙州和尚舉這個因緣云：『這個是先師堪茱萸師兄因緣也』。有人便問：『如何是異中異？』趙州云：『值得不被毛，不戴角，又勿交涉』」（《祖堂集》卷16，第540頁）。趙州有意識地指出的是此「因緣」的緣起，而別人疑問的是「因緣」中的話語「異中異」。這表現出二者的不同。趙州禪師舉先師之事，只是作爲陳述對象，而並不從其言句中求解。而不如趙州者則往往只注意因緣中的言句，而忘卻了「佛法不從言句中得」的根本。

〔註5〕 〔南唐〕靜、筠禪僧編、張華點校：《祖堂集》卷8，鄭州：中州古籍出版社，2001年，第279頁。

什所譯的《妙法蓮華經》，乃舍利弗所頌修行方式中的一句，未得佛陀的認可，「爾時佛告舍利弗：『止，止！不須復說。若說是事，一切世間諸天及人皆當驚疑』」〔註6〕。

這兩種方式在雪峰義存的弟子時代，逐漸形成了風氣。其中，以雲門文偃、長慶慧稜、安國弘韜爲代表。在《雲門匡眞禪師廣錄》中，所「舉」的內容頗爲廣泛，既有同時期禪師事跡，又有不同時期的事跡；既有禪門典故，又有佛教用語；既有雲門禪師的主動列舉，又有問話者的提及。可謂是唐末五代時期「舉古」的典型。《廣錄》和同時代作品中的記載標誌著「舉古」已經成爲當時參學問道的主要內容，成爲當時的風尚，而「入室舉話是後來的拈古、頌古的來源之一」〔註7〕，爲北宋「文字禪」提供了素材和經驗。

北宋時期的「舉古」延續了唐五代時期的形式，在新時期下反映出「固定化」和「普及性」的傾向。主要表現爲：

首先，確定了「古」的對象。所舉之「古」逐漸成爲「公案」、「古則」的代名詞，而非統指前人的一切事跡與言行，從而更一步確定禪教關係，及其「古爲今用」的特色。

其次，主動權的固定。北宋時期，「舉古」已成爲禪師教化弟子的方式。與唐末五代時期的賓主雙方皆可「舉」的情況相較，北宋時雖不乏有行腳僧或弟子「舉古」勘驗禪師者，但所佔比重較小，「主動權」主要掌握在禪師手中，禪師「語錄」中的所「舉」之「古」便成爲他們表明個人見地的方式。如有「僧問：『四面無門山岳秀，箇中時節若爲分。』師（指法演）云：『東君須子細，遍地發萌芽。』學云：『春去秋來事宛然也。』師云：『繞方搓彈子，便要捏金剛。』乃舉古人云：『我若向儞道，即禿却我舌；若不向儞道，即啞却我口』。且道還有爲人處也無？四面（法演自稱）有時擬爲儞吞却，只被當門齒礙；擬爲儞吐却，又爲咽喉小」〔註8〕。法演的「舉古」，已經蘊含著將其作爲陳述自身見解證據的意味。

多重可能性導致了「舉古」中主動權的「固定化」。或許師徒關係中，弟子出於對師長的尊重，側重記載他們的言行，較少涉及弟子們的情況；或許

〔註6〕〔後秦〕鳩摩羅什譯：《妙法蓮華經》，《大正藏》卷9，6c。
〔註7〕〔日〕土屋太祐：《禪宗公案的形成和公案禪的起源》，《社會科學研究》2006年第5期，第29頁。
〔註8〕〔宋〕才良等編：《法演禪師語錄》卷上，《大正藏》卷47，650a。

此時傑出的弟子較少，無法與已經悟道的尊師步調一致。但不可否認的是，在今天看來主動權的「固定化」帶來教學上的「單一化」，學人逐漸成為了被動方，並不利於實踐「教學相長」的理念。

第三，「舉古」的普及性。從北宋禪師的語錄記載中，「舉古」已經成為禪師勘驗弟子或弟子勘驗禪師的主要方式，成為禪師教化中不可或缺的手段，與僧眾的日常「小參」密切結合在一起的，主（禪師）客（行腳僧或禪師座下弟子）雙方圍繞著所列舉的古人事跡、言句進行較量和交流，成為北宋禪宗教學中的重要構成部分。至元代重修《百丈清規》時，又成為「小參」的固定內容。「小參初無定所，看眾多少，或就寢堂，或就法堂。……昏鐘鳴時，……眾集兩序歸位，住持登座，提綱敘謝，委曲詳盡。然後舉古。結座如四節，說請頭首」〔註9〕。

然而，「舉古」只是列舉出古人的事件、言句，是初步準備階段。它的目的在於提供教材以勘驗弟子或陳述己見。因而往往與「代別」、「拈古」、「頌古」、「評唱」等其他「文字禪」的形式結合在一起。

二、「拈古」

「拈古」是在「舉古」的基礎上，「拈」出某些言句或某種行為作為對象。「拈古」者可為禪師，可為問話者。在「拈古」的基礎上，或加以評論，或者以「代語」、「擊節」等進行說明。

它出現於唐末，主要被運用於雪峰義存（822～907年）門下。當時的「拈古」主要是「拈」出他人話語，續而發問，回答者與「拈問者」並不完全一致。一種情況為，在參學中，由後世弟子拈出，同學者解讀。如「師（指雪峰義存）云：『世界闊一丈，古鏡闊一丈；世界闊一尺，古鏡闊一尺。』學人指火爐問：『闊多少？』師云：『恰似古鏡闊。』天龍（指天龍道恁，雪峰弟子）拈問：『為復火爐量於古鏡與麼大，為復古鏡量於火爐與麼大？』慶（指長慶慧稜，雪峰弟子）代云：『與麼必辨，人猶可在』」〔註10〕。這則事例中天龍道恁只是根據雪峰義存的言句而「拈問」並未給出任何的答語，而由長慶慧稜對雪峰義存和天龍道恁以「代語」的形式作出評價。所以這類「拈問」只具有「問」的作用，

〔註9〕〔元〕德輝重編：《敕修百丈清規》卷2，《大正藏》卷48，1119c。
〔註10〕〔南唐〕靜、筠禪僧編、張華點校：《祖堂集》卷7，鄭州：中州古籍出版社，2001年，第254頁。

而不具備「拈而思」的功能，此類「拈古」往往與「代別」合用。

另一種情況為，禪師在教化弟子時有意識地「拈古」。如「師（指安國和尚，雪峰弟子）在眾時，舉國師（指慧忠國師）碑文云：『得之於心，伊蘭作栴檀之樹；失之於旨，甘露乃蒺藜之園。』師拈問僧：『一語之中須具得失兩意，作麼生道？』僧提起拳頭云：『不可喚作拳頭。』師不肯，自拈起拳頭曰：『只爲喚作拳頭』」〔註11〕。這類「拈古」與「舉古」結合在一起，既有「問」又有「答」，完全融入到鮮活的日常教化中。

北宋時，在繼承和發展前代禪宗遺產的基礎上，禪師們紛紛借助「拈古」的形式表述見解，提出新意，從而推動了「拈古」的盛行。

北宋初期善昭的弟子琅琊慧覺禪師有「拈古」之作（見《古尊宿語錄》卷46）。《建中靖國續燈錄》卷27專列「拈古門」，共記述29位禪師86則「拈古」之作。《嘉泰普燈錄》卷26亦收「拈古」之作，共涉及45位禪師的108則。

北宋的「文字禪」禪師雪竇重顯、黃龍惠南、楊岐方會、投子義青、圓悟克勤等皆有「拈古」之作。祖慶禪師將諸位禪師的「拈古」之作重編爲《拈八方珠玉集》，清代淨符彙集成了《宗門拈古彙集》。「自有佛祖以來，千七百則機緣，經作家手，拈掇一過，不啻黃金增色，眞能使陳爛葛藤頓生光怪。則拈掇語當，尤重於機緣」〔註12〕。不僅「公案」數目多達1700餘則，而且認爲恰當的「拈古」之辭，已經超過了「機緣」本身。

北宋「拈古」也經歷了「固定化」與「完善化」的趨勢，主要表現在：

首先，它與「舉古」密切結合。「舉古」是「拈古」的基礎，需先列舉出古則，方能有所「拈」。如「趙州云：『至道無難，唯嫌揀擇。纔有語言，是揀擇是明白？老僧不在明白裏，是爾作麼生護惜？』時有僧問云：『既不在明白裏，護惜箇什麼？』州云：『我亦不知。』僧云：『和尙既不知，爲什麼道不在明白裏？』州云：『問事即得。』師（指雪竇重顯）拈云：『趙州到退三千』」〔註13〕。「師拈云」之前，皆爲列舉趙州禪師的「至道無難，唯嫌揀擇」的「公案」。「拈古」需在「舉古」的前提下，以「公案」爲基礎，才能有所

〔註11〕〔南唐〕靜、筠禪僧編、張華點校：《祖堂集》卷10，鄭州：中州古籍出版社，2001年，第357～358頁。

〔註12〕〔清〕淨符彙集：《宗門拈古彙集・凡例》，《續藏經》第115冊，第516頁。

〔註13〕〔宋〕惟蓋竺等集：《明覺禪師語錄》卷1，《大正藏》卷47，671c。

發揮。

其次，它成爲表述禪師見解的一種方式。「拈古」即「品古」，重在評論。如上文所舉「至道無難，唯嫌揀擇」的公案，重顯拈爲，「趙州到退三千」，即在品論趙州禪師的答語。「拈古」之辭，屬於個人的見解，是禪師的「思考」，從中可以顯示出「拈古」之人的禪學境界和個性特徵。

第三，它的意旨在於辨別正誤，明確禪宗正學。「拈古」之所以倍受禪師的推崇，關鍵在於它「驗宗眼正邪，破知見窠窟，離得失，截路布。於古今公案，俾出沒卷舒，盤折玲瓏，得大機，發大用，而無纖毫知解。到大休大歇安穩之地，洞明本分大鉗錘，啓迪作家眞爐韝。善博搦、貫穿千變萬化作略者，無出乎拈古。爲參玄徑，正要關也」〔註14〕。可見，它一則成爲了檢驗禪師見解正邪，闡述正法的工具；二則成爲啓迪「作家」的手段；三則成爲時人「參玄」的方式。

第四，它的目的在於教化後學。眾多「拈古」之作，並非憑空出現的。其最終目的仍在於實現教化。「拈古」多有「因事舉」的前提，目的在於因時因事而借鑒近似「公案」爲教材，啓迪後學。因時因事的「舉」、「拈」體現出禪師因地制宜、因材施教的教化理念。

鑒於北宋著名禪師多有「拈古」之作，本節試從重顯和克勤的「拈古」之作中勾勒出「文字禪」禪師的「拈古」特點。

（一）重顯的「拈古」

北宋「文字禪」禪師中，重顯較早地運用了「拈古」的方法。據呂夏卿所撰《明州雪寶山資聖寺第六祖明覺大師塔銘》中敘述，重顯有「拈古集」流於世，現存於《明覺禪師語錄》卷1和卷3中，共有百餘則。從總體上看，重顯「拈古」的特點表現爲：

首先，「拈古」的廣泛性。《明覺禪師語錄》所收錄的「拈古」，內容廣泛，涉及西土與東土，古代與當世，未按時間順序排列。如第1則爲「米胡問僧近離何處」，第2則爲「罽賓國王仗劍問師子尊者」，前者爲東土、唐五代時期的「公案」，後者爲西方、佛陀時代的「公案」。這也顯示出重顯「拈古」的隨意性，它隨著不同場合中的教化出現。

從內容上看，已涉及唐至北宋時期典型公案，如「如何是佛」、「賓主話」、

〔註14〕〔宋〕祖慶重編：《拈八方珠玉集·克勤序》，《續藏經》第119冊，第203頁。

「物外之道」、「無事道人」及其祖師教化的各種方法（百丈不語、馬祖圓相、南泉水牯牛、臨濟棒、雲門打殺釋迦、香嚴上樹等等）。大致涵蓋當時禪林中主要關注的問題，展現了禪門各宗的教化風格，如實反映了時代禪風。

其次，「拈古」的簡潔性。重顯的「拈古」言簡意賅，多爲寥寥數字而已。如「舉，寶公云：『終日拈香擇火，不知身是道場。』玄沙云：『終日拈香擇火，不知眞箇道場。』師（指重顯）拈云：『一對無孔鐵槌』。又如，「舉，長髭到石頭處。頭問：『什麼處來？』髭云：『嶺南來。』石頭云：『大庾嶺頭，一鋪功德，還成就也未？』髭云：『成就久矣，只欠點眼。』石頭云：『莫要點眼麼？』髭云：『便請。』石頭垂下一足，髭便禮拜。石頭云：『見什麼道理便禮拜？』髭云：『如紅爐上一點雪。』石頭便休。師（指重顯）拈云：『無眼功德，有什麼點處？』」〔註15〕此處不論是列舉簡略的「公案」，還是詳細的「公案」，重顯的「拈語」皆僅有數字，從「公案」之「眼」處，或否定之，或反問之。

第三，「拈古」的傾向性。重顯的「拈古」，或重在品評公案中人物的得失，或評價整體公案。在其「拈古」中也經歷了由重評論公案人物到加入個人深層剖析的轉變。從《明覺禪師語錄》中「住蘇州洞庭翠峰禪寺語」和「住明州雪竇禪寺語」中的「舉古」、「拈古」的對比中可以看出。

「住蘇州洞庭翠峰禪寺語」中，舉「傅大士云：『夜夜抱佛眠，朝朝還共起，起坐鎮相隨，如身影相似。要識佛去處，只者語聲是。』玄沙云：『大小傅大士，只認得箇昭昭靈靈。』師（指重顯）拈云：『玄沙也是打草蛇驚』」〔註16〕。重在品論「玄沙」得失，而並未涉及自己的行爲。

「住明州雪竇禪寺語」中，「舉，玄沙問鏡清：『我不見一法爲大過患，爾道不見什麼法？』清指露柱云：『莫是不見者箇法麼？』沙云：『浙中清水、白米從爾喫，佛法則未在。』師（指重顯）云：『大小鏡清，被玄沙熱瞞。我當時若見，但只向道，靈山授記也未到此』」〔註17〕。則不單評論「鏡清」被「玄沙」瞞弄，而且進一步說明自身見解，「我當時若見，但只向道，靈山授記也未到此」。「公案」不再是外在的，而與自身結合起來，反映出重顯的「出身之路」。

第四，「拈古」的明見性。克勤對重顯的「拈古」評價頗高，正所謂「雪

〔註15〕　〔宋〕惟蓋竺等集：《明覺禪師語錄》卷1，《大正藏》卷47，671a。
〔註16〕　〔宋〕惟蓋竺等集：《明覺禪師語錄》卷1，《大正藏》卷47，671b。
〔註17〕　〔宋〕惟蓋竺等集：《明覺禪師語錄》卷3，《大正藏》卷47，691c。

賣拈古，著著有出身之路，縱橫自在，不向死水裏浸却。是他有這般手段，不顧危亡，便恁麼拈弄。何故？為是他識得智門根源，所以恁麼拈出，教人不要作情解」〔註18〕。能做到「縱橫自在，著著有出身之路」，表明重顯的卓越見識，他之所以「拈古」在於「教人不要作情解」，不是從「識」（常識、知識，他人固有的見解）上下功夫，而要從「智」（智慧，自身感受）上努力，做到「轉識成智」。這也是「拈古」的最終目的。

重顯以「識得智門根源」之智，消除上下、難易、內外的區別，「打疊前後教成一片」〔註19〕，實現圓融無礙。不僅明確了「拈古」的目的，而且推廣了這一表現方式。

（二）克勤的「拈古」

克勤的「拈古」主要集中在《圓悟佛果禪師語錄》卷16～18、《佛果擊節錄》和《拈八方珠玉集》中，自稱「拈古」受同門佛鑒慧懃（1059～1117年）與重顯的影響，並協助慧懃編成了《八方珠玉集》〔註20〕。二人的作品，經祖慶等人重編，集成3卷《拈八方珠玉集》。但鑒於《拈八方珠玉集》以慧懃的「拈古」為主，慧懃未拈者或記載不詳者，輔以克勤「拈古」，所以，如實地反映克勤「拈古」者，仍在於其「語錄」和《佛果擊節錄》中。

首先，對「拈古」的界定。克勤在重顯「拈古」的基礎上集成《佛果擊節錄》，明確規定「拈古」的內涵：其一，「要須出他古人意，方喚作拈古」〔註21〕。即「拈古」必須能夠反映出古人言行的本來意，能夠把握「公案之眼」，通曉其內涵，才能進行評論。其二，「大凡拈古，須平將秤稱、斗量了，然後批判」〔註22〕。可見「拈古」時必須拋棄個人好惡、宗門之見，以公正的態度客觀地評論得失，這顯示出克勤對禪學發展之路的構思。其三，「拈古大綱，據款結案而已」〔註23〕。「據款結案」〔註24〕即根據具體證據評定案例的方法，

〔註18〕 〔宋〕克勤擊節：《佛果擊節錄》卷下，《續藏經》第117冊，第482頁。
〔註19〕 〔宋〕克勤擊節：《佛果擊節錄》卷下，《續藏經》第117冊，第505頁。
〔註20〕 〔宋〕祖慶重編：《拈八方珠玉集·克勤序》《續藏經》第119冊，第203頁。
〔註21〕 〔宋〕克勤擊節：《佛果擊節錄》卷上，《續藏經》第117冊，第452頁。
〔註22〕 〔宋〕克勤擊節：《佛果擊節錄》卷上，《續藏經》第117冊，第465頁。
〔註23〕 〔宋〕克勤評唱：《碧巖錄》卷1，《大正藏》卷48，141a。
〔註24〕 「據款結案」非克勤所發明，而早在唐末雪峰義存時即已使用。在勘驗學人時，「（雪）峰云：『我與麼及伊，爾又道據款結案；他與麼及我，又道成何道理？一等是什麼時節，其間有得不得』。清云：『不見道，醍醐上味為世所珍，遇此之人，翻成毒藥』」（《明覺禪師語錄》卷3）。善昭、重顯在禪法中亦多次

重在以「所據」進行針對性的評判。「從上佛祖垂示機緣，據款結案，初無剩語，揭翻腦蓋，露出眼睛，肯要諸人直下承當，不從他覓」〔註 25〕。它的目的也在於教人體會言外之意在於「直下承當」，明心見性。

其次，「拈古」的複雜性。與重顯的「拈古」相比，克勤的「拈古」不僅所用字數增多，而且加入更多的個人見解，真正成為禪法的表現形式。

如對於「外道問佛」〔註 26〕的公案，克勤與重顯的做法不同。重顯拈為，「邪正不分，過猶鞭影」〔註 27〕。而克勤拈為，「外道因邪打正，世尊看樓打樓，阿難不善旁觀，引得世尊抅泥帶水。若據山僧見處，待伊道，不問有言不問無言，和聲便打；及至阿難問外道有何所證而言得入，亦和聲便打。何故？殺人須是殺人刀，活人須是活人劍」〔註 28〕。重顯僅以「邪正不分，過猶鞭影」作為評論，既可以理解為對阿難言行的評價，亦可理解為對後學的啟示。到底作何種解釋在於後學者的自身體會。克勤在評價外道、世尊、阿難的具體得失之後，再度陳述「山僧見處」，從有言、無言著手，以「殺人刀」、「活人劍」為指導，強調了自我實踐行為。

從重顯的寥寥數字到克勤的長篇大論，反映出「拈古」從簡到繁的轉變。這種轉變與北宋「文字禪」的整體發展轉向是一致的。這表明，「文字禪」已經從側重品評「玄言奧義」轉變到以文字詮釋禪師見解的軌跡上。

第三，克勤與重顯在「拈古」上千絲萬縷的聯繫。

其一，在重顯「拈古」基礎上，克勤集成《佛果擊節錄》，對重顯的「拈古」加以評價與補充，重視文字的疏證。如雲門文偃「一棒打殺初生釋迦」的「公案」，重顯拈為「便與掀倒禪床」，克勤則說明「雲門大師，但發一言半句，驚天動地。雪竇是他家屋裏兒孫，知有恁麼事。諸公合作箇什麼伎倆？見得雪竇去」〔註 29〕。不僅對重顯「便於掀倒禪床」的做法予以認可，而且指明重顯與雲門文偃在法繫上的一致性。克勤的「擊節」正在於合乎重顯的「拈古」之意。

提到「據款結案」的特點。克勤之後，宗杲、正覺等亦繼承此法。

〔註 25〕〔宋〕宗紹編：《無門關》，《大正藏》卷 48，299a。

〔註 26〕該公案為，「外道問佛：『不問有言，不問無言』。世尊據坐。外道云：『世尊大慈大悲，開我迷雲，令我得入』。外道去後。阿難白佛：『外道見何道理，讚歎而去？』世尊云：『如世良馬，見鞭影而行』」。（見《古尊宿語錄》卷 46）

〔註 27〕〔宋〕惟蓋竺編：《明覺禪師語錄》卷 1，《大正藏》卷 47，671b。

〔註 28〕〔宋〕紹隆等編：《圓悟佛果禪師語錄》卷 17，《大正藏》卷 47，792c～793a。

〔註 29〕〔宋〕克勤擊節：《佛果擊節錄》卷下，《續藏經》第 117 冊，第 481～482 頁。

　　其二，克勤以重顯的「拈古」作爲格式與規範。克勤強調的「拈古之格」即「出古人意」，這與重顯「教人不要作情解」的見解是一致的。他個人也非常推崇重顯的「拈古」之作。《擊節錄》第 14 則「趙州偸筍」，重顯拈云「好掌，更與兩掌也無勘處」，克勤的評價爲，「但凡拈古，須似這般手段，見透古人意，方可拈掇也」〔註30〕。

（三）對「拈古」的評價

　　北宋禪師在「舉古」的基礎上，復興「拈古」之風。它不僅成爲禪師對待禪門遺產，顯示禪法的手段，也成爲啓發後學，傳承正統的工具，廣泛存於禪師「語錄」中。

　　首先，「拈古」成爲證實並延續禪師法統的手段。兩宋之際的大圓智禪師〔註31〕，被認爲得黃龍宗旨，而宗杲並不認可，「及觀其拈古，乃撫几稱賞善曰：『眞黃龍正傳也。』掇筆大書四句於後曰：『七佛命脈，諸祖眼睛，但看此錄，一切現成』」〔註 32〕。可見，「拈古」已經成爲禪門諸多分支中維繫法統的證明，爲延續宗脈的手段。

　　其次，「拈古」成爲傳承宗門的方式。張商英曾自語，「余閱雪竇拈古，至百丈再參馬祖因緣，曰，『大冶精金，應無變色』。投卷歎曰：『審如是，豈得有臨濟今日耶？』遂作一頌曰：『馬師一喝大雄峯，深入髑髏三日聾。黃蘗聞之驚吐舌，江西從此立宗風』」〔註33〕。張商英是北宋著名居士，自稱禪門1700 餘則公案，除「德山托鉢」話外，皆通曉。他從雪竇的「拈古」中，明瞭臨濟宗激烈的教化方法的源頭，即始於馬祖道一對百丈懷海的教化。此處對宗風的追溯，不是直接自馬祖或百丈語錄中得，而由重顯「拈古」上溯，

〔註30〕 〔宋〕克勤擊節：《佛果擊節錄》卷上，《續藏經》第 117 冊，第 462 頁。

〔註31〕 其師承爲：黃龍惠南——祐山窘——道林一——大圓智。

〔註32〕 〔宋〕道融撰：《叢林盛事》卷下，《續藏經》第 148 冊，第 77 頁。

〔註33〕 〔宋〕普濟著、蘇淵雷點校：《五燈會元》卷 18，北京：中華書局，1984 年，第 1198 頁。此處「百丈再參馬祖因緣」與「大冶精金，應無變色」出自《明覺禪師語錄》卷 3，「舉，百丈再參馬祖，侍立次，祖以目視禪床角頭拂子。丈云：『即此用離此用？』祖云：『爾他後開兩片皮，將何爲人？』丈取拂子豎起。祖云：『即此用離此用』。丈掛拂子於舊處，祖便喝，百丈直得三日耳聾。師（指重顯）云：『奇怪諸禪德，如今列其派者甚多，究其源者極少，總道百丈於喝下大悟，還端的也無？然刁、刀相似，魚、魯參差，若是明眼漢，瞞他一點不得。只如馬祖道，爾他後開兩片皮將何爲人？百丈豎起拂子，爲復如蟲禦木，爲復啐啄同時，諸人要會三日耳聾麼？大冶精金，應無變色』」（685b～c）。

可見，在「公案」時代距離史實較遠，解讀混亂的情況下，明眼禪師的「拈古」有助於釐清宗門的傳承。

第三，「拈古」的普遍性。克勤在重顯「拈古」的基礎上，發展出「擊節」的形式；由南宋天童正覺拈古，元代行秀評唱，而成《萬松老人評唱天童覺和尚拈古請益錄》。「擊節」與「評唱」皆強調運用文字抒發見解，走上了「疏證」的道路，推動了「文字禪」的進一步發展，也使得「拈古」成爲北宋「文字禪」時期的普遍形式。即便在不同時代，「文字禪」中側重的表現形式不同，如善昭時期立「代別」，重顯時期推「頌古」，克勤時期創「評唱」、「擊節」，「拈古」卻一直都普遍存在著，並與各自特徵相結合，成爲「文字禪」中涉及面最廣的形式。

第四，「拈古」之弊。每一種形式都具有一定的生命力，一定的限度，並非「放之四海而皆準」。當形式被模式化、固定化，喪失了「禪」原本鮮活的生命力，弊端便不可避免。

其一，造成了對語言文字的執著。「曹溪源流派別爲五，方圓任器，水體是同。各擅佳聲力行己任，等閒垂一言、出一令，綱羅學者，叢林鼎沸非苟然也。由是互相訓唱，顯微闡幽，或抑或揚，佐佑法化。語言無味如煮木札羹，炊鐵釘飯，與後輩咬嚼，目爲拈古」〔註34〕。可見，「拈古」經歷了從傳承禪門正法，到成爲學人悟道障礙的轉變。由於「拈古」之作的大量出現，後學之人，陷入語言文字的固定框架中，而忘卻禪宗「即事而眞」的本來面目，終成「食之無味」的「木札之羹」。

其二，誤傳禪法。「拈古」本爲禪師表達個人見解的方式，並無統一的標準可言。所以，在「拈古」之作中，不乏有錯拈或誤傳所拈之作的情況出現。烏巨雪堂行禪師曾書與淨無染，「比見禪人傳錄公拈古，於中有僧問趙州，如何是佛殿裏底？拈云：『須知一箇髑髏裏，內有撐天柱地人。』愚竊疑傳錄之誤，此決不是公語也。……行之眞慈，爲不請友，以書規拈古之失，以頌明趙州之意，於宗門有補矣。若吾徒不顧其謬，妄自提掇，豈獨爲明眼噱端，亦招謗法之愆，可不戒哉」〔註35〕。「拈古」係因時因事因人因境之作，具有靈活性、具體性和針對性。對同一公案，不同禪師有不同見解，甚至同一禪師亦有不同的理解，「拈古」的目的本不在於記誦其語，而在於體

〔註34〕〔明〕淨善重編：《禪林寶訓》卷3，《大正藏》卷48，1033c。
〔註35〕〔宋〕曉瑩集：《羅湖野錄》卷上，《續藏經》第142冊，第982頁。

會「言外之意」。從其意出發，方能明瞭禪師思想，正如行禪師據其而辨明其友「拈古」之語爲誤傳。「拈古」不僅要「出得古人意」，更要明瞭說者的「言外之意」。

第二節　「代別」

「代別」是「代語」和「別語」的簡稱，是解讀「公案」的形式之一。二者在具體的表達方式上略有不同。

「所謂『代語』，原有兩個含義：其一是指問答酬對，禪師設問，聽者或懵然不知，或所答不合意旨，禪師便代答一語；其二是指古人公案中只有問話，沒有答語，代古人的答語。公案中原有答語，作者另加一句別有含義的話」〔註36〕。它出現於公元 8 世紀顯示出當時新的禪學風尚。在馬祖道一（709～788 年）與石頭希遷（700～790 年）時期，已開始運用「代語」。用「代語」者，從主動者的角度看，分「自代」和「他代」；從時間上看，有「當下代」，有「延時代」。在他們的弟子藥山惟儼（750～834 年）〔註37〕和南泉普願（747～834 年）〔註38〕時，「代語」已經完全具備了當面教化（或勘驗）和舉他人語、述自身見解以指導弟子的雙重作用，奠定了「代語」的基本雛形。

從禪學體系來看，運用「代語」的多爲石頭系禪師，主要表現在兩個範圍圈中，其一，以藥山的再傳弟子石霜慶諸和洞山良價爲代表，並由他們的諸位弟子再度擴大了「代語」的使用範圍，形成了「代語」的基本模式；其二，石頭希遷的第四代和五代弟子雪峰義存與門下爲代表〔註39〕。

〔註36〕杜繼文、魏道儒：《中國禪宗通史》，南京：江蘇古籍出版社，1993 年，第 388 頁。

〔註37〕「師（指藥山）問雲岩（藥山弟子）：『作什麼？』對曰：『擔水』。師曰：『那個呢？』對曰：『在』。師曰：『儞來去爲阿誰？』對曰：『替渠東西』。師曰：『何不教伊並頭行？』對曰：『和尚莫謾他』。師曰：『不合與麼道』。師代曰：『還曾擔麼？』」（〔南唐〕靜、筠禪僧編、張華點校：《祖堂集》卷 4，鄭州：中州古籍出版社，2001 年，第 158 頁）

〔註38〕「師（指南泉）問黃檗（百丈懷海的弟子）：『去什麼處？』對云：『擇菜去』。師云：『將什麼擇？』黃檗豎起刀子，師云：『只解作客，不解作主』。自代云：『更覓則不得有』」（〔南唐〕靜、筠禪僧編、張華點校：《祖堂集》卷 16，鄭州：中州古籍出版社，2001 年，第 539 頁）。

〔註39〕詳細介紹可見拙作：《「代別」雜考》，《青海民族大學學報》（社會科學版）2011 年第 4 期。

　　因爲洪州系後發展出更複雜、新奇的教化方式，如畫圓相、棒喝、豎拂子等以無言表意的手段，「代語」所佔的比例相對較小。在唐五代時期，洪州系禪師除卻南泉普願用「代語」外，其弟子趙州從諗（778～897 年），潙仰宗的祖師潙山靈祐（771～853 年）和仰山慧寂（840～916 年），臨濟宗禪師興化存獎（830～925 年）亦多運用之。該系禪師在南泉普願之後，較爲側重於「他代」，強調對祖師之法的解讀，與「祖師禪」時代的禪學主流是相應的。到北宋時期，因臨濟宗禪師首山省念和汾陽善昭運用，而再度興盛。

　　北宋禪師中，善用「代別」者以善昭和重顯爲代表。

一、善昭的「代別」

　　善昭對臨濟宗在北方的發展做出了卓越貢獻，其門下分化出黃龍派和楊岐派，是臨濟宗的「中興之祖」。他對於北宋「文字禪」的貢獻之一在於首次界定了「代別」概念，確立運用方式和語言特色。他運用「代別」的資料集中收錄在《汾陽無德禪師語錄》卷中。

　　善昭提出，「室中請益，古人公案未盡善者，請以代之；語不格者，請以別之，故目之爲代別」〔註40〕。明確了「代別」的對象、出現的背景和原因，其一，這種形式的對象是古「公案」；其二，它源於學人向禪師請教，禪師以「公案」爲教材的背景；其三，之所以出現「代語」是因爲解讀「公案」時有「未盡善者」，存在著禪師代替前人做出回答，禪師代替發問的人做出回答，提問者代替禪師做出回答等多種情況；其四，之所以出現「別語」是因爲禪師認爲他人的回答不夠盡善盡美，而提供另一種說法，既能表達自身見解，又能爲後學者解讀「公案」進而參悟多提供一條思路。其五，「代別」顯示出禪師的禪法見解，具有獨創性。總體說來，「代別」是以「公案」教化學人或者禪師解讀「公案」的過程中出現的，主要關注點在於「公案」中的「機語」。

（一）善昭運用「代別」的表現

　　善昭對「代別」運用，與其禪法思想相應，呈現出樸實的特色。

　　首先，善昭較多運用「代語」，發展出「別語」的另類形式。從《汾陽無德禪師語錄》中的「代別」的記載看，代語有 100 餘則，別語僅有 3 則。究其原因，與「代語」和「別語」本身的性質有關。「代語」多是後世禪師幫助

────────────

〔註40〕〔宋〕楚圓等集：《汾陽無德禪師語錄》卷中，《大正藏》卷 47，615c。

居於下位者（多是學人）做出回答。他們在與禪師的對答中處於「賓位」，是被動的，所以後代明眼禪師更容易發現不足之處，而做出代替性回答。「別語」是對「語不格者」而另行回答，這對回答者的要求頗高，如果修行未能達到一定的境界，便有狗尾續貂之嫌，故有不少禪師謹慎對待，而運用較少。

然而，善昭雖然在解讀「公案」時因前人「語不格者」主動給出的「別語」較少，但對於「公案」中涉及的關鍵問題，如祖師西來意、如何是佛、向上一路、前後事等等；對於各宗門中的「施設」，如臨濟宗中的四賓主、四料簡、四照用、三玄三要、三句，雲門宗三句、一字，曹洞宗的五位法等等，均有獨到性見解，是其禪法的重要體現，這也可以視作「別語」的表現形式之一。

其次，所「代別」的「公案」涉及了當時學人關注的主要問題。雖然善昭強調之所以出現「代別」是因為存在「未盡善者」和「語不格者」，但在浩瀚的「公案」中，選擇與當時禪風最為密切的「公案」，起到「以古喻今」的目的，也體現了善昭的禪法深度和學術敏感度。他所選取的「公案」，其一涉及對佛法的基本認識；其二涉及對大乘空宗的教義體會；其三涉及達摩西來傳法之意；其四意在解決禪學界中普遍存在的疑惑；其五解讀前代知名的禪師思想和特色。

具體來說，善昭所選的百餘則「公案」涉及當時禪學界關注的主要問題，其中包括對佛與佛法的認識（阿育王向賓頭盧問佛）；對無我、無法的見解（文殊觀音問四大無主，身亦無我）；對聖諦的理解（梁武帝問達摩第一義）；對生死的考察（王問尊者生死事）；對空義的思考（跋陀三藏問生法師色空義）；對祖師教義的問詢（僧問六祖得黃梅意旨者）；對讀經的態度（雲門問僧看何經）；對禪師離經叛道行為的困惑（吃丹霞飯）；等等。

所選「公案」的排列順序，從地域上看是先西方再東土；從時間上看是從古至今，且多為北宋之前，鮮有當代者，體現出善昭「以古喻今」的特色；從西方與東土「公案」的比例上看，西方的比重約在 1／5 左右，這體現出他在禪教關係上，更注重以中國本土化禪宗中發生、形成的「公案」作為教材，更關注文化的本土性；從選擇的「公案」範圍上看，不囿於臨濟宗一宗，也涉及曹洞宗、雲門宗和法眼宗人物，體現出善昭禪法中的包容性。

第三，答語「言簡意賅」。以「外道六師令佛祖顯神通」為例，

外道六師告波斯匿王、萍沙王及十六大國王，一切人天，悉集俱薩羅國，索世尊鬥神通。富蘭那迦葉云：「瞿曇現一，我等現二，乃至百千各各一倍」。

佛從十二月十五日，對天人國王一切龍神，現無量神通。至正月十五日，度無數人天。彼外道等，一無所現。被諸國王問云：「六師何不現神通？」外道等悉皆無語，四散馳走，直至死者。「正與麼時，對佛現得什麼神通？」代云：「專甲謹退」。〔註41〕

這是發生在佛陀時代，外道六師比賽神通的「公案」。「代云」之前是對「公案」的完整介紹。善昭之所以做出「專甲謹退」的回答，因為面對「正與麼時，對佛現得什麼神通」的問題，「公案」中並未給出答語，是「未盡善者」。

對於記述 160 餘字的長篇「公案」，善昭僅以 4 字做答，可謂簡潔明瞭。他指出參悟此「公案」的關鍵在於「專甲」（即自身），所有疑惑和思考的主動權都在自身，與別人發表的見解無關，與長篇累牘的對「公案」的記述無關，而旨在提醒學人，消除誤解，遵循禪宗「明心見性」、「不假外修」的內修之道。

第四，語言樸實的「繞路說禪」。北宋「文字禪」的「代別」、「拈古」、「頌古」、「評唱」等幾種表達形式各有特色，關於「繞路說禪」，圓悟克勤總結為「大凡頌古只是繞路說禪，拈古大綱據款結案而已」〔註42〕，以此作為「頌古」的典型特色。然而，從禪宗既「不立文字」又「不離文字」的表達風格來看，善昭在運用「代語」和「別語」中，已經秉承著「繞路說禪」的特點。不過同較多運用韻律、與律詩較為相近的「頌古」比較，語言風格更樸實。善昭更擅長言簡意賅的正話反說，或反話正說，或提出「風馬牛不相及」的問題，甚至用「默示」的方式，引發學人走出只「憑藉、遵循別人教誨或經驗就能夠有所得」的死胡同，而轉向對「活句」的思考。同時「別語」本身也體現出「繞路說」的必然性，因為「別語」具有存在的可能性，其「主要原因不在於前人的回答尚有發揮的餘地，而在於禪師接引學人的回答，其生命力就在於回答的新奇獨特」〔註43〕。可見，善昭運用言語樸實的「代語」和「別語」，彰顯了「繞路說禪」的特色，說明了語言文字與禪法的關係，在「不離文字」之時，做到了「不立文字」。

〔註41〕〔宋〕楚圓等集：《汾陽無德禪師語錄》卷中，《大正藏》卷 47，615c。

〔註42〕〔宋〕克勤評唱：《碧巖錄》卷 1，《大正藏》卷 48，141a。

〔註43〕吳立民主編：《禪宗宗派源流》，北京：中國社會科學出版社，1998 年，第 220頁。

（二）善昭「代語」的特點

善昭的「代語」，呈現出以下特點：其一，從「賓位」入手，品評「公案」；其二，借用「公案」語言作答；其三，順文意作答；其四，反面回答；其五，答語中突顯動作的重要性。

首先，善昭的「代語」多從「賓位」入手，兼有品評整體之用。如，

國師（指南陽慧忠）問座主：「講什麼經？」云：「金剛經」。「最初兩字，是什麼字？」云：「如是」。又問：「是什麼字？」代云：「早是葛藤」。〔註44〕

眾所周知，《金剛經》最初一句為「如是我聞」。慧忠國師明知故問，顯然具有「陷虎之機」，座主卻未意識到國師的用心，而據實回答「如是」。如此回答，便只是囿於經文，是外在的，被《金剛經》轉，而非轉《金剛經》。所以，國師再度發問，「是什麼？」這猶如當頭一喝，令「座主」無從回答，而不得不重新思索。這是關於讀經的一個典型公案。善昭的「早是葛藤」，是代替座主作答，以「葛藤」之說，否定了慧忠國師的問話，否定了座主據實回答的「死句」，也否定了把外在經文作為悟道必須途徑的做法，甚至具有否定整個「公案」的意味。

若是真正悟道者，便會意識到國師問出「《金剛經》最初二字」時便已是用文字糾結了葛藤。因為，既然「道由心悟」，便無需問詢《金剛經》的經文。若是「明眼人」早已避而不談，轉移話題或以身勢、動作等方式否定問話本身。另一方面，經文是由人寫出，帶有人為意識的加工。「如是」二字本無固定之意，只是後人以「如是我聞」作為佛經的開頭語，而將「如是」的含義固定化。實際上，「如是」之語可以被運用到任何一處，並不必然地具有《金剛經》中的含義。正所謂「一切有為法，如夢幻泡影，如露亦如電，應作如是觀」〔註45〕。善昭的「早是葛藤」可謂直中要害。

其次，借用「公案」中的語言作答。如，

文殊、觀音、彌勒問戒賢法師云：「四大無主，身亦無我。是否？」云：「是」。云：「教誰患刺風？」代云：「不見道無主」。〔註46〕

這是則問詢佛法基本義理的「公案」。「四大無主，身亦無我」之語出自《維摩經·文殊師利問疾品》，「四大合故，假名為身；四大無主，身亦無我；

〔註44〕〔宋〕楚圓等集：《汾陽無德禪師語錄》卷中，《大正藏》卷47，617a。
〔註45〕〔後秦〕鳩摩羅什譯：《金剛般若波羅蜜經》，《大正藏》卷8，752b。
〔註46〕〔宋〕楚圓等集：《汾陽無德禪師語錄》卷中，《大正藏》卷47，616a。

又此病起，皆由著我。是故於我，不應生著」〔註47〕解釋肉身與萬物「發病」的緣由，說明一切皆是「因緣和合」而成，並不存在眞實的肉體「我」，正所謂「諸行無常、諸法無我」，要求學佛者要打破一切法執、我執。

在本則「公案」中，問話者採用的是矛盾式問法。即首先確定一個肯定性的大前提，而後提出與之相反的命題。以「四大無主，身亦無我」消除了「主」（精神）和「我」（肉體）的存在。又提出無肉體何以患病？這就構成了邏輯上的矛盾。故而，按照常規思路很難做出回答，這是悖論，是條死路，只會越走越窄。最好是避而不談，或採取答非所問等方式。但是，善昭爲了接機、啓發學人，代答爲「不見道無主」。

「不見道無主」借用公案中「無主」的話，看似是無意義的重複，實際上說明：問話者是就「無我」而問，善昭以「無主」作答，繞開對「我」的糾纏，避開常規邏輯上的悖理，體現出突破常規，甚至是違反常規的禪宗思維方式；而只有另闢蹊徑，學禪者才能擺脫束縛，輕鬆上陣，絕地逢生。

其三，順應問話者的思維做出回答，多採用「以退爲進」的方式。如，

梁帝問祖師：「如何是聖諦第一義？」祖曰：「廓然無聖」。帝云：「對朕者誰？」祖云：「不識」。代云：「弟子智淺」。〔註48〕

菩提達摩會見梁武帝之事，雖從歷史考證上是不眞實的，卻成爲禪宗中的典型公案，在宋代之後記載的佛教史中被冠以眞實性，在《佛祖統紀》和《碧巖錄》中皆有類似記載。

梁武帝因不明白達摩所說的「不識」，故而無對。善昭代答「弟子智淺」，是根據當時情況，據實而答；是對梁武帝個人見識的眞實寫照；也是站在梁武帝的角度以退爲進。以「弟子智淺」，回答「不識」是此處最貼切的回答。「聖諦第一義」本不可言說，所以達摩描述爲「廓然無聖」，消除言語表達上的可能性。梁武帝卻問「對朕者誰」，實際上已經局限於你與我、凡與聖之間的對立，重新回到對「聖諦」問詢上，故而達摩以「不識」再次打破了梁武帝的「分別心」。然而梁武帝並未理解達摩用心，的確是「淺識」。善昭的「代語」是站在回答者的角度，退到較低的層次，因爲能意識到自身的「淺識」和不足，已經是「大智」，成爲開悟者，便無須再做言語上的糾葛。

第四，反面回答，奪取主動權。如，

〔註47〕〔後秦〕鳩摩羅什譯：《維摩詰所說經》卷中，《大正藏》卷 14，544c。

〔註48〕〔宋〕楚圓等集：《汾陽無德禪師語錄》卷中，《大正藏》卷 47，616c。

　　丹霞問僧：「什麼處來？」「山下來」。師云：「喫飯了也未？」云：「喫了也」。師云：「將飯與闍梨喫底人，還具眼也無？」代云：「若不上山，爭識丹霞？」〔註49〕

　　臨濟義玄將禪師（主）與學人（賓）的關係分爲四種，即主中主（雙贏），主中賓（禪師問倒學人），賓中主（學人略勝禪師）和賓中賓（皆輸）。在行腳較爲盛行時期，禪師常用看似家常式的「什麼處來」勘驗學人。此來「處」既可指地理概念，也是對修行境地的自覺反思，較能反映出學人的水平。此「公案」中的僧人，以帶有靈活意味的「山下來」代替死句「湖南來」，似有幾分機鋒。丹霞禪師又以「喫飯」勘驗，僧人卻被牽制，落入「具眼」與否的糾纏中，敗下陣。

　　善昭則以反問的形式，用平實的語言，在讚頌丹霞禪師的同時，贏取主動權：即若不上山便無此番問答，便無從認識丹霞和向的「陷虎之機」。這樣避開了學人自身的糾結而將矛頭指向問話者，實現了「主中主」的雙贏。

　　第五，答語中突顯動作的重要性。禪宗崇尚「不立文字」，在唐末五代「公案」中出現以「棒喝」、「踢打」等動作取代語言的做法。然而善昭的「代語」是爲了引導和告誡學人，離不開語言，所以選擇借用語言明示動作的做法，體現禪宗中對語言靈活運用。如，

　　南泉把斧頭云：「道得也一斧，道不得也一斧」。代云：「打一掌」。〔註50〕

　　此處惟南泉普願一人唱獨角戲，並未記述前因後果。「道得……，道不得……」的情況，還見於「南泉斬貓」的公案中，「東西兩堂各爭貓兒。師遇之，白眾曰：『道得即救取貓兒，道不得即斬却也。』眾無對。師便斬之」〔註51〕。「道得……，道不得……」反映出禪宗語言觀中的內在矛盾。若言道得，「眞諦」不可說；若言道不得，「俗諦」須宣揚。德山也有「道得是三十棒，道不得也是三十棒」之說。所以有時可道，有時不可道，有時既可道又不可道。這類問題的關鍵不在於「道或不道」上，而在所指的對象上。見識卓越的禪師常以動作代替言說，比如聞聽「南泉斬貓」的原因，趙州從諗便脫掉鞋子戴在頭上，以行動上的本末倒置，說明爭論雙方先因貓而衍生爭執之心，又因師父問詢而生迷惑之心的本末倒置的行爲。

〔註49〕　〔宋〕楚圓等集：《汾陽無德禪師語錄》卷中，《大正藏》卷47，617b。
〔註50〕　〔宋〕楚圓等集：《汾陽無德禪師語錄》卷中，《大正藏》卷47，617b。
〔註51〕　〔宋〕道原集：《景德傳燈錄》卷8，《大正藏》卷51，257b。

對於南泉提出的「道得……，道不得……」的疑問，善昭對以「打一掌」，同樣要求以行動代替語言，此舉一則打破對「道」可不可說道的困惑；二則以動作代替聲音，說明真諦不可「道」；三則，行動往往是最直接的反應。禪法修行不是要抹殺人的情感，而要展現真性情。

（三）善昭「別語」的特點

有學者認為，「儘管善昭的代別也有精彩的部分，但多數平平，或不如原來語言的含蓄生動。因為代別之作同公案的選擇一樣，真正的目的不是發明古聖意旨，而是借題發揮；既可以作為言談交往的口實，也是闡釋自己思想觀念的途徑」〔註52〕。此論斷應當是對「別語」而言，「語不格者」的「別語」有原來的語言，而善昭所作「代語」，前提多是「無對」。據其語錄記載，善昭明確做「別語」的只有3則，分別是：

第一則：馬鳴問迦毗摩羅：「汝有何聖？」云：「我化大海，不足為難」。又問：「汝化性海得否？」云：「若化性海，我當不得」。別云：「許即不讓」。

第二則：龍樹行化，至西印土，見提婆，問：「汝佛性如何？報言布施，我求福利，非解佛性，汝會佛性，當為我說」。師（指提婆）曰：「欲學佛道，先除我慢，心生敬仰，發大慚愧，方得佛性」。云：「何汝今不生恭敬，而欲得也？」提婆求哀。別云：「因一事長一智」。

第三則：王問尊者曰：「師得勝法否？」云：「已得」。王曰：「於生死有懼否？」云：「已離生死」。「既離生死，可施我頭？」師曰：「身非我有，豈況施頭？」別云：「識頭麼？」王便下劍，頭臂俱落。別云：「知師不恪」。

第一則為馬鳴菩薩與迦毗摩羅論「聖」。迦毗摩羅的「聖」指神通，重外在之形；馬鳴菩薩所謂「聖」為聖諦、真諦，乃內在之心。能將滄海變桑田，為外在的幻化；而能夠度化性海，才是真正的救度、解脫。

善昭的「別語」是以馬鳴之口說出的。在迦毗摩羅否定了自身的「化性海」能力後，善昭又提出「許即不讓」。這是因為，無論是迦毗摩羅的「化」是何種程度的「化」都是「他化」，禪宗的解脫需要自化、自度。「自色身中，邪見煩惱愚癡名妄。自有本覺性，將正見度。既悟正見，般若之智除卻愚癡迷妄。眾生各各自度，邪見正度，迷來悟度，愚來智度，惡來善度，煩惱來

〔註52〕杜繼文、魏道儒：《中國禪宗通史》，南京：江蘇古籍出版社，1993年，第389頁。

菩薩度，如是度者是名眞度」〔註53〕，明確提出佛與眾生無異，迷則眾生，悟則佛，迷與悟的關鍵在於是否能夠體會到自心「本性」，能夠自度自化。所以善昭提出「許即不讓」，這是對禪宗理論的堅持與說明。

第二則記述龍樹與提婆討論「佛性」的來源。提婆以爲「學佛道，生恭敬之心，重內省」可得「佛性」，龍樹指出提婆言行不一處後，提婆無所對答。善昭的別語是從提婆的角度來說的，與「代語」相似，代替提婆說出「因一事長一智」。從禪宗的角度看，「佛性」非能外求，而是自性具足的，「除眞除妄，即見佛性」。若向外求，則似懷珠而尋珠，騎牛找牛。所以，從側重外力「獲取」的角度言「佛性」的存在與否並不恰當。善昭所做的「別語」也正了然於此。

第三則記述西土第 24 祖師子尊者與罽賓國王談論「生死」與肉身的看法。完整的故事出自《景德傳燈錄》記述，「時本國有外道二人，一名摩目多，二名都落遮，學諸幻法欲共謀亂。乃盜爲釋子形象，潛入王宮，且曰：『不成即罪歸佛子』。妖既自作，禍亦旋踵。事既敗，王果怒曰：『吾素歸心三寶，何乃搆害至於斯』？即命破毀伽藍，袪除釋眾。又自秉劍至尊者所。問曰：『師得蘊空否？』尊者曰：『已得蘊空。』曰：『離生死否？』尊者曰：『已離生死。』曰：『即離生死可施我頭？』尊者曰：『身非我有，何恪於頭？』王即揮刃斷尊者首，涌白乳高數尺。王之右臂旋亦墮地，七日而終」〔註54〕。

師子尊者正因爲已經體悟到肉身乃因緣和合而成，本非實有，所以能看透生死。施設頭顱只是截斷「本無形、本無根」的肉身生命，而對於佛法的生命卻毫無損傷。一般人所說的「頭顱」也只是約定俗成的人爲意識，何謂眞正的「頭顱」並不明瞭，所以善昭別云「識頭麼？」旨在令學人從「假名」中認識眞法。「知師不恪」是代替罽賓王和他人的評價，記載罽賓王以動作（斬尊者頭）作爲對師子尊者不懼舍頭的回答。

從上引三則「別語」可以看出，善昭對「別語」的運用，體現出以下特點：

首先，「別語」的方式靈活多樣。善昭具有充分駕馭語言的能力，或從負面的角度（許即不讓），或引用俗語（因一事長一智），或應語境靈活作答。這些簡單明瞭的另類答語既能指明解讀「公案」的關鍵點，也能爲學人提供

〔註53〕郭朋：《壇經校釋》，北京：中華書局，1983 年，第 44 頁。
〔註54〕〔宋〕道原集：《景德傳燈錄》卷 2，《大正藏》卷 51，215a。

新的思考角度。

其次，善昭的「別語」樸實簡單。與他一貫的樸實風格一致，善昭的別語亦未用華麗的語言闡述玄意，而是用樸實簡單的語言較爲直觀的開示。如在第三則中「識頭麼」的問詢便令學人產生「何謂頭」，尊者與王者談論的「頭」有何不同等疑問？從而實現從假名到實相，從實相到虛無的過渡，理解不執有、不執空的中道思想。

第三，善昭「別語」的對象不一。「別語」的出現是因有「語不格者」，所以在問答中若出現此狀況，便可做別，因而對象並不固定。從第三則中亦可看出。善昭的「識頭麼」是對尊者語而別；「知師不悋」則是對國王的反應而做。禪師們以「別語」的形式，以古「公案」爲平臺，闡述自身的禪學見解，對象並不固定。

第四，善昭的「別語」與其禪法是一致的。禪師們做出的別樣回答，實際上是對古「公案」的再度闡釋和解讀。它更「強調意義，強調傳達與交流」〔註55〕，強調當代性，強調體驗和日常存在的基本聯繫。善昭的目的便在於借助「公案」，實現教化，表達自身的禪法思想。從對上述三則公案的分析中可知，善昭對「聖」在內性、佛性不假外求和生死一如的思想，正是體現出他注重內在，道由心悟的大乘空宗思想。

二、重顯的「代別」

自善昭後，「代別」成爲北宋禪師解讀「公案」的重要形式之一。在重顯的「語錄」中亦多收錄「代別」。

關於重顯「代別」的緣起，在《明覺禪師瀑泉集》卷 4 中，作於天聖八年（1030 年）《圓應序》說明，「師自兩處道場，多應機語句，……復致之請益，師蓋不獲已，隨所疑問，以此以彼，乍放乍收，或抑或揚，或代或別，近百五十則」〔註56〕。重顯生卒年爲 980～1052 年，弟子記載其言論集成《瀑泉集》時，重顯尚在世。與唐末五代時期的臨濟義玄禁止弟子編撰其言語的做法相反，北宋禪師尚在世時，語錄便已流行，這也說明「文字禪」禪師對於語言文字的態度已有所變化。至少他們從主觀上不排斥弟子記錄其教示，以便從中獲取方法上的指導。

〔註55〕張隆溪：《道與邏各斯》，南京：江蘇教育出版社，2006 年，第 149 頁。
〔註56〕〔宋〕惟蓋竺等編：《明覺禪師語錄》卷 4，《大正藏》卷 47，692b。

　　從重顯對「代別」的運用和選取的「公案」上，可以看出，其一，重顯的用語更爲玄妙，體現出重顯對古公案的進一步理解和「超祖越佛」的禪法思想。其二，全部選取東土禪師的公案，而未涉及到西土祖師之事。在禪、教關係上，重顯更注重從禪學本身出發，注重本地的禪學文化特徵，而較少地以禪解教。其三，從選取的公案上看，涉及禪宗五家，但較注重石頭系中的雪峰義存一枝，體現出重顯兼容各家，又側重雲門宗及其前身的趨向。

（一）重顯的「代語」

　　與善昭的「代語」不同，重顯的「代語」在數量和涉及範圍上有所擴大，呈現出以下特點：

　　首先，「代語」的層層深入。重顯對某句話、某件事做出「代語」之後，繼前語再給出新的「代語」，形成了層層疊疊的局面，引導學人逐步深化思考。

　　或云：「五千四十八卷，止啼之說。如今啼止也，還我黃葉來」。代云：「事不孤起」。

　　有時云：「事不孤起，爾也分一半」。代云：「耶」。又云：「合到某甲」。又云：「單傳心印，過犯彌天，甚人委悉？」代云：「須見如此」。

　　上堂，「須見如此，著甚來由？」代云：「也是」。〔註57〕

　　重顯以「事不孤起」、「須見如此」、「也是」的「代語」，構成了三次教學活動。從時間的上看，或許是同一場合下不同的人對重顯的「代語」進一步的質疑，或許並未發生在同一場合，而是由編撰者有意識地連接起來；或許爲重顯自問自答，或爲他人發問，重顯回答。無論是何種情況，從客觀的效果看，無疑達到了引導學人不要停留在「代語」內容，而要進一步思考的目的。如果將這些層層疊疊的「代語」連起來看，從「還我黃葉」到「也是」，經歷了幾個轉折，而使得學人不再執著於最初的疑問，而使所持疑惑自行消散。

　　其次，運用的廣泛性。重顯運用「代語」，指導學人，或闡述自身禪法的頻率是頗高的，不僅貫穿於日常問答中，在正式的上堂說法中也加以運用；所「代」的對象不再限於「公案」中的人物，而是一言一語皆可作「代」。盡顯靈活多樣的禪宗教化方式。

　　或云：「祖師不到處，時人知有；時人不知處，過在祖師。作麼生辯？」

〔註57〕〔宋〕惟蓋竺等編：《明覺禪師語錄》卷4，《大正藏》卷47，692c。

代云：「不得春風華不開」。

　　上堂云：「不得春風華不開。箇箇道我會，會即且致。作麼生舉？」代云：「時人相師」。又云：「空劫已前徒指注，空劫之後錯商量。正當空劫什麼人爲主？」代云：「本是將軍致太平」。

　　有時云：「太平本是將軍致，莫錯認定盤星。我爲拈了也，還會麼？」代云：「掩面出去」。〔註58〕

　　這一段層層遞進的「代語」中，有別人問（或云），有重顯自己問（上堂云）；有日常隨意的問詢，有上堂莊嚴的說法。禪師在日常生活中以「代語」爲解讀「公案」提供綱目，解決學人的疑問，具有個別性和具體性；相較言之，正式的上堂說法，多半爲僧眾演示普遍性的義理（亦不排除有針對某些人說法的情況），體現出公眾性和普遍性。而重顯在公開的上堂說法時也屢次運用「代語」，可見當時運用「代語」的廣泛性。

　　第三，做「代語」的公案既涉及前代，更重視當代。善昭做「代語」的「公案」，多是唐末五代時期的及其之前的「古則」，北宋者鮮有。而重顯所選者，今古俱有。從時間的安排上，先列舉當代（甚至是重顯自身發生之事）的再列舉古時的，與善昭從西土到東土的安排順序完全相反。這樣做，一方面反映出重顯意在解決當下的問題；另一方面表明當時禪學中發生的變化，「祖師」教化的內容與新的時代出現的問題出現差異，反倒是近世和當代的禪師見地更有幫助。重顯所做「代語」的內容涉及：

　　其一，對「行腳」的反思。行腳即禪僧遊學參請的一種修行方式，經唐末五代時期成爲禪僧修行必不可少的方式〔註59〕。由行腳而四處參拜高僧古德，悟道者不少；徒勞奔走，沽名釣譽者也不在少數。鑒於此，重顯欲加以改正。

　　或云：「繞天下行腳，到處豈無尊宿相爲。還有盡力道得底句麼？」代云：「口只堪喫飯」。〔註60〕

　　面對「行腳」之問，重顯並不以「口」說法，而只是突出其「喫飯」的功能。這與趙州從諗的「喫茶話」類似。須知，行腳事要身體力行，方能體

〔註58〕〔宋〕惟蓋竺等編：《明覺禪師語錄》卷4，《大正藏》卷47，692c。
〔註59〕詳見拙作：《晚唐五代禪僧行腳問題考析》載《中南民族大學學報》（人文社會科學版）2011年第3期和《唐末五代時期禪宗僧人行腳現象探析》載《社會科學家》2011年第5期。
〔註60〕〔宋〕惟蓋竺等編：《明覺禪師語錄》卷4，《大正藏》卷47，693b。

會其中的艱辛和歡樂。正如只有把飯喫下去才知其味。同時也說明，行腳之事並非高深莫測，它就如喫飯一樣平淡，重在「平和」，是日常所爲之事。飯飽而身體有力，行腳足而心靈得悟。

其二，對於佛、祖之事的回答。「祖師西來意」與「家風」或「宗風」之間，自唐中期出現後，方興未艾，成爲學人最關心的問題之一。

有時云：「什麼劫中無祖佛，儞不著便猶可」。代云：「解笑底亦少」。

或云：「朝堂門下難舉令，雲門道底不要」。代云：「但咳嗽一聲」。〔註61〕

對於佛祖與祖師（雲門文偃）之言的態度，重顯在此借用以「動作」代替言語的做法。第一則中的「解笑底」是借用禪宗「世尊拈花，迦葉微笑」的典故，說明佛、祖之意不必盡用言句說明，而重在「心心相印」，以「無住、無相、無念」的不執著之心，破除分別，便有所得。

第二則中對於雲門宗的家風，重顯以「咳嗽」，「有聲而無語」的方式，說明宗師家風雖是指引悟道的良方，但如指月之指一般，應見月而忘指。「但咳嗽一聲」，肯定與否定盡由學人自己體會。

其三，以「代語」作爲儒、釋相通的方式。

宋太宗皇帝，因事六問。當時無人奏對。因入寺見僧看經，問云：「看什麼經？」對云：「仁王經」。帝云：「既是寡人經，爲甚在卿手裏？」師代云：「皇天無親，唯德是輔」。〔註62〕

在重顯的《瀑泉集》中共收錄6則關於宋太宗與僧人之間的問答。他將這些事情一一拈出，各做「代語」，旨在說明儒、釋相通，是在宋代「融合」大趨勢下做出的反應。《仁王經》即《仁王護國經》，初由晉法護翻譯，後經鳩摩羅什和眞諦兩次重譯，唐代密宗大師不空三藏曾誦讀該經退敵〔註63〕，在遭受外患的北宋頗受歡迎。宋太宗自詡爲「仁王」，以《仁王經》爲其經，故有所問。重顯以儒語「皇天無親，唯德是輔」表明，持有者的差別不在身份地位上，而在「德行」上。由此出發，儒、釋兩家雖有不同，但在「修德」及其教人向善上是相似的。

第四，重顯的「代語」更爲靈活。有雲門宗慣用的「一字」，亦借用世俗俚語。

〔註61〕〔宋〕惟蓋竺等編：《明覺禪師語錄》卷4，《大正藏》卷47，694a。
〔註62〕〔宋〕惟蓋竺等編：《明覺禪師語錄》卷4，《大正藏》卷47，695a。
〔註63〕見〔宋〕贊寧編：《大宋僧史略》卷3，《大正藏》卷54。

其一，作為雲門宗的傳人，重顯的「代語」也繼承了雲門文偃的「一字法」。

或云：「洞庭湖水一吸淨盡，魚鼈向甚處藏身？」代云：「咦」。又云：「喝下承當，崖州萬里，棒頭薦得，別有條章。作麼生是衲僧本分？」代云：「惡」。〔註64〕

雲門文偃以「一字」代表無限，「一字關」成為雲門宗的特色。重顯繼承了這一特點，其中的「咦」字也是文偃慣用之法。〔註65〕

重顯以「一字」截斷了一切疑情，將主動權悉數交給學人自身思量。這與其語言觀是一致的。因為「聲前悟旨，猶迷顧鑒之端，言下知宗，尚昧情識之表。諸人要知真實相為，但以上無攀仰，下絕己躬，自然常光見前，箇箇壁立千仞」〔註66〕。所以，以不具有實際意義的發聲詞切斷千思萬疑，實現「上無攀仰，下絕己躬」，展現了禪法的內在本性。

其二，運用世俗俚語與創造新俚語。在善昭「代語」中，已開始使用俗語。重顯借用更靈活的形式，不僅運用已經存在的俗世俚語還創造出新的俚語，顯示禪法的靈活性和親切性。

或云：「火待日熱，風待月涼。北斗南星句，不要儞道，留與後人貶剝」。代云：「一言已出，駟馬難追」。〔註67〕

「北斗南星」句，出自重顯對雲門文偃「塵塵三昧」的頌辭。據《禪宗頌古聯珠通集》載，「雲門因僧問，『如何是塵塵三昧？』師（指雲門文偃）曰：『缽裏飯，桶裏水』。（重顯）頌曰：『缽裏飯，桶裏水，多口阿師難下觜。北斗南星位不殊，白浪滔天平地起，擬不擬，止不止，箇箇無褌長者子』」〔註68〕。北斗、南星的存在與「火待日熱」、「風待月涼」一樣是自然的本來現象。它們的存在不因人為的語言或思維有所改變。所以重顯代云「一言已出，駟馬難追」，隱喻「言句」一經說出之後的消散性、短暫性。

〔註64〕　〔宋〕惟蓋竺等編：《明覺禪師語錄》卷4，《大正藏》卷47，693b。
〔註65〕　「師（指文偃）逢僧必特顧之曰鑒，僧擬議則曰咦，門人錄為顧鑒咦」。「一字」之法，正體現出雲門宗風，正如《人天眼目》中總結，「稱提三句關鍵，拈掇一字機鋒，藏身北斗星中，獨步東山水上。端明顧鑒，不犯毫芒，格外縱擒，言前定奪。直是劍鋒有路，鐵壁無門，打翻路布葛藤，剪却常情見解」（〔宋〕智昭集：《人天眼目》卷3，《大正藏》卷48，313b）。
〔註66〕　〔宋〕惟蓋竺等編：《明覺禪師語錄》卷1，《大正藏》卷47，674a。
〔註67〕　〔宋〕惟蓋竺等編：《明覺禪師語錄》卷4，《大正藏》卷47，693c。
〔註68〕　〔宋〕法應等集：《禪宗頌古聯珠通集》卷33，《續藏經》第115冊，第142頁。

重顯之語出自《論語・顏淵》之「夫子之說君子也，駟不及舌」。《鄧析子・轉辭》將其引申為：「一言而非，駟馬不能追；一言而急，駟馬不能及」。「一言已出，駟馬難追」句，是重顯在借鑒俗語的基礎上，加以提煉，言簡意賅，成為後世廣為流傳的俗語。

另又有，

> 「上堂云：『若道得隔身句，知儞是箇了事人。忽若總道不得，我也知儞親。』」代云：「猛虎不食其子」。〔註69〕

「猛虎不食其子」句在重顯「舉古」之作中同樣有涉及。「舉。耽源辭國師，歸省覲馬祖。於地上作一圓相，展坐具禮拜。祖云：『子欲作佛去』。源云：『某甲不解捏目』。祖云：『吾不如汝』。師（指重顯）云：『然猛虎不食其子，爭奈來言不豐。諸人，要識耽源麼？只是箇藏身露影漢』」〔註70〕。「猛虎不食其子」句最初的說法為「惡虎不食子」，出自雪峰義存的弟子高麗國靈照禪師與學人的辯論中〔註71〕。重顯確定為「猛虎不食其子」的說法，創造了新的廣為流傳的俗語。

（二）重顯的「別語」

與善昭語錄中僅存3則「別語」不同，在《瀑泉集》中記載重顯34則「別語」。與重顯的「代語」多「代」當今之事的做法不同，重顯「別語」的基礎為古「公案」，契合了善昭「室中請益」，「語不格者，請以別語」的定義；與善昭選取的「公案」按照時間順序從西土到東土，從達摩初祖到各祖師的安排不同，重顯所選取的「公案」多係唐末五代時期雪峰義存及其弟子時期者；從石頭系和洪州系的分佈上看，他重視石頭系中人物的「公案」，從石頭系內部的支脈來看，重視衍生雲門宗的雪峰義存一枝〔註72〕。

〔註69〕〔宋〕惟蓋竺等編：《明覺禪師語錄》卷4，《大正藏》卷47，694a。

〔註70〕〔宋〕惟蓋竺等編：《明覺禪師語錄》卷3，《大正藏》卷47，690b。

〔註71〕原文為：「問：『未剖以前請師斷』，師曰：『落在什麼處？』曰：『恁麼即失口也』。師曰：『寒山送潙山』。又曰：『住住闍梨失口？山僧失口？』曰：『惡虎不食子』。師曰：『驢頭出馬頭迴』」。（《景德傳燈錄》卷18，《大正藏》卷51，352c）

〔註72〕從石頭系與洪州系上看，多係石頭系中人物，洪州系中僅涉及馬祖弟子南泉普願、麻谷、歸宗、睦州，潙仰宗禪師仰山慧寂，曹洞宗禪師曹山本寂，法眼宗禪師法眼文益，雖涉及面頗廣但比重不高；從石頭系內部看，多為雪峰義存一枝，是比雲門文偃略長或同時期者。比雲門文偃略長者有雪峰義存、巖頭全豁、欽山，同時期者有雲門文偃、玄沙師備、保福從展，藥山一枝的

　　鑑於「別語」要從「語不格者」上下功夫，從總體上看，重顯之「別語」與「公案」中的語言相比較而言，呈現出以下特點：

　　首先，對「別」的運用。「別語」要求說出有別於原句的更有見地的話，因此重顯的「別語」多從另一角度回答。具體表現爲：原語爲肯定，別語爲否定；原語爲否定，別語爲肯定；原語爲實言，別語爲虛語；原語居主位，別語居賓位；原語爲疑問，別語非疑問；原語非疑問，別語質疑之。總體看來，重顯的「別語」重用否定性、疑問性、玄言性的語句。

　　其一，否定之語，以退爲進。

　　第一則：陸大夫問南泉：「大悲菩薩甚處得許多手眼來？」泉云：「如國家用大夫作什麼？」別云：「不及大夫所問」。

　　第二則：僧問法燈：「百骸俱潰散，一物鎮長靈。未審百骸一物相去多少？」燈云：「百骸一物，一物百骸」。別云：「吾不如汝」。〔註73〕

　　此兩則「公案」中，重顯分別以「不及」、「不如」的否定性語句代替南泉普願和法燈和尚的回答。

　　第一則中，陸大夫（指陸亙）詢問爲何「大悲菩薩」有千手千眼，南泉普願並未直接作答，而反問陸亙自身在國家中的職責，可謂將主動權交還給了陸亙。然重顯認爲，採用反問的形式，仍有所短，不如以否定形式，以退爲進，讚頌陸亙發問本身，方有更大的收穫。這體現出重顯更強調發問本身，而非其所問的言語。解讀「公案」就要敢於有所疑。

　　第二則中，法燈和尚以「百骸一物，一物百骸」實現「百骸」與「一物」的圓融無礙。但重顯以爲此圓融是在「有」的實相中獲得的，莫若根本不予回答，由假有而達眞空。

　　可見，重顯作否定性的「別語」是要從假有而達眞空，從消除問題的角度將主動權完全地交與學人，並指示學人解讀「公案」的關鍵並非所提出的具體問題，而是發問本身，並不單單在於「所疑」而在於「能疑」。

　　其二，用疑問，時時提撕。

　　僧問曹山：「清稅孤貧，請師拯濟」。山云：「稅闍梨」。應諾。山云：「清源白家酒，三盞猶道未霑唇」。別云：「稅闍梨應諾，是什麼心行？」〔註74〕

　　弟子涉及到道吾圓智、雲岩曇晟。

〔註73〕〔宋〕惟蓋竺等編：《明覺禪師語錄》卷4，《大正藏》卷47，696a。
〔註74〕〔宋〕惟蓋竺等編：《明覺禪師語錄》卷4，《大正藏》卷47，696b。

　　重顯的此則「別語」是代替曹山本寂而作。有僧名清稅，請求曹山禪師的拯濟，助其悟道。曹山以「呼喚其名」的方式，令其自省。此類方式對於幫助學人悟道有很大的幫助，如黃檗希運曾以此法幫助裴休悟道。但清稅並未從中得到啟發，所以曹山禪師方有「清源白家酒，三盞猶道未沾唇」句，進一步說明名相爲外在假相和合而成。「呼喚其名」是爲了認識自己。

　　重顯則認爲，應該直接從其行爲上出發，對其提出疑問，將問題提出，令學僧時時提撕，轉化爲內在工夫，終會有所悟。這是以疑問的方式補充肯定性答覆，旨在從問話者本身出發。

　　其三，用虛語，廣闊無限。

　　第一則：南泉遷化，陸亙大夫到。院主云：「大夫何不哭？」大夫云：「道得即哭」。長慶代云：「合笑不合哭」。別云：「蒼天蒼天」。

　　第二則：僧問歸宗：「如何是佛？」宗云：「我向儞道，還信麼？」云：「和尚言重，爭得不信？」宗云：「只汝便是」。別云：「侍者寮裏喫茶去」。〔註75〕

　　在禪宗中，理想的答語爲「活句」，而非「死句」。「活句」因提供的空間，能夠啟發學人進一步思考，而「死句」則無助學人展開疑情。所以有參活句不參死句之說。「活句下薦得，永劫不忘；死句下薦得，自救不了」〔註76〕。在這兩則公案中，陸亙的「道得即哭」與歸宗的「只汝便是」都是肯定性的答語，是爲「死句」。

　　所以重顯作「別語」時，改用「活句」。「蒼天蒼天」的感歎，更能體現出因爲南泉「遷化」後陸亙的悲痛之情、惋惜之情，乃性情的自然表露。「侍者寮裏喫茶去」則以「喫茶」的動作代替言談，以日常的行爲取代刻意對「如何是佛」的追問，而體會「平常心即道」，一切事無不是佛事。

　　重顯用虛語、活句，反映出「公案」中所明示的求證禪法真理不離日常生活的理念，「公案」並非是死板一塊，本爲古人真性情的流露，參悟「公案」離不開日常生活。

　　其次，「別語」的評論功能。「別語」的對象或爲禪師（居主位者）或爲學人（居賓位者），因而具有「評論」功能的「別語」又可分爲，居主位者的「別語」和居賓位者的「別語」。在此，以雲門文偃的兩則「公案」表明重顯

〔註75〕〔宋〕惟蓋竺等編：《明覺禪師語錄》卷4，《大正藏》卷47，696a。
〔註76〕〔宋〕紹隆等編：《圓悟佛果禪師語錄》卷11，《大正藏》卷47，765b。

在對象不同的情況所作的「別語」。

其一，爲居主位者所作的「別語」。

僧問雲門：「十方薄伽梵，一路涅槃門。如何是一路涅槃門？」門云：「我道不得」。云：「和尚爲什麼道不得？」云：「儞舉話即得」。別云：「淺水無魚，徒勞下釣」。〔註77〕

「十方薄伽梵，一路涅槃門」語出自《大佛頂如來密因修證了義諸菩薩萬行首楞伽經》卷5，此則「公案」出自《雲門匡眞禪師廣錄》卷1。「一路涅槃門」即解脫的方法。禪宗主張「道由心悟」，是自度自修的，所以雲門說「我道不得」，因爲「涅槃法門」是無法用語言說出的。即便我能「道」者也是我自己的解脫之法，無關乎別人。當僧人進一步追問時，雲門以「儞舉話即得」答之，此句話的重點在「儞」上，而不在「舉話」上，強調只有自己身體力行，才能有所悟。

重顯的「淺水無魚，徒勞下釣」是有別於雲門「儞舉話即得」的回答而作。在問話僧提出疑問後，不似雲門尚有一定的指示，而是借助淺水無魚所以「不得魚」之類的看似和疑問風馬牛不相及的話，取消「儞」、「我」、「道得」、「道不得」的區別，去除「舉話」的條件，而讓問話者去自身體會，將主動權還給發問者。

其二，爲居賓位者所作的「別語」。

雲門問僧：「近離甚處？」云：「新羅」。門云：「將什麼過海？」云：「草賊大敗」。門云：「儞爲什麼在我手裏？」僧云：「恰是」。別云：「噓噓」。〔註78〕

唐末五代時期的禪師勘驗行腳僧，常問其「近離甚處」。此問是多層面的，表面上看是問地理上的居所，實際是問心靈上的悟境。從這包含雙關的問題上回答，往往能看出行腳僧的眞實面目。有據實而答所來之處者，有看透禪師機鋒而靈活回答者。本則「公案」中的僧人頗有些伶俐，知道回答出「新羅」地名後已經有所失，所以回答「草賊大敗」，以對自己的嘲諷達到以退爲進的目的。所以雲門再問「儞爲什麼在我手裏」時，便表示臣服。

重顯對僧人的回答不太滿意，認爲仍有再度反擊的空間，不應當答以實語。故以象聲詞「噓噓」，作爲有聲音而無實意的回答。「噓噓」既可作爲對自我的嘲諷，也可是對雲門問話的否定，而發現了雲門言語中的「執我」之

〔註77〕〔宋〕惟蓋竺等編：《明覺禪師語錄》卷4，《大正藏》卷47，696a。
〔註78〕〔宋〕惟蓋竺等編：《明覺禪師語錄》卷4，《大正藏》卷47，696c。

義，反倒能夠反敗爲勝，由「賓位」而上升至「主位」，即爲「主看主」（或「主中主」）。

從重顯所作「別語」中可見，爲居主位者所作的別語旨在保持其主位，爲居賓位者所作別語旨在獲取主動，奪得主位。他以完善「未盡善者」爲目的，尋找主賓雙方的不足之處，既不迷信宗師權威，又不貶低學人的能動性，盡顯自身見解。

第三，「別語」續接機鋒。

保福在疾。問僧：「我與儞相識年深，有何名方妙藥相救？」僧云：「甚有，聞說和尚不解忌口」。別云：「只恐難爲和尚」。〔註79〕

保福從展因疾，而問「相救」之方，僧人從疾病的原因上作答（「不解忌口」）。「不解忌口」一方面可以導致身體生病，另一方面，說破佛法禪意，而得到因果報應。此說雖有一定的合理處，但卻誤解保福之意，保福問話的重點在「我和你」上，而不在「相救名方妙藥」上，僧人從「相救之方」入手，而忽略了「我和你」的關係。

所以，重顯別以「只恐難爲和尚」，從關懷的角度出發。其「別語」與僧人的原話從問題的前後兩個命題出發，是爲續接和充實，把握了保福的問話之意，是眞正的機鋒之語，見透全局。從這類「別語」上也顯示出重顯深厚的禪學造詣。

三、善昭與重顯「代別」之比較

善昭與重顯因所承宗門不同，禪法見地和表達方式多有差異，通過比較他們對同一「公案」的理解能較直觀地看出二者的區別。

第一則「四祖見牛頭」的公案。據記載，禪宗四祖道信到牛頭山法融處，致所居之庵，「繞庵唯見虎狼之類。祖乃舉兩手作怖勢。師（指法融）曰：『猶有這箇在？』祖曰：『這箇是甚麼？』師無語。少選，祖却與師宴坐石上，書一佛字。師覩之竦然。祖曰：『猶有這箇在？』師未曉」。〔註80〕

二者均作「代語」。善昭代云：「一似怕」〔註81〕。重顯代云：「但亦作

〔註79〕〔宋〕惟蓋竺等編：《明覺禪師語錄》卷4，《大正藏》卷47，695c。

〔註80〕〔宋〕普濟著、蘇淵雷點校：《五燈會元》卷2，北京：中華書局，1984年，第59頁。

〔註81〕〔宋〕楚圓等集：《汾陽無德禪師語錄》卷中，《大正藏》卷47，617a。

怕勢」，又代云：「泊合放過』」。〔註82〕

　　牛頭法融問四祖道信「猶有這箇在」中的「這箇」指因見猛虎而生的懼怕之心，即爲「有分別心」，這是禪師所不許可的。道信做出的害怕動作，是自然的反應，並無不可。因此法融對「見什麼」的問題，無言以對。

　　善昭代云「一似怕」，是站在法融的角度，認可了道信的行爲。重顯則代替法融作兩次回答。前則與善昭相似，後則更爲深入。「作怕勢」尚有行爲，而「放過」則全部消除，無論是動作還是疑問統統放過。表明重顯對本則公案的態度，「公案」的存在只是幫助學人參禪悟道的工具，是指月之「指」，須見月而忘。

　　可見，善昭的「代語」多從具體的公案出發，而重顯的「代語」已經有了跳出「公案」的傾向，立意更深。

　　第二則「《金剛經》最初兩字」公案，與南陽慧忠有關，「有僧到參禮。師問：『蘊何事業？』曰：『講金剛經。』師曰：『最初兩字是什麼？』曰：『如是』。師曰：『是什麼？』無對」〔註83〕。

　　善昭代以，「早是葛藤」〔註84〕。重顯別云，「以柱杖打」〔註85〕。

　　由於「代語」與「別語」的作用不同，他們的對象也不同。善昭代替座主作「代語」，重顯以慧忠的言論爲基礎而作「別語」，有賓、主之分。

　　善昭以「早是葛藤」句，似否定慧忠的問題，認爲一再追問「是什麼字」已經落入「執有」的窠臼，成爲「葛藤」。重顯則認爲在座主以「如是」作答後，應直接給予當頭一棒，令其清醒。

　　二者所代表的對象雖然不同，但皆表現出不從言語作解，不執語句的思想。慧忠屢次發問「是什麼字」是葛藤，座主「如是」的回答也是葛藤。禪師們要做的即是截斷葛藤，去除雜念。

　　在此則「公案」中，二者所作的「代語」與「別語」皆有總評意味。善昭的「早是葛藤」的答語，不僅代替座主回答，也是對「公案」的整體評價：慧忠問《金剛經》最初兩字時就已經是「葛藤」。然而二者皆糾結在「最初兩字」上便已經有了「執著心」，更是葛藤。在重顯所作的「別語」中，「以柱

〔註82〕　〔宋〕惟蓋竺等編：《明覺禪師語錄》卷4，《大正藏》卷47，695c。
〔註83〕　〔宋〕道原編：《景德傳燈錄》卷5，《大正藏》卷51，244c。
〔註84〕　〔宋〕楚圓等集：《汾陽無德禪師語錄》卷中，《大正藏》卷47，617b。
〔註85〕　〔宋〕惟蓋竺等編：《明覺禪師語錄》卷4，《大正藏》卷47，695c。

杖打」則以激烈但直接的方式，當頭棒喝，完全截斷了對於最初問題的提問，便否定了「公案」中的言語。

「代別」的真正目的，不是重現古人意旨，而在於借題發揮，以古喻今，表明自己觀點。在這個根本意義上，善昭與重顯的「代別」取得了一致，而在具體的「代別」中，與善昭相較，重顯的用詞和立意更深、更充滿玄意。這與重顯工於翰墨的個人特色是分不開的，在「頌古」中體現更充分。

四、對「代別」的評價

臨濟宗禪師首山省念在北宋首次利用「代別」方式，將注重棒喝等激烈方式的臨濟宗引導到「文字表述」的道路上來，既整理了臨濟宗的「宗門特色」，又對當時雜象橫生地亂解讀「公案」的做法提供了一個標準。善昭繼承之，發揚光大。雲門宗禪師重顯進一步推廣，增加了使用頻率，擴展了運用範圍，豐富了教化方式，強化了對語言文字的運用，開創了北宋「文字禪」的新時代。

概括說來，「代別」有以下幾方面的作用：

首先，匡正對「公案」的解讀。「代別」對象是「未盡善者」和「語不格者」，所以，從糾正其不足的角度出發，禪師們提供了相對「正確」（至少從善昭等人的主觀看來如此）的回答。後世學人可參考「代別」提供的答語，進一步思考，找尋到參讀公案的正確道路。

其次，開啓了以「玄言」解讀的風氣，爲推動禪學的「玄學化」及其「頌古」的出現提供了基點。在善昭的「代別」中多用「活句」而少用「死句」，不論是採用正話反說，反話正說，還是以隱語、疑問回答，都旨在尋求「雖滿口說，而未嘗說著一字」的境界，所以，善昭在禪法中尤其注重「三玄三要」，並以「三玄三要事難分，得意忘言道易親，一句分明該萬象，重陽九日菊花新」〔註86〕的做法，推動了追求玄言妙語的風氣，普及「代別」的流行。在兩宋之際的大慧宗杲時代，仍然興盛，「近年以來，禪有多途。或以一問一答末後多一句爲禪者；或以古人入道因緣，聚頭商榷云：這裏是虛，那裏是實，這語玄，那語妙，或代或別爲禪者。」〔註 87〕品評「代別」成爲了當時爲「禪者」的重要考量。

善昭「代別」中出現的「玄言」風格在重顯那兒體現的更爲充分，這種

〔註86〕〔宋〕楚圓等集：《汾陽無德禪師語錄》卷上，《大正藏》卷47，597b。
〔註87〕〔宋〕蘊聞等編：《大慧普覺禪師語錄》卷30，《大正藏》卷47，941b。

風格還直接推動了以更爲玄妙，更爲豐富的「頌古」體的形成。重顯的「頌古」呈現出玄言、華麗的特色，與個人的學識造詣和喜好有關，但是也不能抹殺由善昭時期的「代別」之作而掀起的「尙玄」之風氣。可以說，它扮演了先鋒軍的作用。

　　第三，「代別」的反作用。解讀「公案」時，「代語」和「別語」的大量出現，實際上爲參禪者設置了框架，限制了禪的靈活性和變通性。「善昭企圖給公案以統一的解釋，給公案詰問以統一的答語，他的代別，實際上純屬追求語言的『善』和『格』，使答語完全失去作爲『轉語』以啓悟的功能。……善昭追求言之玄，實際上違背了『應病與藥』的因人施教基本原則」〔註88〕。南宋時，諸種弊端已十分明顯，「向古人言句上得些滋味者，以奇言妙句爲窠臼；於經教中聲名、句義上得滋味者，以經教爲窠臼；於古人公案上得滋味者，以古人問答代語、別語、抑揚語、褒貶語爲窠臼……」〔註89〕。「代別」已成爲解讀「公案」的窠臼和累贅，助長了執著語言文字之風，完全改變了禪師們運用「代別」的本意。

　　從「文字禪」的發展上看，「代別」在北宋前、中期相對流行，而隨著士大夫的「禪悅之風」的興起，用字較少的「代別」逐漸被崇尚韻律的「頌古」取代。

第三節　「頌古」

　　「頌古」是以韻文表述見解、解讀公案的形式，「它不僅是研究公案的方法，而且是教禪學禪、表達明心見性的手段」〔註90〕。因善昭作《頌古百則》，學術界多以其爲首創者。實際上，「善昭並非頌古的肇始者。在唐末五代叢林間已經有頌古出現」〔註91〕。應當指出，這一見地符合歷史事實。

　　在唐末五代時期，禪宗「五家」的著名禪師皆有「頌」贊之作。在《鎮州臨濟慧照禪師語錄》、《潭州潙山靈祐禪師語錄》、《袁州仰山慧寂禪師語錄》、《筠州洞山悟本禪師語錄》、《撫州曹山本寂禪師語錄》、《雲門匡眞禪師

〔註88〕魏道儒：《宋代禪宗文化》，鄭州：中州古籍出版社，1993年，第83頁。
〔註89〕〔宋〕宗杲編：《正法眼藏》卷3，《續藏經》第118冊，第148～149頁。
〔註90〕杜繼文、魏道儒：《中國禪宗通史》，南京：江蘇古籍出版社，1993年，第391頁。
〔註91〕楊曾文：《宋元禪宗史》，北京：中國社會科學出版社，2006年，第287頁。

廣錄》、《金陵清涼院文益禪師語錄》中，上述禪師皆有「頌」贊之作。作「頌」已成爲當時表達禪法的手段之一。尤以洞山良價、曹山本寂〔註92〕與雪峰義存及其弟子爲代表。

　　唐末五代時期禪宗內部興起行腳之風，行腳僧們成爲多種信息的傳遞者，他們把同一則「公案」帶給多個禪師，禪林中出現了不同系統、不同地域的禪師對同一則話語進行解讀的現象。在此基礎上形成的「頌」已經具備「頌古」的原型。如，

　　僧問香嚴：「如何是道？」香嚴曰：「枯木裏龍吟」。僧云：「如何是道中人？」香嚴曰：「骷髏裏眼睛」。僧不領。乃問石霜：「如何是枯木裏龍吟？」石霜曰：「猶帶喜在」。僧云：「如何是骷髏裏眼睛？」石霜曰：「猶帶識在」。又不領。乃舉似師。師（指曹山）曰：「石霜老聲聞作這裏見解」。因示頌曰：「枯木龍吟眞見道，骷髏無識眼初明。喜識盡時消息盡，當人那辨濁中清？」〔註93〕

　　香嚴智閑的師承關係爲馬祖道一——潙山靈祐——香嚴智閑，屬於洪州系；石霜慶諸的師承關係爲石頭希遷——藥山惟儼——道吾圓智——石霜慶諸，曹山本寂的師承關係爲石頭希遷——藥山惟儼——雲岩曇晟——洞山良價——曹山本寂，二者屬於石頭系。從時代和師承上看，曹山禪師略晚於香嚴禪師和石霜禪師。所以對他們「道」與「道中人」的解讀，可謂是後人對前人言語的解讀，而其「頌」從二者的言語上出發，以疑問的方式顯示自己的見解。這與北宋「文字禪」中的「頌古」特點是一致的。

　　善昭作《頌古百則》可謂是北宋禪師中首次利用「頌古」。重顯續作《頌古百則》後，開始被禪林和世俗廣泛接受。當時有學識者，多有「頌古」之作。據《禪宗頌古聯珠通集・序》，「宋淳熙間居池陽報恩，採集佛祖，至茶陵機緣，凡三百二十有五則頌古，宗師一百二十有二人，頌二千一百首，目之曰禪宗頌古聯珠。……因念淳熙至今垂二百載，其間負大名尊宿星布林

〔註92〕據目前我國現存最早的燈錄集——《祖堂集》的記載來看，石頭系的洞山良價（808～869年）和曹山本寂（840～902年）及其雪峰義存（822～908年）和弟子的時代，已經運用了「頌古」。洞山良價和曹山本寂平時說法時都採用了「頌」的形式。如有僧問「賓主話」，洞山禪師送示頌：「嗟見今時學道流，千千萬萬認門頭。恰似入京朝聖主，只到潼關〔即〕便休」（〔日〕慧印等校：《筠州洞山悟本禪師語錄》，《大正藏》卷47，511c）。

〔註93〕〔日〕玄契編：《撫州曹山本寂禪師語錄》，《大正藏》卷47，539b。

立，頌古亦不下先哲。……機緣先有者頌則續之，未有者增之加機緣。又四百九十又三則，宗師四百二十六人，頌三千單五十首，題曰禪宗頌古聯珠通集」。此序寫於元代延祐戊午年間（1318 年），南宋孝宗淳熙年間係公元 1174～1189 年。從所收錄的「頌古」之作來看，到南宋淳熙年間，122 位禪師們對 325 則公案，寫出了 2100 首頌辭，可見數量之巨，其中北宋時期的禪師的「頌古」之作尤多，汾陽善昭、雪竇重顯、投子義青、丹霞子淳被譽為「頌古四大家」。在兩宋王朝結束後，「頌古」並未隨著政權的更迭而終止，反而愈演愈烈，成為龐大的體系。元代時萬松老人和臨泉老人還分別就投子義青和丹霞子淳的「頌古」加以評唱，而集成《空谷集》和《虛空集》。這也能夠反映出「頌古」本身的魅力，以及文化大延續與政權的更迭並不存在必然的同步性。

一、「頌古」興起的原因及特點

（一）「頌古」興起的原因

　　北宋自善昭運用「頌古」以來，重顯繼續提倡並使之普及，「天禧間，雪竇以辯博之才，美意變弄，求新琢巧，繼汾陽為頌古，籠絡當世學者，宗風由此一變矣」〔註 94〕。何以在重顯推崇「頌古」後，能夠籠絡當世學者（包括僧俗兩界者），帶動禪風的轉變？其中有多方面的原因：

　　首先，「頌古」與禪宗語言觀。

　　從禪宗的內部發展來看，「頌古」的普及與禪宗「不立文字」又「不離文字」的語言觀密切相關的。從「不立文字」看，「道悟不由言」，語言、文字無法真正地顯示禪法真諦，所以歷代祖師提唱不起，以「說似一物即不中」的語言觀，表明「靈光獨耀，迴脫根塵。體露真常，不拘文字，心性無染，本自圓成」〔註 95〕的理念。

　　然而，佛法的表述與傳承離不開語言文字，具體的實踐修行、教化後學更離不開口語的教化、點撥，禪師們又不得不借助語言文字表述「不立文字」的主張。但為了維繫禪法「不可言說」的核心部分，保持「明心」直下的頓悟法門，北宋禪師在唐末五代以身勢、動作取代語言的基礎上，提出了「玄

〔註 94〕　〔明〕淨善重編：《禪林寶訓》卷 4，《大正藏》卷 48，1036b。

〔註 95〕　〔宋〕賾藏主編、蕭箑父等點校：《古尊宿語錄》卷 1，北京：中華書局，1994年，第 8 頁。

言」之說。即採取較爲折中的方法表述，既不說破佛法眞諦，又對後學者有所啓示。比如，善昭重新充實了臨濟義玄的「三玄」，並將之改造爲「三玄三要」，更爲重視「玄意」化的表達。借助「頌古」的方式，將自身見解，佛法禪法濃縮在不用直言的偈頌中，是對禪宗「不立文字」與「不離文字」的雙重發揮。

其次，「頌古」與佛教偈贊。「偈贊」是佛教中的一種表達形式，在佛陀時代已出現。它有固定的字數，或四言或五言，體制嚴格，節律固定，類似我國古代的律詩，是宣傳佛法和陳述見解的手段。神秀與慧能的「菩提樹」悟道偈即是典型代表。在唐代已經出現了如寒山、拾得、貫休、皎然、王梵志等著名的詩僧。佛教及其禪宗所建構的相對完善的偈贊形式爲北宋的「頌古」提供了準備。

北宋「文字禪」中的「頌古」是佛教偈贊與俗世詩歌的結合體。它借用了偈贊的體制，引入了俗世詩歌的節律，尤其重五言、七言律詩，更密切地結合禪與詩。正是佛教內部廣泛運用偈贊和詩僧大量出現的基礎上，「頌古」風氣在禪宗內部得到認可，並迅速興起。

第三，「頌古」與禪僧文化水平。北宋禪師普遍較高的文化素養也是保證「頌古」能夠推行的重要條件。據蘇東坡言，當時許多名僧「能文善詩及歌詞，皆操筆立就」。爲後世留下「頌古」之作的北宋著名禪師善昭、重顯、惠南、義青、惠洪、克勤皆是「善於翰墨」者。比如，重顯幼時便「讀書知要，下筆敏速」，後「盛年工翰墨，作爲法句，追慕禪月休公」，而得錦腸繡腹。黃龍祖心試經時，「獨獻詩，得奏名」〔註 96〕。惠洪則自稱爲「平生好詩」。他們對語言文字熟練的駕馭能力，及其對禪法的獨到見解，爲「頌古」的出現提供了必要條件。

第四，「頌古」與宋代文風。

在「文字禪」的主要表現形式中，「頌古」與士大夫的關係最爲密切，最能反映禪宗的「被作用」。具體說來，「頌古」之風，也受到自唐中期韓愈、柳宗元提倡的「古文運動」的影響。從歷史因素看，唐中期韓愈、柳宗元推動的「古文運動」中「韓愈變革文體之功所以值得大書一筆，就在於他把文從鋪陳描寫擴展到說理、敘事、抒情，變駢儷爲散體，把文從『高雅』引向

〔註96〕〔宋〕惠洪集：《禪林僧寶傳》卷 23，《續藏經》第 137 冊，第 530 頁。

平凡，給文更豐富充實的內容，活潑適用的形式」〔註97〕。在文風上，倡導「文以明道」的主張。從總體上看，「古文之內容，重在明道」〔註98〕。北宋初年，歐陽修、王安石等再度推崇「古文運動」，如柳開（947～1000 年）在《應責》中提出，「古文者，非在辭澀言苦，使人難讀誦之；在於古其理，高其意，隨言短長，應變作制，同古人之行事，是謂古文也」〔註99〕。崇尚言意之「理」的高遠，與禪宗主張語言文字爲「化教之儀」、「權益之方」的思想是一致的。

宋代文風中同時存在崇尚辭藻之路，蘇氏父子重「四六」的文體，在寫法上講究對照，多用前人成句、成語，而少用故事，帶有駢文體的遺風〔註100〕。

禪宗的「頌古」正是借用韻文的形式表述禪法，既與尚辭藻的文風相應，又與「明道」的主張契合，與宋代文風相應，所以深受士大夫歡迎。

（二）「頌古」的特點

首先，「繞路說禪」。克勤認爲「大凡頌古只是繞路說禪，拈古大綱據款結案而已」〔註101〕。提出「繞路說禪」是「頌古」的典型特色。「繞路說」即非直接說而是委婉說，所採取的方式是多樣的，或以玄言，或用綺語，目的在於以「玄言達玄意」。

如「外道問佛」〔註102〕的「公案」，善昭的頌辭爲，「鞭影分明指似君，多聞瞥地爽精神。汾陽報汝諸禪侶，信手拈來莫厭塵」〔註103〕。重顯頌曰，「機輪未曾轉，轉必兩頭走。明鏡忽臨臺，當下分妍醜。妍醜分兮迷雲開，慈門何處生塵埃。因思良馬窺鞭影，千里追風喚得回」〔註104〕。皆是「繞路說禪」

〔註97〕　梁道理：《試論宋代古文運用中的兩條道路》，《陝西師範大學學報》（哲學社會科學版）1984 年第 1 期，第 49 頁。

〔註98〕　繆鉞：《新散文的興起——唐代古文》，《四川大學學報》（哲學社會科學版）2006 年第 4 期，第 25 頁。

〔註99〕　〔宋〕柳開：《河東先生集》卷 2，《四庫叢刊本》，上海：上海書店，1989 年，第 11 頁。

〔註100〕　王友勝：《宋四六的文體特徵與發展軌跡》，《中國文學研究》2004 年第 1 期，第 18～22 頁。

〔註101〕　〔宋〕克勤評唱：《碧巖錄》卷 1，《大正藏》卷 48，141a。

〔註102〕　「外道問佛」的本則爲「外道問佛：『不問有言，不問無言。』世尊良久。外道讚歎云：『世尊大慈大悲，開我密雲，令我得入。』阿難問佛：『外道有何所證，讚歎而去？』世尊云：『如世良馬，見鞭影而行』」。

〔註103〕　〔宋〕楚圓等集：《汾陽無德禪師語錄》卷中，《大正藏》卷 47，611c。

〔註104〕　〔宋〕克勤評唱：《碧巖錄》卷 7，《大正藏》卷 48，196a。

的表現。他們的「頌辭」基於「公案」而作，但單從頌辭中又很難窺見「公案」的原貌，也未道破要表達的禪法。即便善昭的頌辭較爲直白，直接將「鞭影」交到學人手中，並以「莫厭塵」告誡不要受言語所累，也是不著痕跡。重顯的頌辭更高一籌，若無「因思良馬窺鞭影，千里追風喚得回」句，則可謂跳出「公案」，而直接啓示尋覓「當臺明鏡」，以辨美丑、迷悟。

其次，重用典故。據《辭源》，「典故」有兩種含義：其一，常例、典制和掌故；其二，詩文中引用的古代故事和有來歷出處的詞語。本文所指傾向於第二種含義，即指有來歷出處的佛教、世俗故事或詩文詞句。「典故詞語在使用上有明顯的特點，這主要體現在關聯、形式和意義三方面」〔註105〕。「頌古」中運用「典故」，即借用固有之意，表達暗喻、隱語的思想。

「俱胝一指」的頌辭，即是典型代表。善昭頌爲，「天龍一指悟俱胝，當下無私物匪齊。萬互千差寧別說，直教今古勿針錐」〔註106〕。「當下無私物匪齊」，與《莊子》「齊物論」的思想是一致的，借用「齊物論」理論，映像善昭之意。而重顯的頌辭爲，「對揚深愛老俱胝，宇宙空來更有誰。曾向滄溟下浮木，夜濤相共接盲龜」〔註107〕。「曾向滄溟下浮木，夜濤相共接盲龜」出自《法華經》的「一眼之龜，值浮木孔」。重顯以此表明所作的頌辭猶如向滄溟中投下的浮木，在茫茫黑夜中爲「盲龜」（喻指尚未開悟者）提供幫助，從而指引後學從中有所得。重顯的頌辭素以「取譬經論或儒家文史，以發明此事」〔註108〕爲特色，多能夠找到佛教故事與世俗典故的影子。

運用典故還可增加思想的深度。善昭借用「齊物論」，重顯運用《法華經》，表現出北宋「文字禪」禪師廣納多種思想，實現老莊之學與禪學的融會，經文和禪意的契合，擴展了禪學的廣度和深度。

第三，「頌古」重韻。「頌古」與「代別」、「拈古」、「評唱」的主要區別在於「韻文」形式。它有固定的節律，多用五言、七言，講究平仄押韻，讀來朗朗上口，體會韻味無窮。如上文所舉，對「外道問佛」的「公案」，善昭的頌辭押「en」韻，如「爽精神」、「莫厭塵」；重顯的頌辭押「ou」韻，「兩頭走」、「分妍醜」。正因爲「頌古」之辭與詩歌的相似，更易於在愛好詩文唱贊

〔註105〕管錫華：《論典故詞語及其使用特點和釋義方法》，《安徽大學學報》（哲學社會科學版）1995 年第 1 期，第 39～40 頁。
〔註106〕〔宋〕楚圓等集：《汾陽無德禪師語錄》卷中，《大正藏》卷 47，609a。
〔註107〕〔宋〕克勤評唱：《碧巖錄》卷 2，《大正藏》卷 48，159c。
〔註108〕〔宋〕克勤評唱：《碧巖錄・無黨序》，《大正藏》卷 48，224b。

的士大夫中取得共鳴，促進了士大夫與禪師的交往，進而促進了「詩」與「禪」的結合。正如惠洪在《送英老兼簡鈍夫》中所頌，「去年龍山同坐夏，時君亦來從我遊。鬧傳詩膽抵身大，時吐佳句凌湯休」〔註109〕。詩僧與士大夫的交往也為推動「文字禪」的發展及宋代禪風的轉變起著推動作用。

第四，「頌古」不離公案。不論「頌古」運用何種表達形式，它終歸是解讀公案的形式，出發點仍在於具體的公案。公案不同，頌辭不同；公案相同，禪師見解與風格不同，頌辭亦不同。但他們的共同目標是一致的，即借用「繞路說禪」的方式，明確公案的意旨，指導後學理解，普及禪學知識。

上文所舉「外道問佛」和「俱胝一指」的公案，善昭和重顯的頌辭雖差異頗大，但皆體現出禪法不在言語中，需要透過公案語言、禪師頌辭，以個人親身體會，親證禪法真諦的思想，蘊含著「教外別傳」、「明心見性」主張。北宋禪師無論採用何種解讀方式，終極目的都在於此。解讀「不離公案」，悟道「不在公案」。

第五，「頌古」的轉變。北宋著名的「頌古」禪師有臨濟宗的汾陽善昭、雲門宗的雪竇重顯、曹洞宗的投子義青、丹霞子淳。其中善昭與重顯的「頌古」代表了兩種風氣，使得「頌古」呈現出動態的過程。具體說來，語言上，由質樸轉向華麗，從直接轉向含蓄；在禪風上，由於宗風與禪師的個人造詣不盡相同，諸位禪師的「頌古」風格也體現出不同的禪門特色，如善昭的「頌古」盡顯臨濟宗直接之風；重顯的「頌古」帶有雲門宗的高古和重「翰墨」色彩；義青的「頌古」則有曹洞宗的綿密及融合之風〔註110〕。由於北宋時期主要流行的宗派為臨濟宗和雲門宗，再加上臨濟宗人善昭為北宋禪師中首用

〔註109〕〔宋〕惠洪集：《石門文字禪》卷1，《四庫叢刊本》，上海：上海書店，1989年，第10頁。
〔註110〕吳言生在《禪宗詩歌境界》中則認為，「綜觀頌古的發展，可以較為清楚地發現這樣的痕跡：善昭創頌古體制，奠定頌古的雛形，開頌古之先河；經由楚圓、慧覺、全舉以及文悅、可真、悟真等人的努力，將善昭的鋪敘公案式的文字，向不著死語的方向發展，並廣採諸子百家典故，昭示了頌古不著死語、追求意境、詞藻華贍的發展方向；雪竇的頌古，以『繞路說禪』為特色，在意境含蓄、語帶玄味、詞藻華美等方面進行了極大的拓展，使頌古遂成為禪宗頌古的經典，成為禪文學的典範之作」（北京：中華書局，2001年，第84頁）。以「頌古」中辭藻修飾的變化作為劃分階段的標準。實際上，這兩條軌跡並非單線運行，而是相互交叉的。不同之處在於他們分屬於禪宗不同的宗門，受不同宗風和個人造詣的影響，相同點則在於禪宗「不立文字」又「不離文字」的語言觀。

「頌古」者，雲門宗人重顯把「頌古」的發展推向了新的發展高潮，而北宋時期的曹洞宗尚處於恢復期，故在此分別探討善昭和重顯的「頌古」，對曹洞宗人投子義青和丹霞子淳的「頌古」之作暫不涉及。

二、善昭「頌古」

善昭作《頌古百則》，開北宋禪師「頌古」的先河，解「難知與易會」，以「明第一玄」。

（一）善昭「頌古」的特點

善昭在《都頌》中說明，「先賢一百則，天下錄來傳。難知與易會，汾陽頌皎然。空花結空果，非後亦非先。普告諸開士，同明第一玄」〔註111〕。可見，從善昭的主觀意願上，所選擇一百則公案，不計宗門、無難易之分、無先後之別，皆爲了表明佛法眞諦的「第一玄」。

具體看來，善昭選取的「公案」，從地域上看，皆爲東土的禪僧事例；從時間上看，多爲唐至北宋前的禪師，少有宋代禪師；從主題上看，涉及當時人關心的問題，如祖師西來意（7則）、佛法大意（2則）、如何是佛與成佛（3則）、如何是道（1則），何處來（2則）、出家與行腳事（1則）；從禪宗五家的選擇上看，涉及潙仰宗（5則）、曹洞宗（4則）、法眼宗（2則）、雲門宗（3則）、臨濟宗（5則），無宗門間的隔閡，並未側重表現出對臨濟宗的情有獨鍾。

從上可知，其一，善昭所頌的古「公案」，是爲了解決當時禪學界關心的主要問題，爲釐清佛法義理和修行方式提供正確的借鑒。其二，作爲臨濟宗師的善昭並未將關注點局限於臨濟宗一門中。他選擇「公案」的標準是擇優而論，不計宗門，目的在於「同明第一玄」。其三，善昭以唐至宋代的著名「公案」爲教材，顯示出前代文化的繼承和傳承。

關於善昭「頌古」的特點，以兩則「公案」說明，

第一則：麻谷持錫到章敬，繞禪床三匝，振錫而立。敬云：「是是」。又到南泉亦如是，泉云：「不是不是」。「章敬道是，和尙爲什麼道不是？」泉云：「章敬即是是，汝不是此是。風力所轉，終成敗壞」。（頌曰：）「章敬南泉路似殊，明明道理話親疏。多人不用磨金鏡，漢自漢兮胡自胡。指月迷津迷自指，示君持錫却如無」。

〔註111〕〔宋〕楚圓等集：《汾陽無德禪師語錄》卷中，《大正藏》卷47，613c。

第二則：馬祖上堂，眾方集，百丈出，捲簟，祖便下座。（頌曰：）「百丈當初侍馬師，對師捲簟更無私。人天不測爲奇特，恰是攢鴉捉鳳兒。上士瞥然全體現，太陽出照嶽峰低」。〔註112〕

首先，「頌古」建立在「舉古」的基礎上。先舉出「公案」的原委，而後以「頌辭」表達自身見解，是對「公案」的再加工。

其次，「頌辭」的內容豐富。它涉及事實敘述、人物品評、公案的讚譽及對後學的啓發。在「首聯」表明對公案中人物或觀點的評價。「章敬南泉路似殊，明明道理話親疏」，即說明章敬和尚回答的「是」與南泉普願回答的「不是」，看似不同，道理實際一致。「百丈當初侍馬祖，對師卷簟更無私」，敘述了百丈與馬祖的關係，肯定了百丈卷簟的行爲。「頸聯」指出時人對讀或理解此類公案的入手處。如「多人不用磨金鏡，漢自漢兮胡自胡」，借用了南嶽懷讓教化馬祖道一時「磨磚作鏡」的典故，而「不用磨金鏡」，則說明許多人並未能從「是」和「不是」中得到啓發，反倒區別胡漢，分別禪法教意，不知佛法本來圓融，實無分別，是爲誤解。「人天不測爲奇特，恰是攢鴉捉鳳兒」，是讚揚百丈「人天不測」式的「奇特」行爲，引導後學倣仿其以弟子的身份挑戰馬祖師者權威的做法。「尾聯」進一步明確了後學的努力方向。「指月迷津迷自指，示君持錫却如無」，是以「指月的比喻」規勸後學切莫執著於「是」與「不是」的「指」（語言表述）而忽略所指之「月」，切莫只重其錫杖（身份的象徵）而忽略更高境界的修行。「上士瞥然全體現，太陽出照嶽峰低」，則說明，一旦洞曉百丈奇特行爲的絕妙之處，便會豁然開朗，參透禪法，就如同太陽普照下的萬山，自然全體盡顯。

頌辭的每一部分都具有一定的功能，卻又相互結合，構成對「公案」的整體讚頌。

第三，「頌古」的樸實性。從善昭頌辭上看，側重於直接品評公案得失，指示後學的努力方向。在這一點上，有學者提出，「善昭與重顯風格相異，善昭的頌文用語較爲平和直樸，並不完全符合『頌古』之要求。於此形成鮮明對比的重顯頌古，卻追求華麗奇異，文字含蓄，常蘊言外之旨」〔註113〕，而

〔註112〕〔宋〕楚圓等集：《汾陽無德禪師語錄》卷中，《大正藏》卷 47，608a～b、608b。

〔註113〕吳立民主編：《禪宗宗派源流》，北京：中國社會科學出版社，1998 年，第 372 ～373 頁。

認爲其更接近於「據款結案」。然而，「頌」並不等同於言語華麗，樸實、平淡的語言亦可以蘊含「言外之意」。上文所舉兩則「頌古」之作，從用詞和表達方式上，亦爲上乘之作。

善昭「頌古」的樸實性，還表現出他在北宋初期，意圖以新興的方式解讀公案，擴大禪學的影響，普及禪學知識的努力。目的在於把唐五代以來的那些謎語式的「公案」，運用語言文字，在晦明之間給予淺近甚至一目了然的解說。這也是時代的要求，是北宋禪師對唐五代禪宗文化的初步整理。

（二）善昭「頌古」與「三玄三要」

善昭「頌古」目的在於「同明第一玄」。而其「第一玄」又與「三玄三要」的思想結合在一起，從某種程度上說，「三玄三要」爲「頌古」確立了理論基礎，同時貫徹了「頌辭」中重押韻的特點。

善昭的「三玄三要」是在臨濟義玄「三句」的基礎上發展而來的。有僧問「如何是眞佛、眞法、眞道」，義玄答到，「佛者心清淨是，法者心光明是，道者處處無礙淨光是。三即一，皆是空而無實有」〔註114〕，並曰：「『若第一句中薦得，堪與祖佛爲師；若第二句中薦得，堪與人天爲師；若第三句中薦得，自救不了』。僧便問：『如何是第一句？』師云：『三要印開朱點窄，未容擬議主賓分』。曰：『如何是第二句？』師云：『妙解豈容無著問，漚和爭負截流機』。曰：『如何是第三句？』師云：『看取棚頭弄傀儡，抽牽全藉裏頭人』」。〔註115〕他的「三句」關涉到佛祖教義的傳承，學人自身的體悟，對自性的發掘。在這一基點上，善昭將之進一步發揮。

善昭曾多次解釋「三玄三要」。

其一，小參中舉「三玄語」而作「三玄頌」。「小參因舉三玄語云：爾還會三玄底時節麼？直須會取古人意旨，然後自心明去，便得通變自在，受用無窮，喚作自受用身。佛不從他教，便識得自家活計。所以南泉云：『王老師十八，上解作活計』。僧問：『古人道十八，上解作活計。未審作得箇什麼活計？』師云：『兩雙水牯牛，雙角無欄栍』。復云：『若要於此明得去，直須得三玄旨趣始得，受用無礙，自家慶快，以暢平生。丈夫漢莫教自辜觸事不通，彼無利濟，與爾一時頌出：第一玄，法界廣無邊，參羅及萬象，總在鏡中圓。

〔註114〕〔唐〕慧然集：《鎮州臨濟慧照禪師語錄》《大正藏》卷47，501c。
〔註115〕〔宋〕普濟編、蘇淵雷點校：《五燈會元》卷11，北京：中華書局，1984年，第645頁。

第二玄，釋尊問阿難，多聞隨事答，應器量無邊。第三玄，直出古皇前，四句百非外，閻氏問豐干』〔註116〕。此處先說明要認知古人的禪學志趣只能借助「自明」的方式，明瞭自心之性才有可能進一步理解前人的言論；而要實現「明心」方式有很多，其中可以借助體悟「三玄旨趣」，以豁然開朗，參透禪法與教法，跳出古人語的束縛。

其二，因邑人問而作釋。「邑人問：『大達傳燈，光接續舒展，不斷法中王一句玄談。今古外三玄三要藏中藏。如何是第一玄？』師云：『親囑飲光前』。『如何是第二玄？』師云：『絕相離言詮』。『如何是第三玄？』師云：『明鑒照無偏』。……問：『如何是三要？』師云：『一句分明該萬象，九天無不盡霑□』。『如何是第一要？』師云：『言中無造作』。『如何是第二要？』師云：『千聖入玄奧』。『如何是第三要？』師云：『四句百非外，盡蹈寒山道』〔註117〕。面對邑人古今不同傳法方式的質疑，善昭在此解釋「三玄三要」的精神實質並不受時代的局限，雖然具體的表述不同，但都不離「大法離言」的意旨。

其三，「三玄三要都頌」。「第一玄，照用一時全，七星常燦爛，萬里絕煙塵。第二玄，鉤錐利似尖，擬擬穿腮過，裂面倚雙肩。第三玄，妙用且方圓，隨機明事理，萬法體中全。第一要，根境俱亡絕朕照，山崩海竭洒颺塵，蕩盡寒灰始爲妙。第二要，鉤錐察辨呈巧妙，縱去奪來掣電機，透匣七星光晃耀。第三要，不用垂鉤不下鉤，臨機一曲楚歌聲，聞了盡皆悉返照」〔註118〕。此處的「三玄三要」概述事相、理相、事理圓融的內容，涉及「照用」關係、眞空與妙有的佛教「義學」宗派的概念，運用臨濟宗門的「當下截斷」的大機大用能夠參透這些概念的眞實內涵。

從形式上看，善昭的「三玄三要」的頌辭皆遵循一定的韻律，三次都押「an」韻。如第一次表述時的，「前」、「詮」、「偏」；第二次的「邊」、「圓」、「難」、「前」、「干」；第三次的「全」、「爛」、「尖」、「肩」、「圓」。在第一次和第三次中還押「ao」韻，如「奧」、「道」、「妙」、「耀」、「照」。「an」與「ao」韻正與「玄」、「要」的韻律一致。每一則讀來都朗朗上口，呈現出頌辭的特點。

〔註116〕〔宋〕楚圓等集：《汾陽無德禪師語錄》卷上，《大正藏》卷47，597b～c。
〔註117〕〔宋〕楚圓等集：《汾陽無德禪師語錄》卷上，《大正藏》卷47，603a～b。
〔註118〕〔宋〕楚圓等集：《汾陽無德禪師語錄》卷下，《大正藏》卷47，628b。

從內容上看，儘管善昭的「三玄三要」的頌辭頗多，但核心在於，「三玄三要事難分，得意忘言道易親，一句分明該萬象，重陽九日菊花新」〔註119〕，含有自性直接悟入、大道不在言語、悟後圓融無礙的內容，「三玄三要」不具有必然的邏輯性和層次性，是可以相互更替的。它從總體上說明了學人問道和禪師傳道的關鍵點、注意事項，和教化境界。其主旨「正是爲了突破語言的指義定勢，突破語言的邏輯性、知解性、分析性，強調語言的隨機妙用，強調語言的象徵性、現量性、空靈性，使參禪者得意忘言，從而契證『言語道斷』的眞如本體，躍入高遠神秘的禪悟境界，去體驗百丈以來的『離四句，絕百非』、『割斷兩頭句』、『聲前一句』」〔註120〕。「三玄三要」可以作話頭參，但不可以作道理會，它只是接引學人的入門之機，而非終極目標，關鍵仍在於「直須會取古人意旨，然後自心明去」。

善昭「頌古」的目標即在於借助頌辭說明「言外之意」，達到「得意忘言道易親」的目的。「三玄三要」的表述方法還爲「頌古」提供了借鑒。其中，既有以樸質的語言表述，又引入了華麗的辭藻（如「三玄三要都頌」）。這表現在「頌辭」中便成爲「上士瞥然全體現，太陽出照嶽峰低」式的高遠。

三、重顯「頌古」

在善昭《頌古百則》的基礎上，雲門宗人重顯又作《頌古百則》，並以豐富、靈活的用典，優美的辭藻，成爲「頌古」的典型，奠定了北宋乃至後世「頌古」的範式。重顯的《頌古百則》因臨濟宗人克勤評唱集成《碧巖錄》得以保存，在《明覺禪師語錄》卷 5《祖英集》中也零散收錄有重顯「頌古」之作〔註121〕。無黨曾稱讚重顯的《頌古百則》爲「叢林學道詮要」，那麼重顯「頌古」到底樹立了怎樣的規範？

首先，重顯「頌古」的「明見性」。

在《碧巖錄》中，克勤多次稱讚，重顯「頌古」不在其文風，而在於通過解讀「公案」所明瞭的禪法思想。

〔註119〕〔宋〕楚圓等集：《汾陽無德禪師語錄》卷上，《大正藏》卷 47，597b。
〔註120〕吳言生：《禪宗詩歌境界》，北京：中華書局，2002 年，第 44 頁。
〔註121〕之所以說「零散地收錄」是因爲在《祖英集》中除「頌古」之作外，更多地是送別類的「偈頌」，正如文政所言，「師自庚止翠峯雪竇，或先德言句淵密，師因而頌之；或感興懷別貽贈之作，固亦多矣」（《大正藏》卷 47，698a）。惟其所頌「先德言句」，方屬於本文所探討「頌古」的範疇。

其一，「頌古」的前提在於正確理解公案。「雪竇頌一百則公案，一則則焚香拈出，所以大行於世。他更會文章，透得公案，盤礴得熟，方可下筆」〔註122〕。「雪竇見得透，方乃頌出」〔註123〕。「頌古」必須以審慎的態度，建立在正確地理解公案的基礎上，而非妄下斷語。

有僧問雲門：「如何是超祖越佛之談？」雲門答道：「餬餅」。對於此「公案」，解讀者不在少數，但多從「餬餅」中尋求答案，是向言語中求解。而重顯頌為，「超談禪客問偏多，縫罅披離見也麼。餬餅祝來猶不住，至今天下有誵訛」。他將「話頭」置於「超祖越佛」中，並且指明從「餬餅」的答語中並不能有所得，從而指明正途，撥亂反正。因而克勤評價為，「諸方頌極多，盡向問頭邊做言語，唯雪竇頌得最好」〔註124〕。

其二，「頌古」在於引導學人。「頌古」的目的是為了「教人見」，即令後學看清公案中的玄妙之處，並從中有所得。如僧問趙州「至道無難，唯嫌揀擇，是時人窠窟否？」趙州答道，「曾有人問我，直得五年分疏不下」，重顯頌，「象王嚬呻，獅子哮吼。無味之談，塞斷人口。南北東西，鳥飛兔走」〔註125〕。「至道無難，唯嫌揀擇」出自僧璨《信心銘》，趙州從諗常用之。當有僧問，趙州以「五年分疏不下」，可謂「問處壁立千仞，答處亦不輕他」。重顯在頌辭中指示後學「此事不在言句上」，「窠窟」與否的問答，猶如「無味之談，塞斷人口」。莫若將「東弗於逮還他東弗於逮，南贍部洲還他南贍部洲，西瞿耶尼還他西瞿耶尼，北欝單越換他北欝單越，草木叢林還他草木叢林，蠢動含靈還他蠢動含靈」〔註126〕，顯露出事物的本來面目，方能展現本性。

其次，重顯「頌古」的雅致性。這是與善昭「頌古」相較而言的。以「透網金鱗」〔註127〕為例，善昭頌為「透網之魚不識鉤，貪游浪水認浮頭。高灘坐釣垂慈者，迴棹收綸却上舟」〔註128〕。重顯頌為，「透網金鱗，休云滯水，

〔註122〕〔宋〕克勤評唱：《碧巖錄》卷1，《大正藏》卷48，144b。

〔註123〕〔宋〕克勤評唱：《碧巖錄》卷3，《大正藏》卷48，167a。

〔註124〕〔宋〕克勤評唱：《碧巖錄》卷8，《大正藏》卷48，204c。

〔註125〕〔宋〕克勤評唱：《碧巖錄》卷6，《大正藏》卷48，191c。

〔註126〕〔宋〕才良等編：《法演禪師語錄》卷中，《大正藏》，卷47，661c。

〔註127〕「透網金鱗」公案為，「三聖問雪峰：『透網金鱗，未審以何為食？』峰云：『待汝出網來，向汝道』。聖云：『一千五百人善知識，話頭也不識』。峰云：『老僧住持事繁』」。克勤以為，「頂門有眼方謂之透網金鱗」，即比喻能夠擺脫外在束縛的悟道者。

〔註128〕〔宋〕楚圓等集：《汾陽無德禪師語錄》卷中，《大正藏》卷47，597b。

搖乾蕩坤，振鬣擺尾。千尺鯨噴洪浪飛，一聲雷震清飈起，天上人間知幾幾」〔註129〕。二者的頌辭皆表現出「透網金鱗」悠然自得的個性。但善昭的頌辭傾向於據實而論，「透網金鱗」不貪鈎，垂釣者具有慈悲心，不刻意求之，在雙方的協力下實現人、魚的悠然自得。重顯的頌辭氣勢較爲宏大，「休云滯水，搖乾蕩坤，振鬣擺尾」，表明三聖和雪峰機鋒相當，實爲「作家」酬唱。他們舉起與收起話頭時驚天動地，撼動乾坤。重顯以雅致的語言，比喻的手法，開拓了宏大、高遠的意境。在「頌辭」中不乏有辭藻優美，意境高遠的語句，如「白雲爲蓋，流泉作琴」；「大野兮，涼飈颯颯，長天兮，疏雨濛濛」；「四海浪平，百川潮落」；「始隨芳草去，又逐落花回」等等；不枉「錦腸繡腹」之譽。

從詩歌體例上看，更爲靈活。在善昭《頌古百則》中，多運用七言律詩（100則中僅3則未用）。而重顯《頌古百則》，格式相對靈活，變化多端。「他使用最多的格式是近體詩中的七絕，一百首頌文中，有36首詩採用七絕」〔註130〕，兼採用七律體、五言古體詩、四言古體詩及雜言詩。以這些詩歌體例，冠以禪學思想，推動了向「文人禪」的轉變。

第三，重顯「頌古」的間接性。克勤指出「雪竇頌，諸方以爲極則」〔註131〕，除卻其靈活的格式、雅致的辭藻，它之所以能引起極大的關注，關鍵的原因在於其「繞路說禪」的特色。毋庸諱言，「繞路說禪」是禪宗表述中的基本原則，非重顯「頌古」特有。但它卻擴展了「繞路說」的道路。克勤「大凡頌古，只是繞路說禪」的定義，也是由重顯「頌古」而發。「繞路說禪」的方式有多種，重顯的「頌古」開創了以文字說禪，但又不露痕跡的成功示範。

如定上座問臨濟義玄「佛法大意」的公案，重顯頌曰，「斷際全機繼後蹤，持來何必在從容。巨靈擡手無多子，分破華山千萬重」〔註132〕。「佛法大意」是唐五代時期典型的公案。問「佛法大意」即要說破禪法的眞諦。所以，禪師並不作直接的答覆，義玄以打一掌作答。重顯認爲他繼承了黃蘗希運（即斷際禪師）的全機大用，不從言句上作答。義玄的一掌猶如巨神劈開華山的壯舉一樣，放水流入黃河，將定上座的疑問瓦解冰消。重顯頌辭中並未涉及

〔註129〕〔宋〕克勤評唱：《碧巖錄》卷5，《大正藏》卷48，185a。
〔註130〕董群：《雪竇重顯對禪學的貢獻》，《五臺山研究》1995年第4期，第9頁。
〔註131〕〔宋〕克勤評唱：《碧巖錄》卷3，《大正藏》卷48，165b。
〔註132〕〔宋〕克勤評唱：《碧巖錄》卷4，《大正藏》卷48，171c～172a。

「佛法大意」的問題，卻從讚頌義玄的舉動入手，借用故事、經義，表述出「十方坐斷千眼頓開，一句截流萬機寢削」〔註133〕的無言之境。

四、對「頌古」的評價

與「代別」和「拈古」相較，北宋時期「頌古」更爲流行，尤其在北宋中後期，成爲禪宗的典型代表和僧俗兩界的共同關注點。

首先，「頌古」成爲表述禪學見解的重要方式。「頌古」是北宋解讀公案的一種形式，它的目的不在於「頌」，而在於「悟」。「夫古者，古德悟心之機緣也；頌者，鼓發心機使之宣流也。故其義或直敷其事，或引類況旨，或興惑發悟，以心源爲本，成聲爲節，而合契所修爲要。然非機輪圓轉，不昧現前，起後得智之親境，不能作也」〔註134〕。可見，「頌」是爲了「鼓發心機使之宣流」，與其所修相契合，能夠理解所「頌」者乃「機輪圓轉，不昧現前」者。比如重顯運用文字的目的在於「揭示古人的禪意，並不是爲了炫耀其文采，他把古人言語機鋒中的難解難會之處解釋清楚，令人悟解」〔註135〕。

所以，理解「頌古」的關鍵不在於其言辭，而在於「言外之意」。將「頌古」與「公案」結合，把握「公案」的本來內涵和禪師們的見解和發揮，才是「頌古」的本義。

其次，「頌古」成爲普及禪學知識的手段。它在「公案」的基礎上產生，通過詮釋「公案」表明禪師見解。這兩者都「將不可言說的『禪』有所言說」，無形中普及了禪學知識。與「代別」、「拈古」等其他的「文字禪」形式相比較，「頌古」與士大夫的關係最爲密切，對他們最具有影響力，也最有助於擴大禪宗思想的宣傳。它引導士大夫接受禪宗哲學，在互相籌措，相互交流中，「發明蘊奧，斟酌古人之深淺，譏訶近世之謬妄；不開智見戶牖，不涉語言蹊徑，各隨機緣，直指要津，庶有志參玄之士，可以洗心易慮於茲矣」〔註136〕。以「詩」與「禪」的結合，對當時的詩歌創作產生了巨大的影響。「禪師們說偈悟道的方式，爲詩人們打開了吟風弄月、尋詩覓

〔註133〕〔宋〕克勤評唱：《碧巖錄》卷4，《大正藏》卷48，171b。
〔註134〕〔明〕本端直注：《熒絕老人天奇直注雪竇顯和尚頌古‧槃譚序》，《續藏經》第117冊，第506頁。
〔註135〕董群：《雪竇重顯對禪學的貢獻》，《五臺山研究》1995年第4期，第11頁。
〔註136〕〔宋〕祖詠編：《大慧普覺禪師年譜》，《嘉興藏》第1冊，第798頁。

句的新路」〔註137〕，進而成功地將禪宗的心性論、本體論改造了儒士的思想體系，使得宋代「理學」成爲融攝儒釋道思想的綜合體。

不可忽視的是，這種普及有固定的對象，即禪僧和世俗中的知識階層，而非面向全體大眾。所以，「頌古」在將禪學推向繁盛的同時，也引向了狹隘的「一隅」，埋下了禪學的衰落隱患。

第三，「頌古」成爲後世禪法的借鑒。重顯的《頌古百則》，成爲後世極則和「教材」。以克勤的老師五祖法演上堂說法時用重顯的頌辭爲證，在舉「無縫塔」之後，引用重顯的頌辭，「無縫塔，見還難，澄潭不許蒼龍盤。層落落，影團團，千古萬古與人看」。又做出評價「雪竇可使千古傳名，老僧秖愛他道，『澄潭不許蒼龍盤』。首尾一時貫串，秖如前來一絡索拈放一邊」〔註138〕。他在解讀「公案」時，採用夾敘夾議的方式，借用並讚賞了重顯頌辭，使之成爲教化的素材和解讀「公案」的著眼點。到克勤時，二十餘年間多處評唱重顯的「頌古百則」，最終集成《碧巖錄》一書，在再加工的過程中進一步推動了「頌古」的發展。

第四，「頌古」模仿之風的盛行。禪學的特色在於鮮明的個性，在於不拘一格、鮮活生動的動力，而禁忌模仿。然而，在社會影響和發展規模上超越前代的北宋禪宗中，模仿之風盛行，衍生了種種弊端。

其一，只仿其形，不解其義。「其頌始自汾陽。暨雪竇宏其音，顯其旨，汪洋乎不可涯。後之作者，馳騁雪竇而爲之，不顧道德之奚若，務以文采煥爛、相鮮爲美，使後生晚進，不克見古人渾淳大全之旨」〔註139〕。後學者只從重顯開創的「文辭」上用功，成爲「虛空妄語漢」，而未能理解「道德之奚若」和禪法的眞諦，可謂是「畫虎不成反類犬」。

其二，只重言語，忘卻其意。自重顯《頌古百則》後「頌古」中更重華麗之辭，後人越來越側重言辭的表達，而衍生出「祖門之要義遂生泛爾不能捉摸之弊」〔註140〕。使得禪學流於空妄，疏離了禪與日常生活的關係。

其三，模仿形式以求聲名。曾有峨眉山白長老模仿重顯「頌古百則」的

〔註137〕賴永海：《中國佛教文化論》，北京：中國人民大學出版社，2007年，第281頁。

〔註138〕〔宋〕才良等編：《法演禪師語錄》卷中，《大正藏》卷47，658b。

〔註139〕〔宋〕淨善重編：《禪林寶訓》卷3，《大正藏》卷48，1033c。

〔註140〕〔日〕忽滑谷快天著、朱謙之譯：《中國禪學思想史》（下），上海：上海古籍出版社，2002年，第402頁。

體例，「遂作頌千首，以多十倍爲勝，自編成集，妄意他日名壓雪竇。到處求人賞音。……白携其頌往謁之（指大和山主），求一言之鑑，取信後學。大和見，乃唾云：『此頌如人患鴉臭，當風立地，其氣不可聞。』自是白不敢出似人」〔註141〕。峨眉山白長老只是看到重顯百餘首頌古流於世，而不解其何以流於世，便以「好勝」之心，成千餘頌，期望「名壓雪竇」，帶有明顯的功利性，終遭恥笑。這反映出自重顯後，世人只知「頌古」流行，卻不知運用「頌古」的原因，只從辭藻上用功，便逐漸與「公案」脫離，走上了浮誇的道路，並成爲賺取名利的手段。

　　在只重其形，不解其意的形式下，需要出現新的方式，改變「蚊咬鐵牛，無從下口」的禪學困境，這便是「評唱」與「擊節」。

第四節　「評唱」與「擊節」

　　「評唱」與「擊節」出現相對較晚，是北宋時代的產物，它們分別建立在克勤對重顯的「頌古」與「拈古」的基礎上，集中體現在《碧巖錄》和《佛果擊節錄》中，標誌著「文字禪」走向了注釋的道路，是北宋禪風的又一轉變。繼克勤之後，專門的評唱類著作有，元代從倫禪師評唱投子義青的「頌古」而成《空谷集》和《虛空集》，行秀評唱正覺的「拈古」而成《請益錄》。

一、「評唱」

　　隨著克勤《碧巖錄》的集成和傳播，「評唱」成爲北宋禪人解讀「公案」、表述見解的又一新型方式。其出現是禪宗發展的必然結果。

　　首先，「評唱」是爲解決「頌古」的弊端及其改變後人解讀「頌古」不力的狀況出現的。據《碧巖錄·普照序》說明「至聖命脈，列祖大機，換骨靈方，頤神妙術，其惟雪竇禪師，具超宗越格正眼，提掇正令，不露風規，秉烹佛、煅祖鉗錘，頌出衲僧向上巴鼻。銀山鐵壁，孰敢鑽研，蚊咬鐵牛，難爲下口。不逢大匠，焉悉玄微」〔註142〕。之所以出現「蚊咬鐵牛，難爲下口」的情況，有時代因素和「頌古」本身的特性。

　　北宋末年，戰局更爲混亂，民族矛盾、國家矛盾交錯，北方地區屢次遭受

〔註141〕〔宋〕道謙編：《大慧普覺禪師宗門武庫》，《大正藏》卷47，954a。
〔註142〕〔宋〕克勤評唱：《碧巖錄·序》，《大正藏》卷48，139a。

少數民族政權的侵犯，因「納歲」帶來的短暫和平被打破。人民流離失所，不堪戰爭帶來的破壞，於是大量失去土地的農民成為「流民」而再度依附僧界。另一方面，北宋早期實行的「試經」制度名存實亡，售賣度牒、紫衣、名號成為統治政權斂取金錢的手段。導致僧侶文化水平下降，無從理解文化水平較高者的「頌古」之作，需要以更直接、更詳細的方式解讀「頌古」之作。

同時「繞路說禪」的「頌古」之作，只是解讀公案的一種方式。但在傳承中，後學者重記誦言辭語句，而忽略禪師的根本用意。如充禪師，「風規肅整，望尊一時。頌『即心即佛』云：『美如西子離金闕，嬌似楊妃下玉樓。終日與君花下醉，更嫌何處不風流』」〔註143〕。更值得注意的寫出這樣頌辭的充禪師是被譽為「風規肅整」的古尊宿，「頌古」也只是意在模仿華麗的辭藻，而完全無視公案本義。而那些風規不肅整的禪師表現的更為糟糕。此時「頌古」已經陷入萬劫不復的境地。在這種情況下，克勤「愍以垂慈，剔抉淵源，剖析底理，當陽直指」〔註144〕，創造出「評唱」式的解讀方法。

其次，「評唱」是北宋「文字禪」發展的必然結果。它的出現標誌著「文字禪」走向了疏證的道路，更強調了以「不離文字」的方法詮釋「不立文字」的見地，使北宋「文字禪」發展到興盛期。從「代別」到「評唱」的轉變是解讀「公案」的需要，也是增強運用語言文字的過程。

北宋「文字禪」禪師對語言文字的改造也為「評唱」的出現提供了理論基礎。從北宋初期，善昭運用「代別」的形式解讀「公案」，隨著「拈古」、「頌古」之風的盛行，及其「語錄」、「燈錄」、「僧傳」的大量出現，禪林中運用語言、文字成為普遍的現象。在與士大夫的「唱和」中，惠洪賦予「文字」以合法的地位，明確了「言以顯道」的作用，提供了理論上的支持。所以，北宋末年，克勤以注釋的方式，運用語言文字再度重新詮釋「公案」、重顯頌古，已經具備了理論和實踐上的支持。

另外它的出現也是與佛教傳統的權法設教的思想是一致的。「古德有言句、機用兩路，故分別為顯喻、機用二門。顯喻在前者，初祖接機，亦以言顯示。迨三四傳，而始轉為機用，故機用次之。法久弊生，多諸巧見，建立宗旨，以護正眼，故受之以綱宗。公案孔多，後來諸尊宿，各出手眼以評唱之。其間權實示現、淺深偏圓、不無同中有異。然均以成就來學佛知見，故

〔註143〕〔宋〕圓悟錄：《枯崖漫錄》卷上，《續藏經》第 148 冊，第 147 頁。
〔註144〕〔宋〕克勤評唱：《碧巖錄·序》，《大正藏》卷 48，139a。

廣之以示辯」〔註145〕。「評唱」是借用「顯喻」的方法，糾正對「公案」的誤解。

　　第三，「評唱」的出現是世俗文化與禪宗文化結合的產物。它受到北宋都市文化的啓發。隨著城市經濟的繁榮，北宋末年市民階層的文化需要也與日俱增，形成了特色鮮明的「都市文化」，以滿足休閒、娛樂的要求。據《東京夢華錄》記載，北宋都城汴京有群眾性娛樂場所「瓦肆」不可勝數，較大者有「勾欄」50 餘座，可容納數千人。表演的說話藝人或講經，或講史，演義過往故事，這種「說話藝術」成為當時典型的大眾文化。「禪門的有識之士便看準了這一能使宗門滲透全社會的藝術形式，於是把頌古進一步發展成為兼有說、評、頌、唱，類似於民間『說話』的方式——評唱引入了禪門」〔註146〕。在這種意義上，可以說「評唱」的出現是禪宗受世俗文化影響的例證。「評唱」在禪門出現後，普及了白話文和方言，反過來對世俗文化又產生了一定的影響。

　　「評唱」是「評價」與「唱導」的復合體，既有篇幅短小，言意明瞭的「評價」，又有長篇大論式的疏證。以《碧巖錄》為代表，每一則皆包括：垂示、本則、著語、雪竇頌、著語。其中的「垂示」與「著語」即所「評唱」部分。以「透網金鱗」的「公案」為例：

　　①垂示云：七穿八穴，攪鼓奪旗。百匝千重，瞻前顧後。踞虎頭，收虎尾，未是作家；牛頭沒，馬頭回，亦未為奇特。且道過量底人來時如何？試舉看：

　　②舉，三聖問雪峯：「透網金鱗未審以何為食（不妨縱橫自在，此問太高生。爾合只自知，何必更問）」？峯云：「待汝出網來，向汝道（減人多少聲價，作家宗師天然自在）」。聖云：「一千五百人善知識，話頭也不識（迅雷霹靂可殺驚群，一任蹦跳）」。峯云：「老僧住持事繁（不在勝負，放過一著，此語最毒）」。

　　③雪峯三聖，雖然一出一入，一挨一拶，未分勝負在。且道這二尊宿具什麼眼目？三聖自臨濟受訣，遍歷諸方，皆以高賓待之。看他致箇問端，多少人摸索不著，且不涉理性佛法，却問道：「透網金鱗以何為食」。且道他意作麼生？透網金鱗尋常既不食他香餌，不知以什麼為食。雪峯是作家匹似閒，

〔註145〕〔清〕錢伊庵編：《宗範》卷上，《續藏經》第 114 冊，第 570 頁。
〔註146〕麻天祥：《中國禪宗思想發展史》（修訂版），武漢：武漢人民大學出版社，2007年，第 83 頁。

只以一二分酬他，却向他道，「待汝出網來，向汝道」。汾陽謂之呈解問，洞下謂之借事問，須是超倫絕類得大受用，頂門有眼方謂之透網金鱗。爭奈雪峯是作家，不妨減人聲價，却云：「待汝出網來，向汝道」。看他兩家，把定封疆，壁立萬仞。若不是三聖，只此一句便去不得，爭奈三聖亦是作家，方解向他道：「一千五百人善知識，話頭也不識」。雪峯却道：「老僧住持事繁」。此語得恁麼頑慢。他作家相見，一擒一縱，逢強即弱，遇賤即貴。爾若作勝負會，未夢見雪峯在。看他二人，最初孤危峭峻，末後二俱死郎當。且道還有得失勝負麼？他作家酬唱，必不知此。「三聖在臨濟作院主，臨濟遷化垂示云：『吾去後，不得滅吾正法眼藏』。三聖出云：『爭敢滅卻和尚正法眼藏』。濟云：『已後有人問爾，作麼生？』三聖便喝。濟云：『誰知吾正法眼藏，向這瞎驢邊滅卻』。三聖便禮拜。」他是臨濟眞子，方敢如此酬唱。雪竇末後，只頌透網金鱗，顯他作家相見處，頌云：

④透網金鱗（千兵易得，一將難求，何似生，千聖不奈何），休雲滯水（向他雲外立，活潑潑地，且莫鈍置好），搖乾蕩坤（作家，作家，未是他奇特處，放出又何妨），振鬣擺尾（誰敢辨端倪，做得箇伎倆？賣弄出來，不妨驚群）。千尺鯨噴洪浪飛（轉過那邊去，不妨奇特，盡大地人一口吞盡），一聲雷震清飆起（有眼有耳，如聾如盲，誰不悚然）。清飆起（在什麼處？咄！），天上人間知幾幾（雪峯牢把陣頭，三聖牢把陣腳。撒土撒沙作什麼？打云：「爾在什麼處？」）。

⑤「透網金鱗，休雲滯水」，五祖道，「只此一句頌了也」。既是透網金鱗，豈居滯水？必在洪波浩渺白浪滔天處。且道二六時中，以何爲食？諸人且向三條椽下，七尺單前，試定當。看雪竇道，此事隨分拈弄，如金鱗之類，振鬣擺尾時，直得乾坤動搖。「千尺鯨噴洪浪飛」，此頌三聖道「一千五百人善知識，話頭也不識」。如鯨噴洪浪相似。「一聲雷震清飆起」，頌雪峯道「老僧住持事繁」。如一聲雷震清飆起相似，大綱頌他兩箇俱是作家。「清飆起，天上人間知幾幾」，且道這一句落在什麼處？飆者，風也。當清飆起時，天上人間，能有幾人知？〔註147〕

在這段長達一千餘字的論述中，「本則」②和重顯「頌辭」④不足百字，其餘皆爲克勤「垂示」①與「著語」（包括夾註）。

「垂示」類似於總綱，即克勤從整體上評價「公案」，突出核心思想和學人用心處，概括地反映出他的禪法思想。「垂示」中突出「作家」（禪宗

〔註147〕〔宋〕克勤評唱：《碧巖錄》卷5，《大正藏》卷48，184c～185a。

中指大機大用者）間的「奇特」之事，如「七穿八穴」、「百匝千重」，本則「公案」的雙方以「瞻前顧後」式的貫通方法，凸顯「鬥機鋒」的超常之處。

「著語」分量尤重，不僅第③和⑤爲整體論述，在②和④中亦採用了「夾註」（括號內小字部分）。在「著語」③中，克勤評價了雪峰義存與三聖禪師每句話的含義與二者言語中的得失，考證了三聖禪師的師承關係，追溯了「公案」的淵源。在「著語」⑤中，側重對重顯「頌辭」的詮釋與評價，涉及他人的評價（如法演對「透網金鱗，休雲滯水」句的讚賞），有克勤對重顯頌辭與公案語句的對應聯繫，有對某個字、某句話的考證（如，飆者，風也），亦有克勤以重顯頌辭爲基礎而對後學的引導（「天上人家知幾幾」落在何處）。克勤「著語」的主要目的在於詮釋「公案」本則、重顯頌辭的來朧去脈。

第②和④部分的「夾註」則表明了對「公案」本則與重顯頌辭每句話的認識，多以否定、疑問式的語句，消除言語的存在，從而引導後學勿從言句本身得解，而要跳出言辭之外。「若向言上生言，句上生句，意上生意，作解作會，不唯帶累老僧，亦乃辜負雪竇。古人句雖如此，意不如此，終不作道理繫縛人」〔註148〕，表明雖用文字但「不立文字」的見解。

從總體來看，克勤的「評唱」主要包括以下幾個方面，

其一，對「公案」作總綱性的介紹，即「垂示」。這是把握克勤思想的關鍵，與其「著語」和「夾註」是密切相關的。

其二，採用「夾註」的形式對「公案」本則和重顯的頌辭進行說明，旨在以文字說明「不立文字」的禪學見解。

其三，指出「公案」中「機鋒」的特點。如本則公案中的「汾陽謂之呈解問，洞下謂之借事問」〔註149〕。

〔註148〕〔宋〕克勤評唱：《碧巖錄》卷1，《大正藏》卷48，145b～c。

〔註149〕《人天眼目》卷2收有善昭「十八問」即，請益問、呈解問、察辨問、投機問、偏僻問、心行問、探拔問、不會問、擎擔問、置問、故問、借問、實問、假問、審問、徵問、明問、默問。並認爲，「凡有學人偏僻言句，或蓋覆將來，辨師家眼目，或呈知見，擎頭戴角，一一試之，盡皆打得」。善昭所舉「呈解問」的例子爲，有「問龍牙：『天不能蓋，地不能載時如何？』牙云：『道者合如是』」，認爲這種問答體現出問話者的個人見識。「借問」的例子爲，「問風穴：『大海有珠，如何取得？』穴云：『罔象到時光燦爛，離妻行處浪滔天』」，即提問時借助「取大海珠」而發問（307c～308a）。

其四，從正面說明「公案」的來龍去脈，並對相關人物或事件加以考證、辨偽，評論人物得失，兼或論述他人的錯誤解釋。

其五，表明自己或他人對重顯頌辭的態度，批判錯誤理解，逐字逐句地詳細考證重顯頌辭中的出處、所引典故的出處或字詞之意。

其六，從重顯頌辭中引發新的思考點，引導後學提出疑問，不落言句的窠臼，擺脫「得言忘意」的弊病。

克勤歷時二十餘年，在三處（紹覺寺、靈泉寺、道林寺）講解重顯的《頌古百則》，後經弟子整理成《碧巖錄》，將公案、頌辭與經教詮釋結合起來，創造了新的經典，被稱為「禪門第一書」。然而，克勤的目的，「與其說是詮釋公案和頌文，不如說是借題發揮，引申、闡發禪宗的主要思想；與其說是作注釋，不如說是進行再創造，用禪宗的基本理論，把『百則公案從頭一串穿來』」〔註150〕。他正是以「評唱」的形式，開創了以語言、文字「說禪」但又「不立文字」的新方法。其著眼點在於「言語只是載道之器。……不見古人道：道本無言，因言顯道，見道即忘言」〔註151〕。一方面教化了禪學造詣不高的初機、後學者，另一方面又改善了「蚊咬鐵牛」的窘境，指引禪法新的發展方向，進而維繫了禪宗的生存。

二、「擊節」

「擊節」，原指音樂中節拍、韻律相合。如劉宋時期，求那跋陀羅翻譯的《佛說菩薩行方便境界神通變化經》中，「百千音樂，歌舞唱伎，簫笛擊節出種種妙音」〔註152〕，即採用此意。後演化為見解上的「契合」，在《宋高僧傳·唐會稽雲門寺靈澈傳》中，「澈遊吳興，與杼山畫師，一見，為林下之遊，互相擊節」〔註153〕。北宋末年，克勤在重顯「拈古」的基礎上作《佛果擊節錄》，「擊節」遂正式成為解讀前人「公案」的方法，並與「評唱」共同推動了北宋「文字禪」的疏證化。此後，「擊節」常與「扣關」連用，謂之「扣關擊節」，「扣關，緊要處，難過而能過；擊節，阻隔處，不通而能通也。謂扣其機關，

〔註150〕魏道儒：《宋代禪宗文化》，鄭州：中州古籍出版社，1993年，第102頁。
〔註151〕〔宋〕克勤評唱：《碧巖錄》卷2，《大正藏》卷48，153a。
〔註152〕〔劉宋〕求那跋陀羅譯：《佛說菩薩行方便境界神通變化經》卷3，《大正藏》卷9，312a。
〔註153〕〔宋〕贊寧編、范祥雍點校：《宋高僧傳》卷15，北京：中華書局，1987年，第369頁。

擊其節要，提持祖印，顯露眞機，於節要處敲擊，使其慶快也」〔註154〕。「擊節」的主要做法是通過詮釋前人言句，疏通後學難解之迷，恢復「祖師西來意」的根本意旨。

《佛果擊節錄》是由克勤在重顯「拈古」的基礎上「擊節」而成，重在說明重顯「拈古」之意。仍以「透網金鱗」的「公案」爲例：

①舉三聖問雪峯：「透網金鱗以何爲食（擔枷過狀，自己也不知）」？峯云：「待汝出網來，即向汝道（鈍滯殺人）」。聖云：「一千五百人善知識，話頭也不識（一任蹦跳）」。峯云：「老僧住持事繁（時人盡道雪峯有陷虎之機，要且不然）」。

②雪竇云：「可惜放過，好與三十棒。這棒一棒也饒不得，（爲什麼如此）直是罕遇作家（便打，你也未是作家）」。

③師（指克勤）云：「問『透網金鱗以何爲食』，若是擔板漢，決定向食處作活計。作家宗師，不妨奇特。『待汝出網來，即向汝道』，且道是曾出網來，不曾出網來？聖云，『一千五百人善知識』，（云云）此語也毒。雪竇猶自道未在，『好與三十棒』，其意要顯本分草料，向雪峯頭上行。諸人若要轉變自在處麼？不然辜負雪峯，雪竇便打。是有過，是無過？你若辨得出，拄杖子屬你」。〔註155〕

①爲「舉古」，②爲重顯「拈古」，③爲克勤的「擊節」。以本則爲例，可見克勤「擊節」包括如下層次：

首先，對「公案」語句的逐句解讀。對「透網金鱗以何爲食」、「待汝出網來，即向汝道」和「一千五百人善知識」分別加以評論。同時，在「舉古」中以「夾註」（括號內小字部分）的形式表明觀點，仍以否定、疑問性的口吻消除對語言的執求。

其次，解讀重顯「拈古」之意。認爲重顯並不認可雪峰義存的回答，而提出「好與三十棒」，指明重顯的目的在於「顯本分草料，向雪峰頭上行」，即顯示雪峰「老僧住持事繁」的本來之意；又以眞實的現實狀況，說明要從具體的主持事務中實現自身的禪修，正所謂「平常事即佛事」；雪峰禪師已經悟道，然而對於他人的禪修境界，雪峰也無從體會，唯有修行者自己知曉是否已經透脫漁網。因此重顯認爲即便雪峰並未說破，但運用語言便有隙可乘，

〔註154〕〔明〕大建校：《禪林寶訓音義》，《續藏經》第113冊，第279頁。
〔註155〕〔宋〕克勤擊節：《佛果擊節錄》卷上，《續藏經》第117冊，第472頁。

所以提出「打三十棒」的做法。

第三，引導後學進一步思考。克勤在重顯「拈古」的基礎上進一步引申，並爲後學者指明了努力方向，即要「轉變自在」，明瞭雪峰、重顯之義，從「有過」、「無過」上辨別，方能掌握主動權。

《佛果擊節錄》的其他「擊節」還包括以下內容：

第四，對「拈古」性質的概括。如在「德山示眾」〔註156〕的「擊節」中說明「要須出他古人意，方喚作拈古」〔註157〕。「欽山恁麼」中指明「大凡拈公案，須是見得破公案，識得縫罅」〔註158〕。說明「拈古」需要參透古人之意，從古「公案」中找到破解之法；也認可名師大家所做的拈古有「超群處」，他們在「著力處」所用的工夫能夠爲破解公案提供幫助。

第五，論其他禪師對同則「公案」的認識。如在「德山示眾」中，列舉法眼、圓明、法演等人對公案的認識，將其「拈古」與重顯的「拈古」加以比較，指出重顯的優長所在。

第六，詳細考證「公案」中人物生平、事跡。以「百丈拂子」爲例，說明百丈與馬祖的關係，另由「拂子」出發，以古尊宿多以「拂子」說明佛法事，並引證其他相似「公案」，如「仰山問潙山馬祖佛法的傳承」、「靈雲、雪峰以拂子回答佛出世前後事」、「黃檗與百丈言馬祖事」等等。另對百丈的師承、見解、後人對百丈的認識皆有涉及。

從所包含的內容上看，「擊節」與「評唱」大致相同，它們皆是在重顯所選取「公案」基礎上的「再加工」，共同創立了新的模式，即公案、著語、夾註、頌古（或拈古）、著語，爲後世解讀公案提供借鑒。更重要的是，二者皆

〔註156〕《佛果擊節錄》的第一則即爲「德山示眾」，原文爲「舉，德山示眾云：『今夜不答話，（言猶在耳）問話者三十棒。（打云：吃棒了也）』時有僧出禮拜。山便打。（忘前失後漢）僧云：『某甲話也未問。』（却較些子）山云：『你是甚處人？』（換却眼睛）僧云：『新羅人』。（却換德山眼睛）山云：『未踏船舷，好打三十棒』。（大小德山作這般去就）法眼拈云：『大小德山，話作兩橛』。（漆桶夜生光）圓明拈云：『大小德山，龍頭蛇尾。』（烏龜鑽破壁）雪竇拈云：『二老宿雖善裁長補短，舍重從輕，（錯下名言）要見德山亦未可。（還曾夢見德山麼）何故？德山大似握闖外威權，有當斷不斷不招其亂底劍，（險）諸人要識新羅僧麼？（莫是闍梨）只是撞著露柱的瞎漢。（自領出去）』」載於《續藏經》第117冊，第451頁。其中括號裏的內容爲克勤做出的評價。

〔註157〕〔宋〕克勤擊節：《佛果擊節錄》卷上，《續藏經》第117冊，第452頁。

〔註158〕〔宋〕克勤擊節：《佛果擊節錄》卷上，《續藏經》第117冊，第486頁。

從某些方面肯定了古人運用言語的真實目的在於開示後學，轉迷成悟。克勤已明確指出，「看他古人如此老婆心切，千方百計，舉揚顯示箇一段大事，令人易見，中間也有用作示眾，用作借事明物，也有悟去者」〔註159〕。

在具體的表現上，二者有所區別：

首先，依據的對象不同。《碧巖錄》中的「評唱」所依據重顯的百則「頌古」；而《佛果擊節錄》中的「擊節」多依據重顯的百則「拈古」。由於「頌古」和「拈古」的不同，因而，在「評唱」和「擊節」時，內容有所差異。

其次，詮釋對象的側重點不同。「評唱」詮釋公案的來朧去脈、人物關係及其相似「公案」，尤其著重考證重顯「頌辭」的言句，以重顯「頌古」為切入點；在「擊節」中，則較為詳細地解讀「公案」的背景條件，對重顯「拈古」只選其「著力處」、「入手處」，所佔篇幅較少。同時，在引用前人的評論時，「評唱」中雖不乏引用其他禪師的見地，尤其是克勤的老師法演的看法，但主要以重顯「頌古」中的態度為主；在「擊節」時，雖以重顯「拈古」為依據，但同時多列舉他人的見解。

第三，繁簡不同。以上文所引「透網金鱗」為例，《碧巖錄》中「公案」計有千餘字，「評唱」部分占十之八九，《擊節錄》中，僅三百餘字，「擊節」部分占一半左右。但從字數上看，「評唱」中可謂是包羅萬象，「擊節」中乃精簡概述，重在指出每句話（包括「公案」語句和重顯拈古）的關鍵點。

三、對「評唱」與「擊節」的評價

「評唱」與「擊節」作為北宋末年出現的新形式，最終將「公案」的解讀方式由「繞路說」轉向了「直接說」。語言文字越來越廣泛地被用於論證、說明禪法的形式，推動了北宋「文字禪」的興盛。

首先，「評唱」與「擊節」的性質。它們最基本的性質為解讀「公案」的形式。雖分別在「頌古」與「拈古」的基礎上出現，但主要目的仍在於詮釋「公案」的真實內涵，進而引導後學體會禪法的要義。克勤強調的是，「道無橫徑，立者孤危，法非見聞，言思迴絕。若能透過荊棘林，解開佛祖縛，得箇穩密田地。諸天捧花無路，外道潛窺無門。終日行而未嘗行，終日說而未嘗說，便可以自由自在，展啐啄之機，用殺活之劍，直饒恁麼更須知有建

〔註159〕〔宋〕克勤擊節：《佛果擊節錄》卷上，《續藏經》第 117 冊，第 459～460 頁。

化門中，一手擡一手搦」〔註 160〕。「一手擡」、「一手搦」，即一方面運用語言文字說禪，另一方面時刻又須以「不立文字」為指導，在權、實之間實現解脫。

「評唱」與「擊節」客觀上開啓了禪學中的文字疏證之風，但克勤從主觀上並未改變傳承禪宗思想和引導後學開悟的願望。他在《碧巖錄》第 1 則「達摩見梁武帝」的「公案」中，開篇便說明，「達磨遙觀此土有大乘根器，遂泛海得得而來。單傳心印，開示迷塗，不立文字，直指人心，見性成佛。若恁麼見得，便有自由分，不隨一切語言轉，脫體現成」〔註 161〕。並以此為基礎，確立了整個《碧巖錄》「評唱」的基調。

其次，「評唱」與「擊節」的作用。鑒於二者產生的社會背景和禪學內在的發展趨勢，它們的作用主要在於：

其一，教化後學。正是因為禪林中出現的「智者少而愚者多，已學者少而未學者多」的整體局面，及其學人對「頌古」如「蚊咬鐵牛，難為下口」的狀況，需要「大匠」應時而出，克勤「垂慈救弊」，以「老婆心」不惜說出前人隱藏的秘密，挽救佛法低靡的命運。在「評唱」和「擊節」中，克勤多次指明，運用語言、文字的目的是為了引導後學，「古人方便門中，為初級後學未明心地，未見本性，不得已而立箇方便語句」〔註 162〕。「若立語句，以至百千萬億方便，其意只是與人解粘去縛，令教淨裸裸地輝耀今古，實無許多般計較」〔註 163〕。從主觀上有意識地區別於單純的考證和展示賣弄文字的伎倆。

其二，擴大禪宗的影響，普及禪學知識。中國化色彩的禪宗是儒釋道思想的融合，具有出世與入世融合的色彩，發展離不開居士群體，尤其是士大夫階層的支持。禪宗以簡易、直接的方式倡導「明心見性、頓悟成佛」的解脫觀，吸引了處於宦海沉浮的士大夫的關注，引發「禪悅之風」。通過「評唱」和「擊節」，又以正面、直觀的方式詮釋禪宗的奧秘，為近親禪學提供了捷徑。有觀點認為克勤作《碧巖錄》即出於張商英之請，而張商英自稱「比看《傳燈錄》，一千七百尊宿機緣，唯疑問德山托缽話」，這種觀點雖不盡科學，但從側面證實「評唱」禪宗公案已經成為僧俗兩界共同的要求。而《碧巖錄》

〔註 160〕〔宋〕克勤評唱：《碧巖錄》卷 2，《大正藏》卷 48，156a。
〔註 161〕〔宋〕克勤評唱：《碧巖錄》卷 1，《大正藏》卷 48，140a。
〔註 162〕〔宋〕克勤評唱：《碧巖錄》卷 1，《大正藏》卷 48，149a。
〔註 163〕〔宋〕紹隆等編：《圓悟佛果禪師語錄》卷 13，《大正藏》卷 47，772c。

出現後，流傳四方，「新進之學，朝誦暮習，以爲至學」，迅速成爲「禪門第一書」，以至「行於世者數版，卷套多多」〔註164〕，禪風由此又一變，消除了神秘色彩的禪學知識更爲普及。

第三，「評唱」與「擊節」的影響。

其一，對後世的借鑒。一則表現爲思想上的借鑒。《碧巖集》出現後，學者紛紛以其中的「評唱」爲詮釋依據。如「潭吉據《碧巖集》，提唱雪竇顯頌『日面佛月面佛』因緣」〔註165〕。重顯的《頌古百則》也因其得以保存，廣爲傳唱。

克勤以評唱體評述「頌古」的做法，也得到後人的推崇。金元之際曹洞宗禪師萬松行秀（1166～1246年），將其宗門宏智正覺（1071～1157年）的百則「頌古」再加上「示眾」、「著語」和「評唱」集成《萬松老人評唱天童正覺和尚頌古從容庵錄》（簡稱《從容錄》），並自稱「竊比佛果《碧巖集》，則篇篇皆有示眾爲備」〔註166〕。在書中也多次引用克勤的語句和觀點。隨後，行秀的弟子林泉從倫又評唱曹洞宗禪師投子義青的「頌古百則」，編成6卷《空谷集》，評唱義青的再傳弟子丹霞子淳的「頌古百則」，集成6卷《虛空集》。

二則，表現爲文字記載上的借鑒。如在明代編撰的《指月錄》卷20《韶州雲門山光奉院文偃禪師》中，以《碧巖錄》中的材料作爲雲門文偃參見雪峰義存的證據；卷21《汝州風穴延沼禪師》，作爲延沼向雪峰義存「請益」的證據〔註167〕。明代時，「五燈」已經編撰完備，但論述中並未引用相關的「語錄」和「燈錄」記載，而採用《碧巖錄》中的考證，亦可見作者對該書所涉及歷史材料的認可，和對本書的尊崇。

其二，引發的弊端。一則，言句中的消亡。克勤的弟子大慧宗杲因學僧執著於記誦克勤「評唱」言句而焚燒《碧巖錄》的刻板，成爲禪林中大事，故而提倡「看話禪」，從「話頭」中尋求「心」的悟解。後世對克勤《碧巖錄》的批判也多在其運用言語而造成的弊病上。至明代時，已有學者將曹洞宗的消沉也歸結於「評唱」的盛行，「自佛果作《碧巖集》，大慧謂宗門至此一大變，欲特毀其板。後洞下人（指曹洞宗人）入少室，無本分爲人手段，一味

〔註164〕〔宋〕克勤評唱：《碧巖錄·後序》，《大正藏》卷48，225c。
〔註165〕〔明〕圓悟著：《闢妄救略說》卷4，《續藏經》第114冊，第270頁。
〔註166〕〔元〕行秀評唱：《從容錄·寄湛然居士書》，《大正藏》卷48，227a。
〔註167〕〔明〕瞿汝稷集：《指月錄》，《續藏經》第143冊，第448、463頁。

提唱評唱，故少室不出本分衲僧，天下共知之」〔註168〕。作者認爲它的方法教人無所從處，乃死路，是「本分宗匠」所不爲。

二則，流入考證。由於它們在論證方式上的「直面」論述與詳細考證的特點，有學者認爲，它們流入「義學」。「新進法門後生晚學，見此評論，有義路可求，皆珍惜以尊重其說，朝誦暮習，謂之至學。莫有箇學人悟此以爲非者。痛哉！學者之心體道術，皆爲義學所害，不可救也」〔註169〕，完全把克勤的「評唱」等同於「義學」。但實際上，克勤的「評唱」提供的是從證解到悟解之路。之所以出現如此多的弊病，不在「評唱」本身，而在於某些人只重在「證解」的過程，而忽略了「悟解」的目的。「古之爲宗師者，高提祖印，活弄懸拈，用佛祖向上機關，作眾生聚後開示。學者參叩不及處，勸其日夜提持，不記年月，然後悟入。今之宗師依本談禪，惟講評唱，大似戲場優人，雖本欲加半字不得。學者不審皂白，聽了一遍，已謂通宗。……由是而推，今之談宗者，寔魔所持耳」〔註170〕。

「評唱」與「擊節」作爲一種形式，本身並無優劣之分，所不同者在於運用者與理解者。「若是具超方眼，有格外機，未彰文彩已前，已是十分勘破；及乎彰言句、立機境形、問答作彼此，直得千重百匝，百匝千重，和中下機，一時收拾在這裏」〔註171〕。即便這兩種形式出現後，禪林中出現了不少弊端，但不應質疑的是，它們共同推動了「解禪」的新風氣，並擴大了「文字禪」的影響。

第五節　禪史的修訂與編撰

「文字禪」是北宋的傳法風尚和社會習慣。鑒於它借用「文字」的表現手法，因而與對禪宗歷史的整理與編撰分不開的。北宋時面臨著整理禪宗整體脈絡和梳理各宗派發展體系的任務。從小範圍說，禪師需要對當代及前代主要禪法進行梳理和確立其正統地位；在大範圍內，借助「燈錄」和「僧傳」，勾勒出禪宗發展的譜系。從修訂和編撰者上看，有僧侶的個人編撰，亦有居士的參與。

〔註168〕〔明〕圓悟著：《闢妄救略說》卷9，《續藏經》第114冊，第358頁。
〔註169〕〔清〕智祥述：《禪林寶訓筆說》卷下，《續藏經》第113冊，第786頁。
〔註170〕〔明〕圓澄著：《慨古錄》，《續藏經》第114冊，第736頁。
〔註171〕〔宋〕紹隆等編：《圓悟佛果禪師語錄》卷6，《大正藏》卷47，738b。

一、禪師對法脈的整理

　　北宋「文字禪」禪師已開始注重整理禪宗的傳承法系。其中以善昭爲代表。

　　首先，在唐代祖師的傳承上，善昭著有《唐六祖後門人立讓大師爲七祖》，以懷讓所傳承的法系（亦是臨濟宗所傳承的法系）作爲禪宗的正法；作《敘六祖後傳法正宗血脈頌》，「能師密印付觀音，百丈親傳馬祖心，黃檗大張臨際喝，三聖大覺解參尋，興化流津通汝海，寶應曾窮風穴深，首山一脈西河注，六七宗師四海欽」〔註172〕。經善昭整理的禪宗正宗血脈圖爲：六祖慧能、南嶽懷讓、馬祖道一、百丈懷海、黃檗希運、臨濟義玄、三聖禪師、寶應和尚、興化存獎、風穴延沼、首山省念、汾陽善昭。〔註173〕善昭將自身納入此血脈圖中，也說明了對自身之法爲正法的自信。

　　其次，整理唐代六代祖師後的法系，以自身傳承的宗門爲禪學正宗。在《廣智歌一十五家門風》中，善昭列舉馬祖宗派（即心佛、非心佛的思想）、洞山宗派（五位、三路、回互）、石霜宗派（君臣法、父子法）、溈仰宗派（隨機問答、圓相、默論）、石頭藥山宗派（全提全用）、地藏至雪峰宗派（重歸源）、雲門宗派（三句）、德山棒、臨濟宗風（四賓主、四料簡、三玄三要、四句百非）。歸納出以上重要宗派的傳承特點和重要思想。

　　黃龍惠南也曾明示，「有眼皆見，有耳皆聞，既見既聞，且道箇什麼？晚學初機，須得明明說破。我佛如來，摩揭陀國親行此令；二十八祖，遞相傳授。洎後石頭馬祖馬駒蹹殺天下人，臨濟德山棒喝，疾如雷電。後來兒孫不肖，雖舉其令而不能行，但逞華麗言句而已，黃龍出世，時當末運，擊將頹之法鼓，整已墜之玄綱」〔註174〕。

　　士大夫爲禪師所作的「塔銘」中，也著重強調法繫傳承。如呂夏卿所撰《明州雪竇山資聖寺第六祖明覺大師塔銘》中寫道，「佛以授摩訶迦葉，傳僧伽梨衣，以待補處出世，爲成道之符。自是衣法相傳二十有七世香。至王子初入中國，謚曰圓覺，圓覺傳大祖，大祖傳鑑智，鑑智傳大醫，大醫傳大滿，大滿傳大鑑，大鑑藏衣傳法而已。大慧繼之，大寂承之，其後皆以所居稱。

〔註172〕〔宋〕楚圓等集：《汾陽無德禪師語錄》卷下，《大正藏》卷47，625b。
〔註173〕其中的師承並不一致。汾陽善昭的傳承圖應爲：六祖慧能——南嶽懷讓——馬祖道一——百丈懷海——黃檗希運——臨濟義玄——興化存獎——南院慧顒——風穴延沼——首山省念——汾陽善昭。所以，在此所展示的正宗血脈圖，不如說是汾陽善昭所認可的影響重大的禪師圖。
〔註174〕〔宋〕惠泉集：《黃龍惠南禪師語錄》，《大正藏》卷47，634b。

若天皇、龍潭、德山、雪峯、雲門、香林、智門，其世次也」〔註175〕。《壇經》中出現的以「僧伽衣」爲信物的說法，仍在流行。另一值得關注的是，雲門宗的法系本爲，青原行思——石頭希遷——天皇道悟——龍潭崇信——德山宣鑒——雪峰義存——雲門文偃。而此處的「大慧」指南嶽懷讓，「大寂」指馬祖道一。若據「塔銘」所說，重顯所在的雲門宗傳承了馬祖道一的體系，而與臨濟宗同系。這一誤解來自於當時對「道悟」其人及師承的爭論。雖對法繫傳承的認識不盡準確，但已凸現出士大夫對法系的重視，及其當時以法系作爲正法傳承依據的風氣。

另外，在「文字禪」禪師中，對於前代及當世禪師的讚頌，尤其是「評唱」和「擊節」中敘述「公案」的來龍去脈時也體現出了對「祖統」的整理。「德山棒臨際喝，獨出乾坤解橫抹。從頭誰敢亂區分，多口阿師不能說。臨機縱，臨機奪，迅速鋒鋩如電掣。乾坤祇在掌中持，竹木精靈腦劈裂。或賓主或料揀，大展禪宗辨正眼。三玄三要用當機，四句百非一齊剗」。而善昭在當時之所以重視宗派的傳承是因爲，「不知宗脈莫顢頇，永劫長沈生死界，難逢難遇又難聞，猛烈身心快通泰」〔註176〕。這也是在禪法混亂，時弊縱橫的時代，以釐清宗門傳承法系的方式，保證正法傳承的必要手段，是善昭時代禪師們的責任和義務。

二、「燈錄」的修訂與禪僧史傳的編撰

北宋時，禪林中也出現了大量的「燈錄」、「語錄」和各宗編撰的禪宗史、禪師傳記。

兩宋時期出現了五種燈錄，即法眼宗人道原編撰的 30 卷《景德傳燈錄》，與臨濟宗禪師交好的居士李遵勖編撰的 30 卷《天聖廣燈錄》，雲門宗人惟白編撰的 30 卷《建中靖國續燈錄》，臨濟宗人悟明編撰的 30 卷《聯燈會要》，雲門宗人正受編撰的 30 卷《嘉泰普燈錄》，南宋的普濟禪師將「五燈」加以綜合，去除重複部分，編成《五燈會元》。其中，前三部燈錄完成於北宋時期，以《景德傳燈錄》最具代表性。它不僅確立了「燈錄」的編撰方式，更重要的是，它是「中國第一部經皇帝欽定由國家發佈流行的禪宗燈史」〔註177〕，

〔註175〕〔宋〕惟蓋竺等集：《明覺禪師語錄》卷6，《大正藏》卷47，712a～b。

〔註176〕〔宋〕楚圓等集：《汾陽無德禪師語錄》卷下，《大正藏》卷47，621b～c。

〔註177〕楊曾文：《宋元禪宗史》，北京：中國社會科學出版社，2006年，第81頁。

改變了之前民間編撰「燈錄」的歷史〔註178〕。

首先，「燈錄」的出現，改變了修史的方法。以《高僧傳》、《續高僧傳》、《宋高僧傳》爲代表的傳記統括「十科」，重記述僧人的生平。如《高僧傳》中列有譯經、義解、神異、習禪、明律、亡身、誦經、興福、經師、唱導；《續高僧傳》中列有譯經、義解、習禪、明律、護法、感通、遺身、讀誦、興福、雜科聲德；《宋高僧傳》與《續高僧傳》的分科相同，確立了撰寫「高僧傳」的體例。在撰寫方式上，注重對僧侶生平、經歷的介紹，對思想的介紹略爲簡略，或幾無涉獵。

以「燈錄」爲代表的史書，則側重記載禪師語言，重譜系。以《景德傳燈錄》爲例，在吸收《寶林傳》、《聖胄傳》、《祖堂集》等基礎上，注重對西方「七佛」和東土「六祖」事跡的記載，分述青原系與南嶽系兩大支流，以師承爲主線，按照時間順序，記載歷代禪師的言行事跡，讚頌偈詩，銘記箴歌。由居士李遵勗編撰的《天聖廣燈錄》是對《景德傳燈錄》未收錄者的補充，體例上區別不大。而《建中靖國續燈錄》以時間、法系爲順序，專列各「門」，分「正宗門」、「對機門」、「拈古門」、「頌古門」、「偈頌門」，是對「燈錄」專門研究的另一種分類方法。南宋編訂的其他兩種燈錄，在體例上多沿襲北宋前三種燈錄，並確立了「燈錄」的正式體例。在史料的引用上，則吸收了語錄、文集、塔銘、碑文等多方面資料，相對完整地保存了當時禪林原貌。

《景德傳燈錄》之所以成爲「燈錄」中的代表，還反映出上層社會對「燈錄」的認可。經宋眞宗准許，楊億、李維、王曙等儒臣的勘定、潤色，在語言風格上有巨大的改善，文筆流暢，既「已標於僧史，亦奚取於禪詮」〔註179〕。這表明統治政權對禪宗文化的推崇。

「語錄」的大量出現，更詳細地記載了各位禪師的言語，對禪法的見解，對「公案」的解讀，對「代別」、「拈古」、「頌古」的運用，是「文字禪」主要形式的集中體現。與「燈錄」相比較，它更突出了對禪師思想的記述。二者相互補充，爲整理禪師的法系及其思想的演變提供了豐富的史料。

其次，補充禪史。北宋「文字禪」禪師編撰禪史的貢獻，以惠洪爲代表。

〔註178〕唐代禪僧淨覺的《楞伽師資記》，杜朏的《傳法寶記》，成都保唐派的《歷代法寶紀》已經具有「燈錄」的性質，但相對粗糙。9 世紀以後，又有智炬的《寶林傳》、玄偉的《聖胄傳》、惟勁的《續寶林傳》和南唐靜、筠二僧編訂的《祖堂集》，都是民間編輯「燈錄」的代表。

〔註179〕〔宋〕楊億撰：《景德傳燈錄·序》，《大正藏》卷51，197a。

據《僧寶正續傳》記載，他著有《林間錄》2 卷，《禪林僧寶傳》30 卷，《志林》10 卷，《智證傳》10 卷，《冷齋夜話》10 卷，《天廚禁臠》1 卷，《石門文字禪》30 卷，語錄偈頌 1 編，另外還著有《法華合論》7 卷，《楞嚴尊頂義》10 卷，《金剛法源論》1 卷，《起信論解義》2 卷等等，可謂著述甚豐。惠洪的著述，也是他的「文字禪」理論的自覺實踐〔註180〕。他在《與法護禪者》中提到，「手抄禪林僧寶傳，暗誦石門文字禪。撿得湘西好三角，春風歸去弄雲泉」〔註181〕。鑒於其「文字禪」思想在《石門文字禪》一書中多有體現，可見，編撰史傳與撰寫《石門文字禪》是相得益彰的。

在編撰中，惠洪有意彌補《景德傳燈錄》、《天聖廣燈錄》等「燈錄」側重記載禪僧語錄而較少記載他們事跡的欠缺，既記錄禪宗僧人的事跡，又選錄他們代表性的語錄，進一步補充了禪僧傳記。

他修訂禪史時，明確了禪師修史的目的，突出了禪宗特色。「禪者精於道，身世兩忘，未嘗從事翰墨，故唐宋僧史，皆出於講師之手。道宣精於律，而文詞非所長，作禪者傳，如戶婚按檢；贊寧博於學，然其識暗……聚眾碣之文爲傳，故其書非一體，予甚悼惜之」〔註182〕，區別了如道宣、贊寧等律師的修史與禪師的修史目的不同。他提出，修訂傳記的主要目的在於明瞭「生死之學」與禪師語錄中的「言外之意」。正所謂，「依倣史傳，立以贊詞，使學者臨傳致讚語，見古人妙處不亦佳乎？予欣然許之」〔註183〕。惠洪的這種主張與其禪學思想是一致的。

惠洪整理法系的另一目的在於糾正各宗的間隙。他在《禪林僧寶傳》中說道「雲門、臨濟兩宗特盛天下，而湖、湘多雲門之裔，皆以宗旨自封，互有詆訿」〔註184〕。正是爲了恢復禪宗各宗門之間的原貌，明晰禪學體系，進而修訂史傳。其中最典型者爲「天皇」禪師法系的歸屬問題〔註185〕。惠洪禪

〔註180〕周裕鍇：《惠洪文字禪的理論與實踐及其對後世的影響》，《北京大學學報》（哲學社會科學版），2008 年第 4 期，第 88 頁。

〔註181〕〔宋〕惠洪集：《石門文字禪》卷 15，《四庫叢刊本》，上海：上海書店，1989年，第 789 頁。

〔註182〕〔宋〕惠洪集：《石門文字禪》卷 26，《四部叢刊本》，上海：上海書店，1989年，第 1321 頁。

〔註183〕〔宋〕惠洪集：《石門文字禪》卷 25，《四部叢刊本》，上海：上海書店，1989年，第 1268 頁。

〔註184〕〔宋〕惠洪集：《禪林僧寶傳》卷 18，《續藏經》第 137 冊，第 516 頁。

〔註185〕在北宋禪學界中，流傳著石頭希遷的弟子，雲門宗法系的「天皇道悟」出

師並未將其納入南嶽系馬祖門下，而是客觀公正地將「天皇道悟」歸入青原系中。在法系的整理上，以臨濟宗爲主，選擇其他四宗中著名禪師的傳記，做到了兼容並包。

第三個目的在於發展「末法時代」的佛教。洞山良價指出在「末法時代」有「三種滲漏」，「見滲漏」、「情滲漏」、「語滲漏」，成爲學佛者的障礙，「宗乘有旨趣，下流不悟，妄生同異」〔註186〕，大法難行。

所以，惠洪作僧傳，整理「臨濟宗旨」，集成《石門文字禪》，撰寫筆記體史書《林間錄》、《續林間錄》等等，洋洋灑灑數萬言。在整理中，以佛經、禪語互證，令後來者明見禪宗「本來面目」。

從總體上看，惠洪所修的僧傳，在史實的準確性上，有所誤差，不盡眞實，時間、人物、地點不合於史實者屢見不鮮，因而有學者認爲，惠洪「既犯綺語之戒，又好爲妄語」〔註187〕。《漁隱叢話後集》中也提到，「僧寶傳，洪覺範所撰，但欲馳騁其文，往往多失事實。至於作贊，又雜以詩句，此豈史法示褒貶之意乎？」其傳記之後的「贊」也較多地帶有個人意識色彩。

但是它從透脫「生死意旨」上，又是「不違佛說」的。南宋祖琇評價到，「覺範少歸釋氏，長而博極群書，觀其發揮。經論光輔叢林，孜孜焉。手不停綴，而言滿天下。及陷於難，著逢披出，九死而僅生，垂二十年，重削髮，無一辭叛佛而改圖，此其爲賢者也」〔註188〕，可謂相對公正的評價。

自馬祖道一門下，以此將雲門宗納入南嶽系中。如呂夏卿爲雪竇重顯撰寫的《明州雪竇山資聖寺第六組明覺大師塔銘》就持有這種見解。這種說法事實上是違背歷史事實的，有宗門正統之爭的嫌疑。在宋代智昭撰寫的《人天眼目・覺夢堂重校五家宗派序》中也說明「自景德至今，天下四海，以傳燈爲據，雖列剎據位立宗者，不能略加究辨。唯丞相無盡居士，及呂夏卿二君子，每會議宗門中事，嘗曰：『石頭得藥山，山得曹洞一宗，教理行果，言說宛轉。且天王道悟下出個周金剛，呵風罵雨。雖佛祖不敢嬰其鋒。恐自天皇或有差誤』。寂音尊者亦嘗疑之云：『道悟似有兩人』。無盡後於達觀穎處，得唐符載所撰《天皇道悟塔記》，又討得丘玄素所作《天王道悟塔記》，齎以遍示諸方曰：『吾嘗疑，德山洞山同出石頭下，因甚垂手處死活不同，今以丘、符二記證之，朗然明白，方知吾擇法驗人之不謬耳』。（《大正藏》卷48，328b）

〔註186〕〔宋〕惠洪集：《林間錄》卷上，《續藏經》第148冊，第600頁。
〔註187〕陳垣：《中國佛教史籍概論》卷6，北京：中華書局，1962年，第140頁。
〔註188〕〔宋〕祖琇編：《僧寶正續傳》卷2，《續藏經》第137冊，第583頁。

小 結

本章主要論證了北宋「文字禪」的主要表現形式，包括「舉古」、「拈古」、「代別」、「頌古」、「評唱」與「擊節」，和禪僧對「燈錄」、「語錄」和禪僧傳記的編訂。

對幾種主要表現形式，分別具體說明其源起時間、運用特點、具體表現和相關評價。其中，「評唱」與「擊節」屬於北宋時期特有的產物，而其他的形式早在唐五代時期已經出現，後經過「文字禪」禪師的充實成為解讀「公案」的固定形式。

在幾種主要表現形式的關係上，「舉古」為基礎，後幾種是補充。從「代別」、「頌古」到「評唱」的轉變適應了時代要求，也是禪宗內部運用語言文字與普及禪學知識的需要。

在對幾種主要表現形式的介紹中，又分別選取代表人物。從他們對同一種表現形式的使用中，區分同異。如在「拈古」上，比較重顯與克勤的「拈古」之作；在「代別」和「頌古」上，又對善昭與重顯加以比對。

同時「文字禪」的發展也離不開大量的「燈錄」、「語錄」和僧傳的編訂。它們以大量的文字，記述祖統和法系的傳承過程，歷代禪師的不同見解，禪法體系的具體變遷等等，是禪宗歷史、禪學思想的集中表現。

第四章 北宋「文字禪」的 「文字」與「禪」

要理解北宋「文字禪」，需要瞭解「文字」與「禪」的內涵及二者在「文字禪」中的關係；瞭解「文字禪」中對「不立文字」與「不離文字」的語言觀的運用；歸納出「文字禪」的禪學思想。

第一節 「文字禪」中的「文字」

「文字禪」中包含「文字」與「禪」兩方面，二者是相輔相成的，既有「文字中的禪」，又有「禪中的文字」，離開了文字中的「禪」和離開了表述「禪」的文字，都是不完整的。若無「禪」，文字便失去深度；若無文字，「禪」只能「默照」，皆無法構成「文字禪」。然而二者的地位並不等同，「文字禪」的核心在「禪」而不在「文字」，其目的在於借助「文字」顯示「禪」。「禪」爲「第一機」，「文字」爲「第二機」。

一、「文字禪」中「文字」的內涵

「文字禪」的特點在於借助「文字」表達禪法。具體說來，「文字」的內涵包括兩個層面。它一方面指成文的文字記載或文本，如後人整理的「語錄」、「燈錄」、「僧傳」；另一方面指語言，如禪師當面教化弟子時使用的口頭表述。所以，它既可以表述爲禪師在語錄、燈錄中的表達禪法主張的文字記載；又可以歸結爲「文字禪」代表禪師的語言。

　　毫無疑問，語言和文字並不完全等同。它們是對意念的不同加工。將意念以被公眾認可的語言表述出來，是爲第一次加工；將語言再以公眾認可的文字記錄下來，是爲第二次加工。所以，從意念到語言、文字，至少要經歷一到兩次人爲意識的改造。但在禪法表述上，這兩次改造又是密切相關的，適合於不同的場合。口頭表述具有當面性和短期性，適合面對面的交流或短時期內的口耳相傳；從禪法的長期流傳看，則需要成文的記載。文字不僅是文明成熟的標誌，而且是維繫文明傳承的重要手段，「每一歷史時代都有反映該時代精神之精華的哲學思想。每一時代的哲學思想都要以文字的形式反映出來，並因而得以保存下來」〔註1〕。尤其在北宋這一繼承和發展的時代，更爲需要有表達功能的語言和記述功能的文字。語言與文字在「文字禪」中實現了結合。

　　語言的種類是多種多樣的。在《禪宗語言的種類》一文中，作者將語言分爲如實語、教法語、叢林語、悖理語和副語言文字五類〔註2〕。所謂的「如實語」是指與世俗語言基本一致的語言，也就是符合世俗用語習慣、世俗邏輯的語言，在禪宗中被稱作「死句」、「死語」；「教法語」，乃佛教界通用的，有關佛教教義和戒律等方面的術語；「叢林語」係禪宗的獨創語，或摘自傳統文獻語言，而賦予新義，或吸收當時的口語而加以改造，或完全新創；「悖理語」爲宗門開悟的語言之一，旨在以有悖於世間常規的思維方式和行爲方式，以參悟禪法不能執著於日常的思維習慣，禪語、機鋒、機語皆屬此類；「副語言文字」是宗門開悟的另一種語言，它包括了人的種種動作行爲、表情神態和各種非語言文字形式的聲音等。竊以爲，這五種分類也包含了北宋「文字禪」中的語言類型。具體到「文字禪」，禪師所慣用的表達方式，主要有：

　　首先，區分「死句」與「活句」。這是對禪宗語言的最基本劃分。常規的、符合日常表達習慣、邏輯方式的世俗語言，有固定的、被廣泛認可的表達範式和行文規範。在問答中表現爲據實而答，如顏淵問「仁」，孔子答以「克己復禮爲仁」。又問其目，答曰：「非禮勿視，非禮勿聽，非禮勿言，非禮勿動」（《論語·顏淵》）。在答語中具有規範性、界定性和描述性。弟子以此爲指導，可以規範行爲，修養身心。但在禪宗中，這類問答被斥爲「死語」、「死句」。

〔註1〕康中乾：《有無之辨——魏晉玄學本體思想再解讀·序》，北京：人民出版社，2003年，第10頁。

〔註2〕張子開、張琦：《禪宗語言的種類》，《宗教學研究》2008年第4期。

　　雲門宗禪師洞山守初（910～990年）提出，「語中有語，名爲死句；語中無語，名爲活句」〔註3〕。後學又將其改造爲「有義味是死句，無義味是活句」〔註4〕。從禪宗義理看，若根據世俗語言規範詮釋或回答的話語，未爲後學留下可思考的空間，只是一味被動接受，毫無生命力者，被稱爲「死句」；而「語中無語」，即雖以言語表達，但並未從正面論述，而是採用隱喻、象徵、相反或不著邊際的話說出，爲後學留下思考的空間，體會「不可言傳」之妙，展現出禪宗的創造性和生命力者，謂之「活句」。若以「死句」類於「如實語」，則「活句」似「悖理語」。

　　另一區分「活句」與「死句」的標準在於是否執著。「但息一切有無知見，但息一切貪求，箇箇透過三句外，是名除糞。……但有所見、所求、所著，盡名戲論之糞，亦名蠱言，亦名死語」〔註5〕。「執著」爲佛家最忌諱之事，有執著故有分別，有分別方有好惡、美醜，進而有選擇，從而囿於實相之中，陷於「有」的窠臼。萬物本「緣起」而生，「緣盡」而滅，一切皆爲假名。好惡美醜皆隨人心所轉。語言文字也是一樣。佛祖有所說法，看似眞語，實爲假說。執著於「假說」便爲「死語」，不執眞有、不較有無，方能在「庭前柏樹子」中看到「祖師西來意」，從「麻三斤」中窺見佛祖眞實面目。

　　在「死句」與「活句」的態度上，北宋「文字禪」禪師取「活句」，去「死句」，以「活句下薦得，永劫不忘，死句下薦得，自救不了」爲基本原則。在教示、講學、參究公案中皆熟諳「活句」之道，主要表現爲：

　　其一，接引上的靈活之法。善昭的禪法因當下直接，橫貫乾坤被尊稱爲「汾陽獅子」。在接引後學上，他提出「夫說法者，須及時節，觀根投機，應病用藥；若不及時節，總喚作非時語」〔註6〕。「及時語」即根據學人根性，外在環境，發生背景等，因時因地，因人因事，運用不同的教化手段。他在解讀「公案」時所運用的「代別」、「頌古」方式，即是多形式「接引」的表現。

　　其二，以行動補充語言不足的表達方式。法演指出，「『是法不可示，言詞相寂滅』。這兩句猶較些子。忽遇羚羊掛角時如何？直上指云：『天天久立』」

〔註3〕〔宋〕惠洪集：《禪林僧寶傳》卷8，《續藏經》第137冊，第475～476頁。

〔註4〕〔清〕淨符集：《宗門拈古彙集》卷40，《續藏經》第115冊，第975頁。

〔註5〕〔宋〕賾藏主編、蕭萐父點校：《古尊宿語錄》卷2，北京：中華書局，1994年，第23頁。

〔註6〕〔宋〕楚圓等集：《汾陽無德禪師語錄》卷上，《大正藏》卷47，601a。

〔註7〕。「是法不可示，言辭相寂滅」，說明了言辭有所紕漏，不能完全表述「禪法」，而一經說出的「法」便落入了「死句」。「羚羊掛角」則喻指無所執著，靈活自在的境界。對於這樣的人和境界，語言很少再發揮相應的作用，而應當以類似「天天久立」的實際行動取代言辭的不足，實現「無言之語」的「活句」之法。

其三，對「活句」的倡導。克勤在說法時屢屢強調，「參活句不參死句。活句下薦得，永劫不忘；死句下薦得，自救不了。……殺人須是殺人刀，活人須是活人劍」〔註8〕。「死句」與「活句」在禪宗中，有明確的劃分，禪師們也往往從「活句」入手。以「離四句絕百非」的形式，打破日常模式化、固定化、常規化的思維和表述方式，以不著痕跡、東問西答等看似「驢頭不對馬嘴」式的回答方式，將學人引導到離開經教、脫離祖師、自由發揮、展現自我的軌道上來。唐宋之際的著名「公案」用語都是運用「活句」的體現。如「庭前柏樹子」、「吃茶去」、「鎮州蘿蔔重七斤」、「牛頭沒馬頭回」、「日日是好日」等等，皆非直接回答，而是盡顯禪師們靈活的個性。「文字禪」禪師的「代別」與「頌古」之辭，也以「繞路說禪」的方式顯現「活句」的魅力。

這三種方式皆貫穿於「文字禪」禪師的思想中，唯側重點有所不同。言辭表達上的靈活，以行動補充語言不足的方式，接引方式的靈活性構成了「活句」之法的主要內容。

其次，對「口頭語」的運用。「文字禪」中的「口頭語」既有禪宗獨創性的語言，又存在吸收了禪宗之外的表達方法並賦予新意的語言。

其一，禪宗特色的「口頭語」。「語錄」的大量出現，使得「文字禪」的語言保留了大量的「口頭語」，如「恁麼」、「珍重」、「速退」等等。與「教法語」不同，「口頭語」的出現充分體現出禪宗語言的直接性、間接性、靈活性。不同宗門中形成的個性迥異的風格，構成了禪宗獨有的語言。如臨濟宗的「四賓主」、「四料簡」、「四照用」、「三玄」等傳統教化方法，善昭在繼承的基礎上，改造並整理成「三玄三要」、「十智同真」、「汾陽十八問」、「汾陽四訣」等等，更加充實了臨濟宗的口頭教化模式，對禪師和弟子的問答都做了相關規定，說法者要「應時節」、「十智同真」，聽法者須「帶眼行」，明「啐啄」之機。

〔註7〕〔宋〕才良等編：《法演禪師語錄》卷上，《大正藏》，卷47，649a。

〔註8〕〔宋〕紹隆等編：《圓悟佛果禪師語錄》卷14，《大正藏》卷47，778b。

　　北宋中後期，臨濟宗分化出黃龍派和楊岐派，他們的特色亦充分體現在口頭教化上。著名的「黃龍三關」〔註9〕即從「生緣處」、「我手與佛手」、「我脚與驢脚」中發問，以簡潔的問話引導後學瞭解因緣果報、我與佛、我與眾生之間的關係。惠南還提倡，「說妙談玄，乃太平之姦賊；行棒行喝，爲亂世之英雄。英雄姦賊，棒喝玄妙，皆爲長物。黃檗門下，總用不著。且道，黃檗門下，尋常用箇甚麼？咄！」〔註10〕用一個「咄」字截斷了對黃檗門風的追問，以語言上的當頭棒喝引導學人回歸自身。

　　楊岐派中也形成了獨特的風格。「哩」、「囉」字樣的語句多出現於楊岐派禪師語錄中。如楊岐方會語錄中記載，「上堂：薄福住楊岐，年來氣力衰，寒風凋敗葉，猶喜故人歸。囉唻哩，拈上死柴頭，且向無煙火」〔註11〕。在法演語錄中喚作「囉邏哩」，「上堂云：趙州道箇柏樹子，廬陵隨後雪。白米中間有箇白蓮峰，一口吸盡西江水。喜美囉邏哩，囉邏哩，我自我，儞自儞，深村有箇白額蟲，吒腮鬚頷九條尾」〔註12〕。克勤作「囉囉哩哩」，「上堂云：粥足飯足，飽柴飽水，廬陵米價高，山前麥熟走，盡乾坤剎海，都盧是箇自己。撮向眉毛眼睫間，直得放光動地，不是如來禪，亦非第一義，更說甚衲僧巴鼻？爭如撒手懸崖，去却藥忌，且唱箇囉囉哩哩」〔註13〕。此語除了用來代指證道歌、悟道歌之外（法演、克勤取此意），還隱喻還鄉歌（方會用此意）。「這種雙關隱代的語言，修辭上可稱爲雙關辭格，在禪門施設上則體現了楊岐派的宗風特點：在啓悟學人識見本心的召喚聲裏，融進人間濃濃的歸鄉情。事實上，宋代禪錄裏『囉哩囉哩』語的使用頻率，確以楊岐派禪僧爲高，正是此種家風特點的體現」〔註14〕。

　　雲門宗以「三句」、「一字關」著稱，可謂「稱提三句關鍵，拈掇一字機

〔註 9〕　「黃龍三關」的具體表述爲：「師室中常問僧，出家所以鄉關來歷。復扣云：『人人盡有生緣處，那箇是上座生緣處？』又復當機問答，正馳鋒辯，却復伸手云：『我手何似佛手？』又問：『諸方參請宗師所得？』却復垂脚云：『我脚何似驢脚？』三十餘年，示此三問，往往學者多不湊機，叢林共目爲三關」。見於〔宋〕惠泉集：《黃龍惠南禪師語錄》，《大正藏》卷 47，636c。

〔註 10〕　〔宋〕惠泉集：《黃龍惠南禪師語錄》，《大正藏》卷 47，637c。

〔註 11〕　〔宋〕仁勇等編：《楊岐方會和尚語錄》，《大正藏》卷 47，640c。

〔註 12〕　〔宋〕才良等編：《法演禪師語錄》卷下，《大正藏》，卷 47，664c。

〔註 13〕　〔宋〕紹隆等編：《圓悟佛果禪師語錄》卷 8，《大正藏》卷 47，748b。

〔註 14〕　袁賓：《「囉囉哩」考》，《中國禪學》2002 年第 1 卷，北京：中華書局，2002年，第 311 頁。

鋒。藏身北斗星中，獨步東山水上。端明顧鑒，不犯毫芒，格外縱擒，言前定奪」〔註15〕。重顯熟諳一字法，在「代語」和「四賓主話」的答語中，運用此法。如有問如何是「賓中賓」，答以，「滿面埃塵」，又曰「噎」；問「如何是賓中主」，云：「兆分其五」，又曰「引」；問「如何是主中賓」，云「月帶重輪」，又曰「收」；問「如何是主中主」，云「大千捏聚」，又曰「揭」。「四賓主話」初由臨濟宗禪師提出，後成為禪宗各家共同關注的問題。重顯「拈掇一字機鋒」，「言前定奪」顯示出雲門宗簡潔、靈活但又不乏深度的禪學風格。

其二，被改造的「口頭語」。禪宗「口頭語」還吸收儒家、道家等用語，加以改造。

如重顯借鑒並創造出新的俚語，顯示出禪法的靈活性和親切性。如「或云：『火待日熱，風待月涼。北斗南星句，不要儞道，留與後人貶剝。』代云：『一言已出，駟馬難追』」〔註16〕。「一言已出，駟馬難追」，出自《論語・顏淵》之「夫子之說君子也，駟不及舌」。《鄧析子・轉辭》擴展為：「一言而非，駟馬不能追；一言而急，駟馬不能及」。重顯的「一言已出，駟馬難追」句，在借鑒俗語的基礎上，加以提煉，言簡意賅，成為後世廣為流傳的俚語。

此外，禪師語錄中還運用了非禪宗語言。如在《圓悟佛果禪師語錄》卷11，「僧云：『到這裏，直得無言可說，無理可伸。』師（指克勤）云：『只得七成』」〔註17〕。「七成」乃十分之七的含義。據考證，「成」出自《詩・大雅・靈臺》「庶民攻之，不日成之」，意謂完成、成功，象徵圓滿。自唐五代口語中開始借用此說法，曹山本寂「道得一半」、「道得八九成」語，即表明它已經成為禪師評價後學見解的慣用表示方法。

第三，對「副語言文字」的運用。「副語言文字」〔註18〕主要包括感歎、

〔註15〕 〔宋〕智昭集：《人天眼目》卷 2，《大正藏》卷 48，313b。所謂「顧鑒」或「抽顧」，指「師（指文偃）每見僧，以目顧之，即曰鑒，或曰咦。而錄者曰顧鑒咦。後來德山圓明密禪師，刪去顧字，但曰鑒咦，故叢林目之曰抽顧」（同上，312b）。

〔註16〕 〔宋〕惟蓋竺等編：《明覺禪師語錄》卷 4，《大正藏》卷 47，693c。

〔註17〕 〔宋〕紹隆等編：《圓悟佛果禪師語錄》卷 11，《大正藏》卷 47，763b。

〔註18〕 「副語言」是語言學術用語，「有狹義、廣義之分。狹義的『副語言』指有聲現象，如說話時氣喘，嗓子沙啞或者尖溜溜，吃吃笑，整句話帶鼻音，某個字音拉的很長，壓低嗓音打喳喳，結結巴巴說話不連貫等等。這些是伴隨話語而發生或對話語有影響的，有某種意義，但那意義並非來自詞彙、語法或

表情、動作。與具有實際意義的聲音相比，這類語言是以「默示」（如拈花微笑）和「身勢」（如棒喝、踏、捶等）表現的，盡顯「無言之意」。「副語言文字」體現禪宗「不立文字」的見解，強調了符號的意義。然而「世界是語言——詮表的世界，儘管不用正面說明的語文，用暗示等語言，或用動作，或用圓相來表示，久了還是語言一樣的符號，只是暗昧而不明確的符號」〔註19〕。唐五代的禪師慣用此法，在五家禪法中皆有痕跡。臨濟宗創始者義玄雖以「臨濟喝」享譽叢林，但是其他四家禪師亦用「喝」的方式。從某種程度上講，類似「棒喝」之類的相對凜冽的教化方式並非臨濟宗所獨有，目的在於從「棒喝」中直接體悟，是明眼禪師「應機施設」的手段，所使用的對象是能夠憑藉此法有所悟的學人，而非面向所有僧人。

北宋臨濟宗、雲門宗禪師中不乏善於運用「副語言文字」者。其表現方式有喝、打、良久不語、敲禪床、弄拂子等等。如有問「開口動舌俱是病，應機接物事如何」，善昭便喝隨聲打。他們不僅在說法時運用「副語言文字」，而且進行詮釋。主要觀點有：其一，「副語言文字」優於語言文字。「德山棒，臨際喝，獨出乾坤解橫抹。從頭誰敢亂區分，多口阿師不能說。臨機縱，臨機奪，迅速鋒鋩如電掣，乾坤祇在掌中持，竹木精靈腦劈裂。或賓主，或料揀，大展禪宗辨正眼；三玄三要用當機，四句百非一齊剷」〔註20〕。在表達「第一義」上，認為「副語言文字」比語言文字的作用更大，更能體現出禪宗「以心傳心」的「見性」宗旨。

其二，「副語言文字」的運用對根性有一定的要求。北宋「文字禪」禪師與前代禪師較為明顯的區別在於，重視「上士」（根性較高者）與禪法傳承的關係。如重顯指出，「上士相見，一言半句如擊石出火，瞥爾便過應非。即言定旨，滯句迷源，從上宗乘合作麼生議論？直得三世諸佛不能自宣，六代祖師全提不起，一大藏教詮注不及，所以棒頭取證，喝下承當，意句交馳，並同流浪。其有知方作者，相共證明」〔註21〕。與具有表達功能的語言文字相

一般語音規則。廣義的『副語言』指無聲而有形的現象，即與話語同時或單獨使用的手勢、身勢、面部表情、對話時的位置和距離等等，這些也能表示某種意義，一般有配合語言加強表達能力的作用」（《中國大百科全書》「語言文字卷」，王宗炎撰「副語言」條，第85頁）。

〔註19〕釋印順：《中國禪宗史》，南昌：江西人民出版社，2007年，第314頁。

〔註20〕〔宋〕才良等編：《法演禪師語錄》卷下，《大正藏》卷47，621b。

〔註21〕〔宋〕惟蓋竺等編：《明覺禪師語錄》卷1，《大正藏》卷47，669b。

比較，不直接說明的「副語言文字」對接受者的參悟能力要求更高，需要他們能從看似毫不相關的動作中體會禪師的眞正意圖。

其三，運用「副語言文字」的目的在於明瞭禪法眞諦。正所謂，「見聞覺知是法，法離見聞覺知。不著佛法僧，求呼喚不回，籠羅不住。更須知棒喝交馳，照用同時，向上一竅始得」〔註22〕。「向上一竅」又可表述爲「向上一路」，是禪法眞諦的代名詞。在此提出「棒喝交馳，照用同時」可以明瞭眞諦，說明「副語言文字」在禪學參悟中的重要地位。

禪法並非是玄妙莫測的，而應當是語默動用，無不是道。從禪法的表現形式上說，語（語言、說出的話語）能夠彰顯禪法，默（動作、表情的無言之舉）亦能夠顯示禪法眞諦；從具體教化方法上說，默示的教化方法比語言指導的方法對受眾的要求更高。它們的對象不同，層次各異，分別展現了禪宗「不立文字」與「不離文字」的特點。

二、「文字禪」中語言文字的特點

語言文字的特點包括規範性、公共性，在表述上有一定的規範，形成了多種體例，如散文、韻文等等；所表述內容能夠被公眾認可，從而具有流通性。這些反映在「語錄」、「燈錄」〔註23〕中，就是能夠如實地記載或表達禪師的言論、行爲和生平事跡。「文字禪」中的「文字」主要借助「語錄」、「燈錄」等得以體現，所以，從對禪宗語言特點的分析中，可以大致總結出「文字禪」中語言文字的特點。同時，作爲一種禪學形式，「文字禪」的語言特點又與禪宗語言的整體特點是一致的。

首先，禪宗語言的反常性〔註24〕。「反常性」是與符合日常思維習慣的

〔註22〕〔宋〕紹隆等編：《圓悟佛果禪師語錄》卷2，《大正藏》卷47，719c。

〔註23〕與一般的經作者思維加工的著述不同，「語錄」、「燈錄」更側重於記錄禪師的日常對話或行爲方式，是經他人之手，對前人言行的如實反映，加工的痕跡較少。

〔註24〕金軍鑫在《禪宗語言的幾個特點》中，歸結爲「悖於事理，有違與生活邏輯」、「答問之間充滿矛盾和衝突，違反言語交際的合作原則」、「能指與所指，言與意的超常關係」（《修辭學習》2002年第4期）。焦毓梅、于鵬在《禪宗公案話語的修辭分析》中，則提出「『反常』言語形式與『反常』思維的和諧統一」、「『含混不清』的言語表達與『不立文字』、『直指其心』的言語目的的和諧統一」、「『答非所問』、『當頭棒喝』與言語交際中合作原則的對立統一」三原則（《求索》2006年第12期）。

語言相比較而言的，即禪宗的語言並不執著於有或無，而是要打破常規認
識，破除有無，主要表現為正話反說，強調運用「反語」。如以「乾屎橛」
回答「如何是佛」。「佛」是淨，「乾屎橛」是穢，以「穢」答「淨」，由穢
入淨，旨在引導後學產生「疑情」，打破淨、穢分別，體會「佛」無分別的
圓融性。

　　禪宗語言的「反常性」還表現在與語言的交際、表達等常規作用不同，
突出「言外之意」，體現出超越性的一面。禪宗「所使用的語言，是反詰的、
暗示的、意在言外的，或是無義味話」〔註 25〕。它雖用語言文字但不在語言
文字，藉由語言文字體現「不立文字」的見地，由語言文字而闡述「繞路說
禪」的特色。有學者曾將禪宗比喻的表達方式分為四種：「一是禪喻，二是禪
偈，三是公案，四是禪局」〔註 26〕。「禪局」一說也明確表明了禪宗語言的反
常性和迷惑性，猶如設置的「迷局」，充滿神秘，非單純靠人類理性所能把握，
憑藉「開悟」才能「登堂入室」，親自體會其中的奧妙。正所謂，「佛法現前，
擒縱自在，生殺臨機」〔註 27〕。

　　其次，禪宗語言的模糊性。語言的「模糊性」是從語言表達禪法的角度
來說的。思想為一，但表達有多途，或正話反說，或反話正說，或直接不說，
或說了似未說。上述方式的「非明確性」（或多樣性）易導致「模糊性」，使
得它與禪法的關係如「霧裏看花，水中望月」。所以「文字禪」禪師紛紛教導：
禪法不在文字上，從言句中求悟，是向「死句」下薦得，自救不了。

　　然而對於受眾來說，由於語言的「模糊性」，反倒為他們的參學提供了多
種可能。如「黃龍三關」之所以能引起當時人的極大興趣，部分原因在於惠
南從不給予肯定的答覆，「脫有酬者，師未嘗可否，人莫涯其意」〔註 28〕。已
過關者，自會徑自離去，未過關者，仍繼續參究。禪師從來不說破，他們倡
導「不立文字」的原因也在於此。

　　另一方面，語言的模糊性，卻也為精確地表達禪法「意義」製造了困難。
如重顯提出，「形興未質，名起未名；形名既兆，遊氣亂清。師（指重顯）拈
起柱杖云：『大眾，柱杖子時形名雙舉，還有過也無？有即水裏月，無即形名

〔註 25〕釋印順：《中國禪宗史》，南昌：江西人民出版社，2007 年，第 313 頁。
〔註 26〕覺群主編：《覺群‧學術論文集》（第四輯），北京：宗教文化出版社，2004
　　　　年，第 154 頁。
〔註 27〕〔宋〕楚圓等集：《汾陽無德禪師語錄》卷上，《大正藏》卷 47，601b。
〔註 28〕〔宋〕正受編：《嘉泰普燈錄》卷 3，《續藏經》第 137 冊，第 68 頁。

兆』」。〔註29〕既然萬物皆爲「假名」，「實」已虛妄，「名」更非眞。「名」與「實」之間，更不具有必然聯繫。重顯所舉的「柱杖」，即可言其爲「柱杖」，又可言其不是「柱杖」。基於「名實不當」的問題，禪師們也多不主張運用語言文字說禪。

第三，禪宗語言的多樣性。根據發聲與否，禪宗語言又可分爲語、默兩種，其內容和形式又是多樣的。如上文所述，有如實語、教法語、叢林語、悖理語和副語言文字五類法；死句、活句；口頭語和書面語的區分方法等等。這顯示出自唐中期以後，隨著「語錄」的大量出現和禪宗獨特教化方式的形成，語言特色成爲區別禪宗五家的標準之一，各宗門對「三句」、「四句」等說法的理解，成爲他們表明見解的重要方式。在《五燈會元・跋》中也總結道，「禪門古德，問答機緣，有正說，有反說，有莊說，有諧說，有橫說，有豎說，有顯說，有密說」〔註30〕。多種形式的禪宗語言，使得「文字禪」中的「語言文字」鮮活、生動，層出不窮，它們與「禪法」的關係若即若離，又密不可分，共同充實了「文字禪」的發展體系。

第二節 「文字禪」中的「文字」與「禪」的關係

「文字禪」與其他的禪法比較，突出了對語言文字的運用，但從根本上仍屬於禪宗的體系，是一種具有特性的禪法形式。它突出了以「文字」示「禪」的風氣，包括對「不立文字」與「不離文字」的禪宗語言觀的認識和對「文字」與「禪」關係的說明。

一、「不立文字」與「不離文字」

「不立文字」與「不離文字」看似兩個矛盾的概念，在北宋「文字禪」中實現了統一，但這兩個概念畢竟有所區別，甚至是對立的，它們有其獨有的內涵。

（一）「不立文字」的提出

禪宗倡導「不立文字」，以區別於依靠經典的傳統佛教宗派。它將修行的

〔註29〕〔宋〕惟蓋竺等編：《明覺禪師語錄》卷1，《大正藏》卷47，676a。
〔註30〕〔宋〕普濟編、蘇淵雷點校：《五燈會元》，北京：中華書局，1984年，第1400頁。

重點從文字記載的外在教誨轉向了內在的自我感悟，適應了禪宗「頓悟」法門的要求，與「明心見性」的主張是一脈相承的。無獨有偶，這與我國文化中對語言文字的整體態度也是一致的，因為「中國古代哲學總的說來忽視語言的中介作用，強調體驗的直接性，具有強烈的反語言學傾向」〔註31〕。

　　「不立文字」也是大乘空宗的必然要求。「空無的本體論和唯心的認識論共同構成了禪宗『不立文字』的哲學基礎」〔註32〕。空宗中「非有非無」的見地決定了在修行方式上擯除外在之物。隋代法師吉藏在《淨名玄論》中將「不二法門」分為：不二教，不二理和不二觀。「不二理謂實相般若，不二觀謂觀照般若，不二教則是文字般若。……不二理則義相觀，不二觀謂心行觀，不二教謂名字觀。……不二理及不二觀既不立文字性，故不二教不攝之也」〔註33〕。可見，禪宗的「不立文字」是在大乘空宗的指導下提出的修行法門。

　　另外，「不立文字」是在隋唐時期其他依靠佛教典籍修行的宗派基礎上提出的，有具體的參照物，而非空穴來風。正如《壇經》中所言，「迷人口念，智者心行」〔註34〕，反對的是佛教傳統的注重疏證、念佛名號等各種做法，而強調對「真心」的運用，反映著「當時佛家由於實踐的要求對一般義學和信仰的反抗趨勢」〔註35〕。鑒於「文字」不僅指成文記載還包括口頭語言和副語言文字，如果完全不用「文字」，禪宗便喪失了作為宗教的可能。而「不執文字」方能體現禪宗「自修自度」的特色。

　　更為重要的是，北宋禪師再度強調「不立文字」的主張是由於當時「不離文字」的現象頗為嚴重，才更明確地提出禪宗「不立文字」的見解。「直指人心，見性成佛，不立文字」的提法正式出現在律宗僧人贊寧（919～1001年）編訂的《宋高僧傳·習禪贊》中，「不立文字者，經云：『不著文字，不離文字』。非無文字，能如是修，不見修相也」〔註36〕，是在大量「語錄」、「燈錄」等文字資料出現後，對禪宗思想的總體歸納與堅持。此後，禪師們多次明示：

〔註31〕鄧曉芒：《論中國哲學中的反語言學傾向》，《中州學刊》1992年第2期，第46頁。

〔註32〕張宜民：《禪宗語錄的獨特言說方式》，《現代語文》2008年第12期，第10頁。

〔註33〕〔隋〕吉藏：《淨名玄論》卷1，《大正藏》卷38，862a～b。

〔註34〕郭朋：《壇經校釋》，北京：中華書局，1983年，第51頁。

〔註35〕呂澂：《中國佛學源流略講》，北京：中華書局，1979年，第381頁。

〔註36〕〔宋〕贊寧編、范祥雍點校：《宋高僧傳》卷13，北京：中華書局，1987年，第318頁。

「現成公案，不隔一絲毫；普天匝地，是一箇大解脫門。與日月同明，與虛空等量。若祖若佛無別元由，乃古乃今同一正見。若是利根上智，不用如之若何，直下壁立萬仞，向自己根腳下承當，可以籠罩古今，坐斷報化佛頭，更無纖毫滲漏。威音王已前無師自悟，是大解脫人；威音已後因師打發，不免立師立資，有迷有悟。雖然如是，要且只是方便垂手接人，所以達磨西來不立文字，直指人心，見性成佛」〔註37〕。

（二）「不離文字」的出現

從禪宗教育的角度說，教化弟子需要借助語言文字。慧能已經說明這一點，他教導弟子言說禪法時「先須舉三科法門，動用三十六對，出沒即離兩邊」。「執空之人有謗經，直言不用文字」是錯誤的做法，同時表明「即此不立文字，即此『不立』兩字，亦是文字」〔註38〕。即便再強調「自修自度」也需要師者的點化、教示，這是教學相長的必然要求。

從傳承的角度來說，也不可能完全不用語言文字。北宋禪師要瞭解禪宗文化，除了自己體貼禪宗意旨之外，爲了熟悉前代禪宗特色，還需要借助口耳相傳或具體的文字記載，而整理禪宗法系也需要借鑒前人的「文字資料」。

正是「傳承」與「教化」的需要，在宋代，有關禪宗文字記載大量出現，尤其以「語錄」、「燈錄」爲代表。正如《文獻通考・經籍考》所言，「本初自謂直指人心，不立文字，今四燈總一百二十卷，數千萬言，乃正不離文字耳」〔註39〕。同時，「似乎是不可避免的反諷，哲學家總是不得不對他認爲不可說的東西說許多話，不得不爲闡明他認爲文字中並不存在的東西寫許多書」〔註40〕。

北宋「文字禪」禪師在這種矛盾中，實現「不立文字」與「不離文字」的結合。

這一局面的出現，既是禪宗發展的必然趨勢，也同我國文化中語言哲學主流的轉向是一致的。

〔註37〕〔宋〕紹隆等編：《圓悟佛果禪師語錄》卷12，《大正藏》卷47，769a。

〔註38〕契嵩本、宗寶本作此說法，見郭朋：《壇經校釋・校釋》，北京：中華書局，1983年，第98～99頁。

〔註39〕〔元〕馬端臨：《文獻通考・經籍考》卷54，上海：華東師範大學出版社，1985年，第1240頁。「四燈」指宋代四種燈錄，《景德傳燈錄》、《天聖廣燈錄》、《建中靖國續燈錄》、《聯燈會要》，各有30卷。

〔註40〕張隆溪：《道與邏各斯》，南京：江蘇教育出版社，2006年，第52頁。

其一，二者結合是禪宗發展的必然趨勢。有學者指出，「不立文字的意思不單是指不使用文字，而是意味著取代經典的訓詁而尊重祖師的語句，並將其付諸實踐」〔註41〕。可見，「不立」並不代表著完全放棄，而是取消以往對經典的重視，轉而從祖師言句上入手，並體驗具體的身體力行。慧能時代尚未完全擺脫對經典的依靠，仍有《壇經》、《寶林傳》等典籍出現。但到馬祖道一（709～788 年）時期，對傳統經典的態度已經發生轉向，轉而尊重「人」的語言，出現了大量的「語錄」。經典已為「我」所用，成為注釋禪師個人見解的方式。換句話說，在佛、祖（祖師）關係上，以「祖」為先；在祖師與個體的關係上，重視「個體」的實踐行為和修養。在證明和表達「人」的實踐行為與修養中，需要「不離文字」。解讀「公案」，表明禪師見解，是對「個體」行為的關注；以「經典為我作注」是解放「個體」，注重「人」，實現「自性」的必然選擇。

其二，佛教中「宗通」與「說通」的說法，為「不立文字」與「不離文字」提供了理論依據。據《楞伽阿跋多羅寶經》記載，「佛告大慧，『一切聲聞、緣覺、菩薩，有二種通相，謂宗通及說通。……宗通者，謂：緣自得勝進相，遠離言說文字妄想，趣無漏界自覺地自相，遠離一切妄想覺想，降伏一切外道眾魔，緣自覺趣光明暉發，是名宗通相』。云：『何說通相？』謂：『說九部種種教法，離異不異，有無等相，以巧方便，隨順眾生，如應說法，令得度脫，是名說通相』」〔註42〕。「宗通」者「不立文字」，從「自覺」、「自性」出發；「說通」者為教化眾生，多用語言文字。我國佛教以這兩種方法作為宣傳教化的不同方式，尤其是禪宗推崇「宗通」之說，以區別於佛教中的其他義學。「文字禪」時期，亦借用「說通」之法，為運用語言文字尋找理論依據。在不同歷史時期，對語言文字的態度出現逆轉。

其三，與我國文化中語言哲學主流的轉向是一致的。唐中期以前語言哲學主流為「言不盡意」，對語言的表達功能持疑問態度，多採用「立象以盡意」的方法，借助具體的「象」表達並補充「意」；而從唐中期到北宋期間，語言哲學主流已發生轉變，成為「言盡意論」，對語言的表達功能持樂觀態度，相

〔註41〕　〔日〕柳田聖山：《馬祖語錄・附錄》，鄭州：中州古籍出版社，2008 年，第217～218 頁。

〔註42〕　〔劉宋〕求那跋陀羅譯：《楞伽阿跋多羅寶經》卷 3，《大正藏》卷 16，499c～500a。

信語言可以並且能夠準確、詳盡地描述世界的眞相，表達主體的意志情感因而注重文字的工夫〔註43〕。「語言觀」上發生的變化，在宋代詩風中表現爲由重情到達意，在禪學中則表現爲由「不立文字」到「不離文字」。「文字禪」對於推動這一轉變發揮一定作用，而語言哲學主流的轉向也爲「文字禪」的盛行提供了條件，反映出時代潮流。

因此，「不立文字」的提出之際便注定了「不離文字」。正如，「總持無文字，豈以言語求道？文字顯總持，離文字更無法」〔註44〕。

（三）「不立文字」與「不離文字」的關係

從認識論上看，「不立文字」是「說不得」，「不離文字」是「如何說說不得的東西」。這正是禪宗所要擺脫的悖論，「如何超越這一矛盾，在不可說中說，通過說不可說之說傳釋自己的禪體驗，喚起他人的禪體驗，這是禪宗的主題，也是哲學的主題」〔註45〕。而「要解決這一難題，唯有突破邏輯語言的局限，將語言文字從邏輯的規定性中，從邏輯句法的束縛中解放出來」〔註46〕。所以，禪宗的語言體現出「反常性」的一面，以打破常規的用語習慣，用「不立」、「不執」、「繞路」的方法，彌補語言文字本身的不足，以期望實現由「不離」到「不立」。鑒於此，「文字禪」禪師發明多種運用文字或不用文字的表達方式。他們對「不離文字」與「不立文字」的關係進行了如下處理，

其一，「不離文字」需要「不執文字」。雖然禪宗的發展離不開語言文字的載體，但是「文字禪」禪師從主觀上，一般將語言文字置於「否定性」位置，提出佛祖運用語言文字爲「權教」，是教化衆生的方便手段，旨在開示迷途，爲「化門之說」。正所謂，「見性非言說，何干海藏文，舉心明了義，不在廣云云」〔註47〕。禪師運用語言文字的出發點也在於此。即便作「代別」、「拈古」、「頌古」的詮釋，也都遵循著「繞路說禪」的宗旨，指出古人言語

〔註43〕李貴：《言盡意論：中唐——北宋的語言哲學與詩歌藝術》，《文學評論》2006年第2期。

〔註44〕〔宋〕自覺重編：《投子義青禪師語錄·蠹樓居主人跋》，《續藏經》第124冊，第477頁。

〔註45〕王景丹：《禪宗文本的語言學闡釋》，《雲南社會科學》2008年第4期，第140頁。

〔註46〕張育英：《談禪宗語言的模糊性》，《蘇州大學學報》（哲學社會科學版）1995年第3期，第93頁。

〔註47〕〔宋〕楚圓等集：《汾陽無德禪師語錄》卷下，《大正藏》卷47，628b。

「機鋒」中的難解、難會之處，令人悟解，實現由「證解」到「悟解」的修行之路。「文字禪」禪師曾著重批判執著語言文字的「脫空妄語漢」。

「執著語言文字」的做法又被斥責爲「以文字爲禪」，如佛印了元已經批評這種狀況，「時江浙叢林，尙以文字爲禪，之謂請益」〔註48〕，這種做法可謂以紙爲衣。惠洪雖賦予語言文字以「合法」的地位，但他並不以語言文字爲旨，而是「言志」「抒情」的工具，「予於文字未嘗有意，遇事而作，多適然耳。譬如枯株無故蒸出菌芝兒，稚喜爭攫取之，而枯株無所損益」〔註49〕。他所要反對的是被人爭搶的「菌芝」（文字），要保持的是能夠生長菌芝的載體——「枯株」（禪法）。

其二，「不離文字」是爲了記載「不立文字」的思想。既然語言文字只是「化門之說」，是傳承與教化後機的手段，眞正的禪法並不在語言文字上。就像是維特根斯坦所言「爬上梯子之後須把梯子拋掉」〔註50〕。利用語言文字的做法從根本上也是爲了表明「不立文字」的主張。

重顯提出，「立賓立主，剜肉作瘡；舉古舉今，拋沙撒土。直下無事，正是無孔鐵槌，別有機關，合入無間地獄」〔註51〕。「立賓立主」是指由臨濟宗倡導的「四賓主話」，乃衡量禪師與學人在「機鋒」對決中出現的不同關係，以禪師爲主位，學人爲賓位，而分爲「主看主」（或「主中主」）、「主看賓」（或「主中賓」）、「賓看主」（或「賓中主」）和「賓看賓」（或「賓中賓」）四種情況。「賓主話」後成爲區分禪師與學人關係的標準，爲北宋禪師廣用。「舉古舉今」乃是指在北宋禪林中以古「公案」或當世著名禪師言行爲準則的方法。二者皆依靠語言文字爲載體，從中有所得，是爲「證解」。重顯認爲不應倡導這種做法，而把它們當作「方便之門」。即便運用，也應當傲仿「無事人」，注重自身實踐，實現「悟解」，才能眞正從語言文字中體會「不立文字」的眞諦，身體力行禪宗的頓悟法門。

著《石門文字禪》、編撰僧傳、與士大夫詩歌唱和的惠洪也自稱，「予始非有意於工詩文，夙習洗濯不去，臨高望遠未能忘情。時時戲爲語言，隨作隨毀」

〔註48〕〔元〕念常集：《佛教歷代通載》卷19，《大正藏》卷49，676a。

〔註49〕〔宋〕惠洪集：《石門文字禪》卷26，《四庫叢刊本》，上海：上海書店，1989年，第1344頁。

〔註50〕〔英〕維特根斯坦：《邏輯哲學論》，北京：中國社會科學出版社，2009年，第165頁。

〔註51〕〔宋〕惟蓋竺等編：《明覺禪師語錄》卷1，《大正藏》卷47，670a。

〔註52〕。又從事理的角度，又將禪門「機鋒」劃分爲四個層次，「初曰就理，次曰就事，至於理事俱藏，則曰入就，俱不涉理事，則曰出就」〔註53〕。最終以「不涉理事」的「出就」境界，重新回到「不立文字，教外別傳」的旨意上。

由「文字」到「不立文字」也是對「參禪者」的要求。「譬如世人同看文字，不識字者但見紙墨，義理了不關思；而識字者但見義理，不礙紙墨也。不識字者，五識現量也；而識字者，意識之境也」〔註54〕。「識」與「不識」的區別在於「見者」是否「明心」。心明而「識」，心昧而「不識」；「識者」自見義理，「不識者」但見紙墨。

其三，「不立文字」乃禪法的需要。「不離文字」與禪法的傳承與教化相應；而「不立文字」是禪宗的內在要求。「休經罷論絕文章，爲效先宗續古皇。心地開通明至理，全提應用得玄綱。眞燈一照無明破，假幻三因有質亡。爲報五湖參道者，速須親近法中王」〔註55〕。「休經罷論絕文章」是爲了倣仿「先宗」行爲以延續「古皇道」，而在善昭看來，「古皇道」正在於「開通心地」，「心明一切明，心昧一切昧」，與慧能倡導的「迷即眾生，悟即佛」是一致。

克勤也指出「須知向上一路，不立文字語言。既不立文字語言，如何明得？所以道，路逢達道人，不將語默對」〔註56〕。「向上一路」所指爲禪法根本，即具有本體意義的「心」與「道」，屬於禪宗的終極目標。它以「不將語默對」認同了「拈花微笑」式的「心心相印」之法。

「文字禪」中突出對語言文字的運用，但其根本目的仍在於「不立文字」。這與禪師對語言文字和「禪」的認識是密切相關的，其中緣由，既有上文所述語言文字與「禪」各自的特徵，又有他們對二者地位上的分別。但不可忽視的是，他們已經將「不立文字」與「不離文字」結合起來。正如惠洪所言，「非離文字語言，非即文字語言，可以求道也」〔註57〕，在「非離」與「非即」中間，實現著兩可之道。

〔註52〕 〔宋〕惠洪集：《石門文字禪》卷26，《四庫叢刊本》，上海：上海書店，1989年，第1342頁。

〔註53〕 〔宋〕惠洪集：《林間錄》卷上，《續藏經》第148冊，第606～607頁。

〔註54〕 〔宋〕惠洪撰：《智證傳》，《續藏經》第111冊，第186頁。

〔註55〕 〔宋〕楚圓等集：《汾陽無德禪師語錄》卷下，《大正藏》卷47，620c。

〔註56〕 〔宋〕紹隆等編：《圓悟佛果禪師語錄》卷13，《大正藏》卷47，772c。

〔註57〕 〔宋〕惠洪集：《石門文字禪》卷26，《四庫叢刊本》，上海：上海書店，1989年，第1327頁。

二、「文字」與「禪」

要理解「文字禪」中「文字」與「禪」的關係，還需明瞭禪師們對「文字」與「禪」的認識，即語言文字是否能夠顯示禪法。從「言意關係」的角度可窺見一斑。概括來說，「言意」關係可以從兩個角度分析，即「言盡意」與「言不盡意」。北宋「文字禪」在語言觀上同時蘊含了「言不盡意」和「言盡意」的思想，呈現出以「言不盡意」為主，以「言盡意」為輔的特點。

（一）「文字」與「禪」的分離

北宋禪師「言不盡意」的觀點主要基於對語言文字與禪法（眞如）性質及其特點的認識。從整體上看，「禪」是超越性的、絕對純粹的、內在的、眞實的、活潑的，具有智慧性、主體性、個體性、具體性。語言文字則是抽象化的、概念化的、知性化的、客體的，具有規定性、揀擇性。通過二者特點的對比，可知：

首先，「禪」不能言——「至理絕言詮」。「禪」是超越性、純粹性的，個體性的，所以禪師們強調「眞如」無法用語言文字表示。

其一，否定存在「可說」之法（禪法、佛法）。由於「禪」是個體的，具有獨一無二性，只存在於個體的感受、體驗中，所以北宋「文字禪」禪師紛紛倡導「無法」思想。善昭提出「諸佛無法可說，汾陽略宣一字，不干紙墨文章，豈效維摩焚地。三乘未稱吾宗，萬行亦非他意。見性唯祇自心，認著以前不是，塵中世界無涯，自在逍遙行李」〔註 58〕。可見，他認為「無法可說」主要在於「見性唯只自心」，「父母未生之前」的面貌只有自己能夠體會，師說佛教終歸「他說」。

重顯續而提出「目前無法，意在目前。不是目前法，非耳目之所到」〔註59〕的見解。「目前」既可將其「目」單獨理解為「眼目」之意，即禪法無法以感覺器官體驗；又可整體理解為「當下」之意，即具體的禪法無法形容，但可以「心」體會其「意」。無論採用哪種解釋，重顯都強調出「無可說之法」的含義。他們以「無法可說」的主導思想切斷了對語言文字的執著。

其二，禪法之「道」不可描述，正所謂「至理絕言詮」。「至理」類似於具有本體性含義的「道」，如《老子》所言，「道可道，非常道」，它從根本上

〔註58〕 〔宋〕楚圓等集：《汾陽無德禪師語錄》卷下，《大正藏》卷47，622c。
〔註59〕 〔宋〕惟蓋竺等編：《明覺禪師語錄》卷2，《大正藏》卷47，682a。

是不可描述的。北宋「文字禪」禪師表述爲「第一義不可說」，大部分禪師對此皆有說明。尤其以重顯、法演、克勤爲代表。善昭很明確地提出了「第一義絕言詮」、「大道之源，言詮罔及」、「眞經離文字」的觀點，認爲本質禪法是無法通過語言表達的。「直指心源，敷第一義，截僞續眞，授人天記。意出有無，行過籌計。言不拘，理不制，正顯無功亡漸次。八萬四千諸度門，祇爲迷徒多巧僞」〔註60〕。用「言」說「理」，是爲了糾正「迷徒的巧僞」，眞正的「第一義」並非語言所能形容。

在石霜楚圓（987〜1040年）生活的時期，禪師每新到一處住持形成了首先「拈香」祝福皇帝、官宦、祖師，之後方升座「說法」，演說「第一義」的風氣。「第一義不可說」也往往成爲禪師的首要表明的觀點。重顯在雪竇寺與靈隱寺說法時便是如此。

「第一義不可說」涉及到「第一義」（或「道」）的相關內容。從他們對其規定性上，也表明了「道可道，非常道」式的矛盾。如重顯說到，「乾坤之內，宇宙之間，中有一寶，掛在壁上，達磨九年不敢正眼覷著。如今衲僧要見，劈脊打」〔註61〕。「乾坤之內，宇宙之間，中有一寶」的說法出自《寶藏論》，此論借姚秦時期僧肇之名僞造。它與道家對本體性之「道」的描述相似。「掛在壁上，達磨九年不敢正眼覷著」，說明「道」不可正面描述，看不見，只能以心體會，有「心含萬法」之意。「衲僧要見，劈脊打」則以行動取代言語，取消對「宇宙之寶」的執著，轉變成「無法能說」，「無法可說」。

基於上述兩種情況，克勤總結爲，「大道絕中邊，至眞離言說。諸佛莫能提，祖師莫能傳。透聲透色絕遮攔，蓋地蓋天無向背。豈止棒頭取證，喝下承當？直饒千眼頓開，未免依草附木。到這裏要須是針箚不入，風吹不倒，把斷要津，不通凡聖底始得」〔註62〕。在這裡「第一義」成爲至高無上的「絕緣體」，「諸佛不能提，祖師未能傳」，無法傳承；即便是「棒頭取證，喝下承當」式的教化方法也無法獲得；縱然是「千眼頓開」，也是「依草附木」，有所執著。它不透、不動，唯有打破思維，消除分別的「無爲」、「無事」之人方能觸及。

「道不可言」的關鍵在於本體性的「道」（即「禪」）無法以帶有人爲意

〔註60〕 〔宋〕楚圓等集：《汾陽無德禪師語錄》卷下，《大正藏》卷47，621c。

〔註61〕 〔宋〕惟蓋竺等編：《明覺禪師語錄》卷2，《大正藏》卷47，683c。

〔註62〕 〔宋〕紹隆等編：《圓悟佛果禪師語錄》卷6，《大正藏》卷47，739c〜740a。

識的語言文字正面表述，所以，北宋「文字禪」禪師雖嘗試運用多種隱晦的手法，但又無一例外地歸於「不立文字」之上，進而提出「無可說法」之論，以「離四句，絕百非」的雙破手段，消除有無，實現非有非無、非非有非非無的境界。

雖然「至理絕言詮」，但是「文字禪」禪師為表明這一觀點，還是要運用語言文字。為解決這一悖論，避免後人的誤解，他們借用了「得意忘言」之說，反映出禪宗中的「道家色彩」。「得意忘言」的思想始見於《莊子・外物》，「筌者所以在魚，得魚而忘筌；蹄者所以在兔，得兔而忘蹄；言者所以在意，得意而忘言」〔註63〕。魏晉時期「言意之辨」成為玄學體系的重要內容，佛教學者如支道林也受到此種辯論的影響。禪宗作為中國化的佛教宗派，受道家思想影響的一個方面即在「言意關係」上。從《楞伽經》到《金剛經》；從菩提達摩開始，禪師們基本上堅持「言不盡意」的主張。注重言外之意，重視根基悟性，這也構成唐末五代之後禪宗的兩大特點。所以，在「文字禪」禪師思想中，除了教導「不從言悟」的思想外，也大談「忘言」之法。

善昭的禪法思想離不開「三玄三要」思想，在不同的場合下，論述有所不同。對此，善昭歸納出基本的理路為，「三玄三要事難分，得意忘言道易親」〔註64〕。此頌的關鍵在於「得意忘言道易親」，只有借助「得意忘言」才能體會「三玄三要」之「道」。

克勤則要求達到「道本無言，因言顯道，見道而忘言」〔註65〕的境地，提出禪法不在語言文字上，「放下從前作知、作解狂妄之心，直令絲毫不掛。念向本淨無垢、寂滅圓妙本性之中，徹底承當。能、所雙忘，言思路絕，廓然明見本來面目，使一得永得，堅固不動」〔註66〕。「忘」正是「放下」的重要方式，「能」、「所」雙泯，即消除了本末、體用的對立，回到寂靜的本性中。

其次，「禪」不可言——「語言文字有限度」。「至理」是一元的，是抽象的，而語言文字是二元的，具體的。語言文字受到認識能力和表達能力的限

〔註63〕 王先謙注：《莊子集解・外物》，《諸子集成本》，上海：上海書店，1987年，第181頁。

〔註64〕 〔宋〕楚圓等集：《汾陽無德禪師語錄》卷上，《大正藏》卷47，597b。

〔註65〕 〔宋〕紹隆等編：《圓悟佛果禪師語錄》卷15，《大正藏》卷47，784b。

〔註66〕 〔宋〕子文編：《佛果克勤禪師心要》卷上，《續藏經》第120冊，第716～717頁。

制，「有時句到意不到，有時意到句不到」，所以，「不可說的，只可不說」〔註67〕。「文字禪」禪師也清楚地意識到這一點。

其一，語言本身存在的「不足」。語言帶有人類意識的加工，而「無論人就任何問題做出任何陳述，只要這種陳述以某種方式服從於邏輯，它就不可避免地只能停留在意識的表面」〔註68〕。所以，克勤提出「但有一切語言盡是死句」〔註69〕。「即心即佛」、「非心非佛」、「不是心不是佛」、「入門便棒」或「入門便喝」等做法只適用於當時場合中的參與雙方，有一定的語境，而一經語言文字記錄下來，便失去了當時之機，對他者並無益處，反而落入「死句」、「死語」的窠臼。他認爲「活句」當爲「萬仞峰頭獨足立，四面八方黑漫漫」。無論周圍環境如何，眞正的禪修都不應當因循他人的見解，而應重在當下，「不受人惑」，方能獨立於萬仞峰頭，成就屬於「自己」的輝煌。這是在「禪」的指導下對外在語言文字的否定，進而重申「自在自得」的重要性。

另一方面，禪宗重視個人的實際體會。禪悟不能用語言文字描述，禪修更不能從語言文字中獲得，它只能是屬於個體的獨特感受，「禪對未開悟的人來說，是無論怎樣說明、怎樣論證也無法傳達的經驗。如果可以分析，依靠它使不知悟的人完全明瞭，這就不是悟了」〔註70〕。鑒於此，重顯提出，「『一切法皆是佛法，瞞瞞頇頇非爲正觀；一切法即非一切法，莽莽鹵鹵還同天鼓。賞箇名，安箇是，立箇非，向甚處見釋迦老子，還會麼？』以拄杖卓地一下，云：『各請歸堂』」〔註71〕。「一切法」是不是「佛法」不是從邏輯概念上能成立的，「安是」、「立非」也不是能夠認識釋迦的方法。禪宗要達到心靈的「無意識」，就需要擺脫名相的束縛而達到禪師們所謂的「無心」或「息心」，需要個體從具體的「參請」中獲得。

其二，在教化中，語言是「不圓滿」的。方會指出「一問一答未有休期，直饒爾問到未來際，我也答到未來際。所以古人喚作無盡法藏，亦喚作無礙

〔註67〕〔英〕維特根斯坦：《邏輯哲學論》，北京：中國社會科學出版社，2009年，第165頁。

〔註68〕〔日〕鈴木大拙等著、王雷泉等譯：《禪宗與精神分析》，貴陽：貴州人民出版社，1998年，第60頁。

〔註69〕〔宋〕紹隆等編：《圓悟佛果禪師語錄》卷11，《大正藏》卷47，765b。

〔註70〕〔日〕鈴木大拙著、謝思煒譯：《禪宗入門》，北京：三聯書店，1988年，第96頁。

〔註71〕〔宋〕惟蓋竺等編：《明覺禪師語錄》卷2，《大正藏》卷47，681c。

辯門」〔註72〕。「問答」可由多種方式展開，可以是靈活、多變的。但「心法無邊，文字有限」〔註73〕，即便運用再多的「機鋒」對決，都不如「彈指一下」的實際行動更為直接，更能引導學人。在禪宗的悟道法門中，「行重於言」。

同時，具體「問答」是不同對話雙方在具體的背景條件下的產物，具有個體性，只適用於當時者，而無法滿足一切人，不能成為千篇一律的模板。「禪」反對模仿、反對格式化而崇尚個性、崇尚特性。即便是能夠作為準則的「公案」，也只是提供借鑒和指導，並不能替代學人的禪悟修行。所以，禪師更傾向於運用「無言之法」或「繞路之法」，從不主張在任何具體的問答處入手。

其三，語言文字受到多重因素的限制。北宋「文字禪」禪師在一定程度上肯定了語言文字的表達功能，但同時指出，語言文字受到多方面因素的影響，除了使用者的個人表達能力之外，還受到接收者能力的限制。「文字禪」著名禪師惠洪平生愛好與士大夫和其他禪師詩歌唱和，推崇語言文字在「言志」、「抒情」上的功用。但他在《贈闍資欽》也指出，「詩工出奇麗，寫物意在琴。絕如歐陽公，但欠雪滿簪。句法本嚴甚，頗遭韓柳侵。願為匿盆𪩘，恥作躍爐金。世無子期耳，廣陵誰尚音。何當學梅福，九江歸雲岑」〔註74〕。闍資欽即便擁有「奇麗」的詩工，文采卓越如歐陽修，可彈出如《廣陵散》一般音韻優美，但無「知音」之耳，無明悟之心也是枉然，都不若歸於九江的白雲深處，自意自得，悠然自在。同時，個人的表達習慣也容易受到外在因素（如當下流行文風或傳統文風）的影響。「句法本嚴甚，頗遭韓柳侵」，即說明闍資欽在宋代「古文運動」的潮流中，受到韓愈、柳宗元的影響，表達方式有所變化。從語言的演變上說，也易受多重因素的影響，它的沿流即是「由說話人無意識地選擇的那些向某一方向堆積起來的個人變異構成的」〔註75〕。

完整的信息傳遞，需得三方，即信息傳達者、信息傳輸者與信息接收者實現一致，若任何一環出現紕漏，都無法如實地完成。語言文字雖扮演「傳

〔註72〕〔宋〕仁勇等編：《楊岐方會和尚語錄》，《大正藏》卷47，642c。

〔註73〕〔元〕馬端臨：《文獻通考・經籍考》卷54，上海：華東師範大學出版社，1985年，第1231頁。

〔註74〕〔宋〕惠洪集：《石門文字禪》卷2，《四庫叢刊本》，上海：上海書店，1989年，第50頁。

〔註75〕〔美〕愛德華・薩丕爾著、陸卓元譯：《語言論》，北京：商務印書館，2007年，第138頁。

輪」的功能，屬於被動方，但由於它是人類意識的產物，具有「加工」的痕跡。在傳達中便容易受到多重因素的影響。如《莊子》中列舉的「名一實異」的故事，鄭人謂「玉未理者」為璞，周人謂「鼠未臘者」為璞，而引發誤會。在禪宗中雖無「名實」上的分別，但同一名實下，因接受者（即學人）的見識不同也會導致不同的理解。有聽到或接觸到某句話豁然大悟者，有茫然不識者。如有陳氏官員辭別，五祖法演問其「頻呼小玉元無事，只要檀郎認得聲」之意，而茫然不知，克勤卻從中生疑，續而悟道。

第三，「不言禪」是為了不流於弊病。

毋庸諱言，北宋時，禪宗在規模與影響力上雖是無與倫比的，但也是極其坎坷的時期，創新與停滯並存，大德輩出與泛泛之輩齊聚。在吸收百餘年燦爛的禪宗遺產，創立新型的解讀方式時，也埋下了導致衰落的種子。借用宋代先進的印刷術，「語錄」、「燈錄」廣泛流行時，也不免出現「學語者之流」。「學禪者多，而悟道者少」成為普遍現象。在當時已經出現專門告誡初學者的戒條，「慎貪求文字，慎睡眠過度，慎散亂攀緣。若遇示師陞座說法，切不得於法作懸崖想，生退屈心；或作串聞想，生容易心。當須虛懷聞之，必有機發之時，不得隨學語者但取口辯」〔註76〕。但畢竟，「智者少而愚者多，已學者少而未學者多」。「文字禪」禪師在運用語言文字時，又須警惕「學語」現象。

北宋早期，善昭即指出「學語之流，塵沙海墨，不能頓省自慚，隨流認影，妄生節目，有甚了期？不解返光，探尋識浪，劫石俱銷，不能自信，苦哉苦哉。故釋尊喚作可憐愍者，多言轉遠」〔註77〕。他為此做《巧辯不真須有志》、《擬將來》、《句中明真》等偈頌以表明切忌從句中尋，免於落入「學語者之流」。「獨脫將來已早遲，隨言薦得更何為？直似江西逢馬祖，也是汾陽第二機」〔註78〕。即便是親自拜見江西的馬祖道一，若只是從言語中求解，也是枉然，進而強調直接體會「第一機」的正途之法。

北宋中後期，有僧問如何是「本分事」，法演答以「結舌無言」；有問「如何是佛」，又答以「禍從口出」。以「無言」作為禪僧最基本的修行，以不談論佛祖作為禪人對佛法、禪法的正確理解。禪宗祖師一貫倡導「道由心悟」，

〔註76〕〔高麗〕知訥撰：《誡初心學人文》，《大正藏》卷48，1004c。
〔註77〕〔宋〕楚圓等集：《汾陽無德禪師語錄》卷上，《大正藏》卷47，604c。
〔註78〕〔宋〕楚圓等集：《汾陽無德禪師語錄》卷下，《大正藏》卷47，626a。

將主動權交給學人自己，能夠修行到何種地步，關鍵並不在於他者、師者的指點，而在於自心的具體實踐。正因爲此，師者竭力避免有所說，說的越多存在的問題也就越多，對學人造成的困惑越多，繞藉口辯只會離道越來越遠。正所謂「說禪被禪纏，不說却成現。若眞箇不說，眞箇好方便。如馬前相撲，似霹靂閃電，會即大富貴，不會空對面」〔註79〕。

北宋末年，克勤的說法更明確，「參須實參，見須實見，用須實用，證須實證，若纖毫不實即落虛也。此實地，乃三世諸佛所證，歷代祖師所傳。惟此一實，謂之脚踏實地」〔註80〕，更強調了實際行動的重要性。以身體力行之法，處理禪與自我的關係，處理禪教關係，處理一切內在與外在矛盾。

基於存在「執空妄語漢」，所以禪師們「不說破」禪法；基於糾正執著言語的弊病，「文字禪」禪師又不得不說明「祖師西來意」，禪法修行方式等等。

（二）「文字」與「禪」的結合

無論「文字禪」中的「禪」如何不可說、不能說，「文字」有著怎樣的不足之處，「文字禪」中的「文字」與「禪」之所以能夠建立聯繫，「文字禪」的體系之所以能夠建立，卻又離不開對「文字」的肯定。這也是「文字禪」的獨特之處，實現了「不立文字」與「不離文字」的結合。

事實上，「禪的『道』或經驗儘管存在某種程度的不可描述性，但是它作爲禪的意義的『基本處境』又是必須加以瞭解的」〔註81〕。從理論上看，北宋「文字禪」禪師已經賦予了「文字」肯定性地位。從善昭的「了萬法於一言」到重顯、克勤的「藉言而顯」，再到惠洪的「標識」之說，逐漸實現了對語言文字的肯定。

善昭作爲北宋早期的「文字禪」禪師，將唐中期百丈懷海的「說似一物即不中」的語言觀變成「了萬法於一言」，認可語言文字的表達作用。在《汾陽無德禪師語錄》中，共出現兩次「了萬法於一言」之說。一次在說明禪宗優越於「義學」之處，「夫參玄大士，與義學不同，頓開一性之門，直出萬機之路。……是僧俗以同遵，乃聖凡而共湊。心明則言垂展示，智達則語必投機，了萬法於一言，截眾流於四海」。一爲說明禪師的責任，「夫禪師者，元眞一氣，堅固三空，行住怡然，語默憺靜。携金剛之智印，傳諸佛之心燈，

〔註79〕〔宋〕才良等編：《法演禪師語錄》卷中，《大正藏》，卷47，660b。
〔註80〕〔宋〕子文編：《佛果克勤禪師心要》卷下，《續藏經》第120冊，第777頁。
〔註81〕龔雋：《禪史鈎沈》，北京：三聯書店，2006年，第38頁。

照積劫之昏衢，燭多生之暗室，截眾流於四海，了萬法於一言。直指人心，見性是佛，同師子而哮吼，大闡玄音；震龍猛之天雷，直明妙旨」〔註82〕。可見，善昭「了萬法於一言」的觀念並非普遍意義上的，而是有明確的條件，前提在於「心明」或「智達」。只有在「心明」或「智達」的條件下，已經達到了「直指人心」的境界，方能「心明一切明」，「智達而無所執」。在這種情況下，跳出了語言文字的表面之意，能夠體會佛祖、禪師出一言、發一語的良苦用心所在，自身在禪學上有所修爲，方能「了萬法於一言」。

重顯對語言的定性延續著雲門宗的風格，即語言爲化門。「句滯則嶽立磨空，源迷則雲橫布野。所以先聖道：『一言纔舉千車同轍，該括微塵猶是化門之說』」〔註83〕。「先聖」指雲門文偃。在有問「祖師西來意」中，文偃有「化門」之說〔註84〕。重顯借用文偃的看法，在一定程度上認可了語言文字的「教化」功能。

在具體的教化中，他遵循「應緣而化物，方便呼爲智」的做法，對於不同的對象，說法手段有所不同。對於僧人，有問禪法者，則以繞路說禪的方式回答，或以身勢動作取代，而令問話者自己思考；而對於居士，多以實語回答，旨在明瞭禪法的意旨；對於頗有禪學修養的居士，在問答中亦多用禪機。受眾不同，說法不同。在虛實之間，展現著對語言文字的靈活運用。

在語言爲「化門之說」的理論前提下，重顯以見長的「翰墨」，利用多樣的修辭方法，無意間充實了對語言文字的運用。在三家融合的趨勢下，重顯借用儒家的「三立」（立德、立言、立功）提法，表明對「立言」看法，「且夫聖人之立言也，必眹虛，必冥奧，使文外之士同振古風，垂千萬世。又焉知來者及之不及，道在其中也」〔註85〕。可見，重顯與善昭「了萬法於一言」的思想相似，其理論建立在「眹虛、冥奧」之上，類似於老莊對玄之又玄「道」的規定，是爲「活句」而非「死句」。在此基礎上，指明文外之士可藉言悟道；「聖人之語」可以傳後世；立言是爲了引導後人遵從正道。

〔註82〕分別見於〔宋〕楚圓等集：《汾陽無德禪師語錄》卷下，《大正藏》卷47，619b、620a。
〔註83〕〔宋〕惟蓋竺等編：《明覺禪師語錄》卷1，《大正藏》卷47，675b。
〔註84〕雲門文偃的具體說法爲：「一言纔舉千差同轍，該括微塵猶是化門之說。若是衲僧合作麼生？若將祖意佛意這裏商量。曹溪一路平沈，還有人道得麼？」見〔宋〕守堅等集：《雲門匡眞禪師廣錄》卷上，《大正藏》卷47，548b。
〔註85〕〔宋〕惟蓋竺等編：《明覺禪師語錄》卷6，《大正藏》卷47，704c。

　　北宋前中期的「文字禪」禪師，善昭與重顯所認可的語言建立在特定的基礎上，到北宋末年克勤與惠洪時代，由於對語言文字的大量運用，需要對「文字」的地位給予合理性的說明。克勤探討語言文字雖建立在「明道」基礎上，但也反映出對語言文字的積極作用的肯定；在惠洪思想中，則明確地賦予語言文字正面的、合法性地位。

　　克勤對語言文字的認可，有其前提條件。「佛祖出興，特唱此段小因緣，謂之單傳心印不立文字。語句接最上機，只貴一聞千悟，直下承當了修行。不求名聞利養，唯務透脫生死」〔註86〕。「語句」能夠與「最上機」建立聯繫是因為有「一聞千悟」並得以透脫生死的可能性，這樣的語言文字從性質上看是玄奧的，從範圍上看是特定的，從對象上看屬於大機大用者。只有在實現「透脫」的基礎上，才能實現語言觀上的「即事而真」。

　　他的思想中，也表現出對語言文字的若干肯定。從「入理之門」到「文字般若」的提法都說明這點。「入理之門」的提法已經認可了語言文字與「理」（「道」）的關係，雖尚未「登堂入室」，卻也已經邁進「門檻」，成為通向「大道」的初級步驟。他的「文字般若」之說，更確立了語言文字與「般若智」之間的聯繫。克勤在《碧巖錄》第97則公案的「評唱」中提出實相般若，觀照般若，文字般若的提法。對此三種「般若」的規定，同樣出自隋代高僧吉藏所著《淨名玄論・三正二道門》，所謂「文字般若」為，「實相能生般若，故名般若。文字能詮般若，以所詮為稱，亦名般若。……詮此有為無為，名文字般若。文字從所詮為名，通為無為，當體明之」〔註87〕。「文字」與「般若」之間能夠建立聯繫的關鍵正在於「能詮」與「所詮」，即肯定了文字的詮釋功能。克勤與吉藏的看法類似，突出了「文字般若」在「能詮」的作用，又將「文字般若」具體化為「如今說者聽者」，認可了語言文字對「般若智」思想的顯示。

　　克勤還賦予語言文字一定的作用。「須知向上一路不立文字語言。既不立文字語言。如何明得？所以道：路逢達道人，不將語默對。……若立語句，以至百千萬億方便，其意只是與人解粘去縛，令教淨裸裸地輝騰今古」〔註88〕。他提出了「不立文字」與闡明「不立文字」思想之間的矛盾。對於「達

〔註86〕〔宋〕紹隆等編：《圓悟佛果禪師語錄》卷15，《大正藏》卷47，781c。
〔註87〕〔隋〕吉藏：《淨名玄論》，《大正藏》卷38，800b。
〔註88〕〔宋〕紹隆等編：《圓悟佛果禪師語錄》卷13，《大正藏》卷47，772c。

道人」可以「不將語默對」，而對於尚未「達道」者，則需要借助語言文字，以「解粘去縛」，解除疑惑、排除困難、消除障礙，以至顯示正途、恢復正法、縱橫古今。這也說明，從禪法本身來說，要求「不立文字」，而從教化門中，又須以語言文字爲方便。這便賦予「文字」存在的普遍性意義。

語言文字「解粘去縛」的功能還表現爲「藉言而悟，因言而顯」，以語言文字爲媒介，實現內外溝通，成就悟道進程。在歷史上的範例較多。如六祖慧能聞《金剛經》中「應無所住而生其心」，言下大悟。克勤聽到法演誦讀「頻呼小玉元無事，只要檀郎認得聲」句，後看到雞飛上欄的情景而開悟。在《碧巖錄》的第 91 則公案中，克勤也列舉鹽官禪師的「扇子話」加以說明，「鹽官一日喚侍者，與我將犀牛扇子來。此事雖不在言句上，且要驗人平生意氣作略，又須得如此藉言而顯」〔註89〕。就是說，在禪師勘驗學人的過程中，需要借助語言，它雖然無法確切地顯示禪法「第一義」，卻是表達禪師思想，陳述見地的重要方式和手段。禪宗主張的「教外別傳」並不是不要說，「明心見性」並不是不可說。思想的傳遞需要以語言文字爲載體，實現與「道」的溝通。

克勤雖賦予語言文字普遍性意義，但從正面肯定語言文字的功能者爲同時代的黃龍派禪師惠洪。他在《題讓和尚傳》中提出，「心之妙不可以語言傳，而可以語言見。蓋語言者，心之緣，道之標識也。標識審則心契，故學者每以語言爲得道淺深之候」〔註 90〕，成爲認可語言文字合法性地位的標誌性言論。「見」即「現」，意爲體現、呈現。惠洪在認可「心」不可以語言傳遞的立場下，堅持了「不立文字」的主張；又提出可以通過語言展現，是爲「不離文字」。進而規定，語言是「心之緣，道之標識」，通過外在「標識」作用可以實現內在的「心契」，並以「語言」作爲得道淺深的依據。這就揭示了北宋禪師以「公案」爲準則的原因：雖然禪法不能從語言上得悟，但是，通過語言文字無疑可以評判古人與今人的得失，從對同一則公案的理解，可以發現理解者對禪法的參悟程度。總而言之，「文字」雖不能完全成爲學人悟道的工具，卻可以成爲評判得失的依據。

惠洪在與士大夫的長期交往中，在佛教傳統偈贊的基礎上，以詩歌的形式，實踐了「心之緣，道之標識」的理念。

〔註89〕 〔宋〕克勤評唱：《碧巖錄》卷 10，《大正藏》卷 48，215c。
〔註90〕 〔宋〕惠洪集：《石門文字禪》卷 25，《四庫叢刊本》，上海：上海書店，1989 年，第 1269 頁。

　　他屢次提到「文章」的作用。如「進公事業頗拔俗，欲憑妙語招遺魂。文章種性欠梳理，焦芽故態何足論？心知高人笑諛墓，抱羞無地容逃奔。佳章忽來生喜氣，風輪載我登崑崙。徐觀筆力作波險，正與醉素爭弟昆。山高水深世聽瑩，愛子賞音知道門」〔註91〕。「進公」可以憑藉「妙語」而招「遺魂」，可見言辭懇切，令鬼神動容；好的文章能夠引起心靈的共鳴；以筆力之功，能摸索知「道」之門，是對文字示「道」的肯定。

　　他在對詩的評價時，提出「詩如畫好馬，落筆得神駿」〔註92〕。「落筆」即以文字表達思想。落筆方能得神駿，也認可了文字的表達作用。在《石門文字禪》中，惠洪還讚賞了一批筆鋒、口才卓越者。如「電睜霹靂舌，咳唾成妙語。筆端撼江海，千偈浩奔注。人間有此客，自可忘百慮。堂頭百衲師，嶷嶷法王輔。君看說禪口，未肯讓前古。夜闌對昏燈，豪邁激頑魯。相逢俱偶然，此生真逆旅。何當各努力，業已共騎虎。詩成對軒渠，一笑小天宇」〔註93〕。此師可謂是口辯、文筆、意境皆屬上乘，語言文字成為他最好的表述工具。

　　從善昭到惠洪，從北宋初期到末期，「文字禪」禪師之所以逐漸肯定語言文字的作用，有其時代原因和鑒於禪宗發展的需要。從禪宗內在發展的脈絡上，需要對語言文字的存在給予合理性的說明，從禪法教化、傳承的角度，更需要運用語言文字。

　　首先，教化學人。因教化而不得已用語言，這幾乎是北宋「文字禪」禪師說法時無法繞過的問題。

　　北宋初年的善昭，將學人分為三種，一為初接觸者的新人或茫然無知尚未有所體悟者，他們被統稱為「初級」；一為有所悟道，但尚未完全悟道者；一為完全悟道者。前兩種為主要教化對象。從禪宗教育的角度，善昭在北宋臨濟宗中首次釐清了教學雙方的責任和義務。對禪師提出了說法「須及時節」，根據學人的情況具體指導；「須具宗師眼目」即禪師須持有正確見解，是真正悟道者；須具「十智同真」，是為了傳承正法。學人則要「帶眼行」，由「眼觀」達到「心悟」，重視學人悟道中參請的動態形式，提出「唯有參尋

〔註91〕〔宋〕惠洪集：《石門文字禪》卷3，《四庫叢刊本》，上海：上海書店，1989年，第95頁。

〔註92〕〔宋〕惠洪集：《石門文字禪》卷2，《四庫叢刊本》，上海：上海書店，1989年，第61頁。

〔註93〕〔宋〕惠洪集：《石門文字禪》卷1，《四庫叢刊本》，上海：上海書店，1989年，第17頁。

別無路」的觀點；需要「啐啄同時」，以內帶外；明白禪法與義學的不同，真正明瞭禪法的「頓悟」法門。「淩厲峻烈是臨濟宗大機大用本身的特點，善昭在承繼這些特點的基礎上又有所發展，主要表現爲接引方式的細膩化、完善化及更加活潑」〔註94〕。他發展了臨濟宗凜冽的宗風特點，同時又運用細緻、靈活的教化手法。

善昭對待「初機」與尚未完全悟道者的側重點也有所不同。正所謂，「路逢劍客須呈劍，不是詩人莫獻詩」〔註95〕。對「初機」而言，最重要的是確立對禪法的「認可」。「通人分上，好肉剜瘡。奈何初機向去，未得安然。所以聚集少時擊揚勸覺，東問西問，話會商量」〔註96〕。有所說，是避免他們東問西問，相信由禪法中可以實現自我解脫，進而引導他們向「悟境」前進。對於尚未完全開悟者，側重於明確其「自信」心。「權開頓漸，假說聖凡，療狂子之多疑，救達人之少悟，親明自性，勿妄他求，行住怡然，語默澹靜，真常流注，永棄斷常，智海湛然，義天朗耀」〔註97〕。「親明自性」，明確「佛法本有，自內中求」，從「少悟」到「徹悟」。

北宋末年的克勤禪師，在「不立文字」的語言觀下，著力強調語言文字是方便門中開啓後機的權宜做法。「不知古人方便門中，爲初級後學，未明心地，未見本性，不得已而立箇方便語句」〔註98〕。可見，克勤認爲古人（包括佛與祖師）運用語句亦是爲了使初級後學明確心地，明見自性，是爲借助語言文字之力以顯示禪法的目的。

他們之所以借助語言文字教化學人，原因主要在於，

其一，個人的根性有別。唐五代禪宗之後，注重運用「文字」和強調學人的根性成爲兩大特色。從佛性上看，「眾生皆有佛性」，但是從具體的悟道上說，有「漸修」與「頓悟」。禪宗倡導「頓悟」法門，但無法抹殺個人的根性有異的事實。所以，在教化中需有所區分，「人根有利鈍，故機語有開斂……故曰：『言語載道之器，雖佛祖不得而廢也』」〔註99〕。利根者從語默動用中

〔註94〕 閻孟祥：《善昭的禪教育思想》，《晉陽學刊》2005年第1期，第17頁。
〔註95〕 〔唐〕慧然集：《鎮州臨濟慧照禪師語錄》，《大正藏》卷47，506b。
〔註96〕 〔宋〕楚圓等集：《汾陽無德禪師語錄》卷上，《大正藏》卷47，599a。
〔註97〕 〔宋〕楚圓等集：《汾陽無德禪師語錄》卷上，《大正藏》卷47，602c。
〔註98〕 〔宋〕克勤評唱：《碧巖錄》卷2，《大正藏》卷48，149a。
〔註99〕 〔宋〕賾藏主編、蕭箑父等點校：《古尊宿語錄·序》，北京：中華書局，1994年，第31頁。

皆可有所得，而明見自性。鈍根者則需要借助直觀的、明確的教誨，以語言或文字充當「載道之器」，方能實現由漸修至頓悟。在這個意義上，「不離文字」是教化初級、後學等人不可或缺的手段。黃龍惠南也曾感慨「大道無中，復誰前後？長空絕迹，何用量之？空既如是，道豈言哉？雖然如是，若是上根之輩，不假言詮；中下之流，又爭免得？」〔註100〕直言出禪師運用語言教化的權宜。

其二，佛與祖師引導學人具有靈活性。「佛祖接人，有平實商量語，所謂以言顯無言也。……然初機發悟，處處逢源，古德提持，片片是錦」〔註101〕。在佛教與禪宗教育中，接引學人的方式是靈活多樣的，有時說如不說，有時不說如說，有時問在答處，有時問不在答處。佛、祖及諸尊宿根據問話者的情況給予具體的指示，而使得初機發悟，處處逢源。在這個意義上，「文字」不但未顯示弊端，反而成為教化的重要輔助手段。所以，北宋禪師從「活句」處入手，借用「繞路說禪」的方式，發展出如「代別」、「頌古」、「評唱」等多種詮釋「公案」的方式，豐富了「文字禪」體系。

其次，為糾正時弊。宗教流派在長期發展中，不免會出現這樣那樣的問題。北宋「文字禪」禪師即是沿著繼承、糾正、延續、發展的脈絡，推動禪宗的走向。當時出現的主要問題有：對禪法的誤解、對語言文字的錯誤認識、囿於宗門之見等。

其一，對禪法、佛法的誤解，「巧說異端」。在解讀「公案」的過程中，出現了錯解。例如，在禪史中流傳，釋迦摩尼佛初生時，一手指天一手指地，周行七步，目視四方，說「天上天下唯我獨尊」。雲門文偃曾言「我當時若見，一棒打殺，與狗子吃却，貴圖天下太平」。對於此則「公案」在北宋中期時「如今巧說異端，不肯荷負，真可哀愍」〔註102〕。釋迦所言「天地之間，唯我獨尊」是從尊重「我」，度化人的角度而言的，文偃之所以要「一棒打殺」，並不是否認釋迦度人本意，而是要打破當時對釋迦之語的執著，消除以「唯我獨尊」為幌子自我的膨脹。到重顯時代，後學者完全錯會釋迦、文偃的良苦用心，巧說亂言，甚至消除禪法存在的必要。所以重顯以棒喝齊下，期望打醒學人，消除誤解。

〔註100〕 〔宋〕惠泉集：《黃龍惠南禪師語錄》，《大正藏》卷47，633c。
〔註101〕 〔清〕錢伊庵輯：《宗範》卷上，《續藏經》第114冊，第614頁。
〔註102〕 〔宋〕惟蓋竺等編：《明覺禪師語錄》卷1，《大正藏》卷47，676a。

　　另一方面則表現爲反對默照禪法。北宋末年，禪林中「默照」之風興起。對此，褒貶並存。「文字禪」禪師惠洪並不認可此法。他在《題英大師僧寶傳》中言「叢林法道之壞無如今日之甚，非特學者之罪，寔爲師者之罪也。學者方蒙然無知，而反誠之曰：『安用多知？但飽食默坐。』雖若甚要，然亦去愚俗何遠？」〔註103〕「默坐」雖然避免了「執著文字」的弊病，但更容易在「默坐」中產生新的弊端，惠洪反對的也是「默坐」的形式，並不完全等同於後世流行的「默照禪」，他所要批判的也是禪師們歪曲佛法本來面目的巧說、異端。

　　其二，對語言的錯誤態度。禪宗以「直指人心，見性成佛，不立文字，教外別傳」爲宗旨，但後人在唐五代大量「公案」出現後，迷失自性，轉而從文字中尋求解脫之路，成爲「執空妄語漢」，出現「以文字爲禪」的狀況。佛印了元已經批評這種狀況，「時江浙叢林，尚以文字爲禪，謂之請益」〔註104〕。只重在漁獵語言文字，以語言文字等同於「禪」，而蒙蔽了「禪」法正宗。

　　永明延壽也說過「說經本爲入道。若懷道之賢，觸處觀行，豈有尋求涅槃聖典而不觀行者乎？但巧說得宜，非止不損文義，兼得觀慧分明。分別法門，非觀何逮，豈有壞亂之咎乎？夫有所說，意在言前，祖佛本意，皆爲明心達道。假以文義，直指心原。豈可執詮迷旨，背心求道耶？」〔註105〕所以即便是佛、祖的「巧說」也都是爲了「明心達道」，是「意在言前」，不能本末倒置。

　　克勤則批評學禪者過於重視言句，「近世參學，多不本其宗猷，唯務持擇言句，論親疎辯得失，浮漚上作實解誇，善淘汰得多少公案，解問諸方五家宗派語，一向沒溺情識，迷却正體，良可憐愍」〔註106〕。

　　由於眾多「唯務持擇言句」者，「沒溺情識」，而導致叢林弊病叢生，故而北宋「文字禪」禪師更爲強調對根性的要求，尤其是對「明眼者」、「作者」或「上士」的尊崇。對於這種執著語言文字者，需要以語言文字說明「不立文字」的思想。

〔註103〕〔宋〕惠洪集：《石門文字禪》卷26，《四庫叢刊本》，上海：上海書店，1989年，第1337頁。
〔註104〕〔元〕念常集：《佛教歷代通載》卷19，《大正藏》卷49，676a。
〔註105〕〔宋〕延壽集：《宗鏡錄》卷9，《大正藏》卷48，460c。
〔註106〕〔宋〕紹隆等編：《圓悟佛果禪師語錄》卷15，《大正藏》卷47，781a。

其三，既要維繫宗風，又要打破宗門之見。

北宋中期，盛行於禪林者主要為雲門宗、臨濟宗、法眼宗。三者本出自一法，但因教化方式不同而分異，但當時有禪人側重自家流支，不重視禪學源頭。重顯以馬祖教化百丈的「公案」為例，說明「奇怪諸禪德，如今列其派者甚多，究其源者極少。總道百丈於喝下大悟，還端的也無？然刁刀相似，魚魯參差」〔註107〕。「列其派者甚多，究其源者極少」，說明當時學人只看到了百丈懷海通過被大喝而悟道，卻未求解於百丈被大喝的原因；只是強調馬祖與百丈的言語和行為，而並不瞭解其為何做出這樣的行為，說出這樣的話；只是注重了「形」，而忽略其「質」，就如同，從字形上看「刁」與「刀」相似，「魚」與「魯」易混淆，但在含義上完全不同。

北宋末期，克勤也指出「今則頗失故步，多擅家風，存窠窟，作路布，自既不出徹轉，以為人則如老鼠入牛角，漸漸尖小，安得宏綱不委於地哉？」〔註108〕

至於因「天皇禪師」身份歸屬，在南嶽系和青原系間的後學間出現互相貶低的現象更屢見不鮮。禪師們重視禪史的編纂與修訂，熱衷於宗風、家風的整理，舉起「正統」的大旗等行為都說明在北宋禪宗發展中，支派分化的越來越多，禪法也出現了支離破碎。

然而從北宋時期社會整體環境和禪宗發展的趨勢上看，都需要實現禪宗內部之間、內部與外部的融合，所以不少「文字禪」禪師也深諳此道，積極實現雲門宗、臨濟宗之間；禪宗與其他佛教義學；禪宗與儒家、道家道教之間的融合。在對「公案」的選擇上，吸收各家之長，逐個參悟。臨濟宗的「四賓主」話和曹洞宗的「五位法」也成為北宋禪師共同的話題。

第三，保證宗門的傳承。語言文字是文化的載體，扮演著「記錄」的功能。歷史的沿革、時代的變遷離不開以它們為媒介，實現對前人文化的追尋，維繫文明的一脈相承。

善昭在《自慶歌》中唱到，「直截根源諸佛言，叮嚀為說須記錄。法性通，無諂曲，問答隨機不拘束」〔註109〕。文字記載使佛祖言教得以流傳，而在隨機的問答中，對語言的靈活運用，則可達到與天人眼目的目的。這些都是禪

〔註107〕〔宋〕惟蓋竺等編：《明覺禪師語錄》卷3，《大正藏》卷47，685b。
〔註108〕〔宋〕子文編：《佛果克勤禪師心要》卷上，《續藏經》第120冊，第709頁。
〔註109〕〔宋〕楚圓等集：《汾陽無德禪師語錄》卷下，《大正藏》卷47，620b。

宗乃至佛教發展中的必要手段，亦是「不離文字」的表證。

　　禪師們對語言文字運用，還體現在對法系整理上。自唐代僧人宗密整理禪門後，善昭在《廣智歌一十五家門風》中，列出當時影響重大的宗派及代表人物的思想，分馬祖宗派、洞山宗派、石霜宗派、潙仰宗派、石頭藥山宗派、地藏至雪峰宗派、雲門宗派等，又以臨濟宗爲正宗，「或賓主或料揀，大展禪宗辨正眼，三玄三要用當機，四句百非一齊剗」〔註110〕。對法系的整理，推動了如《景德傳燈錄》爲代表的「燈錄」體的盛行，以宗派爲綱目記述各宗的師承。

　　北宋中後期，法演在說法中系統總結了「五家」特色，他將臨濟宗之事比喻爲「五逆聞雷」；雲門宗之事爲「紅旗閃爍」；曹洞宗之事爲「馳書不到家」；潙仰宗之事爲「斷碑橫古路」；法眼宗之事爲「巡人犯夜」。並有意識地借用公案中著名禪師的教化特點，如臨濟棒，雲門曲，趙州柏，仰山鍬，潙山牛，白雲田等。這是北宋禪師在融合趨勢中，對禪宗內部特點進行歸納總結的自覺性行爲。

　　北宋末年後，興起對某一宗門或禪宗整體的總結與歸納。如惠洪撰《臨濟宗旨》，以善昭「三玄三要」爲基調，顯示臨濟宗的正法思想。另因「大法之衰，由吾儕綱宗不明，以故祖令不行，而魔外充斥……有宋覺範禪師於是乎懼，乃離合宗教，引事比類，折衷五家宗旨，至發其所祕，犯其所忌而不惜」〔註111〕。又撰《智證傳》，顯明禪宗主旨。從法系上，則修《禪林僧寶傳》、《林間錄》等，記述叢林盛事，著名禪師的師承、傳法活動與主要思想等方面的內容。惠洪大力運用「文字」的「標識」作用，從史傳、詩文、語錄記載多方面，爲禪宗的傳承留下大量的文字記載。

　　惠洪之後，宋代智昭集成《人天眼目》，紹曇記錄《五家正宗贊》；明代法藏著有《五宗原》；清代性統編《五家宗旨纂要》等等，都是對「五家」思想的集成之作，以「文字」延續了禪法。

第三節　北宋「文字禪」的禪學思想

　　「文字禪」作爲北宋禪宗的主流形態，其核心內容，在於對禪宗精神的

〔註110〕〔宋〕楚圓等集：《汾陽無德禪師語錄》卷下，《大正藏》卷47，621a～b。
〔註111〕〔宋〕惠洪撰：《智證傳·序》，《續藏經》第111冊，第177頁。

傳承。在對禪宗眞理的認識上，仍堅持唐中期以來的「眞理從現實中獲得」的理念。對他們來說，「眞理不是有待學習和修行的東西，它已經寓於在人們的生活中，不言自明，無需對它特別意識，而要眞正腳踏實地地去發揮作用」〔註112〕。所以，「文字禪」禪師在此基礎上，仍沿襲著禪宗「教外別傳、不立文字、直指人心、見性成佛」的基本理論，在解析「公案」的基礎上，倡導當下解脫的思想。

一、「文字禪」對「禪」的理解

慧能禪宗的基本主張在於「無念爲宗、無相爲體、無住爲本」。後被充實爲「教外別傳、不立文字、直指人心、見性成佛」。簡言之爲強調「明心見性」的頓悟法門。所明之心爲「清淨心」，所見之性爲「佛性」，若能明瞭眾生性與佛性無異，將主動權由外轉向內，以自信之力，注重修持自性中的本有佛性，便能實現當下解脫。唐中後期禪宗中的南嶽系和青原系兩大支派，異軍突起成爲主流，後又形成「祖師禪」和「分燈禪」。至北宋「文字禪」時期，其禪法思想依舊延續著這「四句」法門。

首先，「直指人心，見性成佛」。

「文字禪」禪師的主要任務之一在於彰顯禪法，傳承禪學思想。運用語言文字只是顯示禪法的手段。譬如，北宋時，善昭首次明確了禪師的責任在於「截眾流於四海，了萬法於一言，直指人心，見性成佛，同師子而哮吼，大闡玄音；震龍猛之天雷，直明妙旨」〔註113〕。其「直指人心，見性成佛」的主張與慧能時的禪法並無不同。同時，他進一步區分禪宗與義學，更充分地體現出禪宗特色在於，「參玄大士，與義學不同，頓開一性之門，直出萬機之路……扇古佛之嘉猷，心明是道」〔註114〕。同樣將「以心明開一性之門」爲禪師的特徵，表明禪宗「明心見性」的獨特思想。克勤後來也指出，「祖師門下不比教家，只要直截根源，與一言下領取，與諸聖同體、同用大解脫，任運施爲無不見性」〔註115〕。他們分別生活在北宋早期和末年，共同強調禪門「頓悟」特色。這也說明，「文字禪」在發展的歷程中，並未脫離禪宗的主旨。

〔註112〕〔日〕柳田聖山著、毛丹青譯：《禪與中國》，北京：三聯書店，1988 年，第142 頁。

〔註113〕〔宋〕楚圓等集：《汾陽無德禪師語錄》卷下，《大正藏》卷 47，620a。

〔註114〕〔宋〕楚圓等集：《汾陽無德禪師語錄》卷下，《大正藏》卷 47，619b。

〔註115〕〔宋〕紹隆等編：《圓悟佛果禪師語錄》卷 8，《大正藏》卷 47，751b。

「祖師西來意」、「祖佛關係」是自唐五代以來禪學界最關注的問題之一，亦是禪師勘驗弟子時較常用的問題之一。北宋中期，楊岐派創始者方會明確了「百千諸佛，天下老和尚出世，皆以直指人心，見性成佛……況諸人盡是靈山會上，受佛付囑底人」〔註116〕，再次回歸慧能禪法，在「不說破」的禪宗中明確了禪法的根本主張，指明「諸人皆有佛性」，所見之性正是佛性。克勤在其「語錄」中也多次強調「諸佛出世爲一大事因緣，祖師西來亦不出見性成佛」〔註117〕。可見，經過唐末五代繞路說〔註118〕「祖師西來意」的時代後，北宋「文字禪」禪師再次運用語言文字明示了禪法的根本，是對禪宗思想的一脈相承。

其次，「教外別傳，不立文字」。

「教外別傳」突顯了禪宗的特性，與之前的佛教其他義學不同，不單獨依靠對經教典籍的誦讀、疏證，而在於「以心傳心」式的內在傳遞之法。表現之一即在於「不立文字」。北宋「文字禪」雖然大量運用了語言文字，但仍堅持「不立文字」的見解，在「不離文字」之時並未放棄「不立文字」的主張，仍注重內證修持法門。如重顯在雪竇寺講法時，初次登座便說明「第一義不可說」，「窮諸玄辯，若一毫致於太虛；竭世樞機，似一滴投於巨壑。不如歇去」〔註119〕，認爲行動上的直接感受勝於千言萬語的描述。克勤則總結性地說明，「此箇大法（指禪法），三世諸佛同證，六代祖師共傳，一印印定，直指人心，見性成佛，不立文字語句，謂之教外別行，單傳心印。若涉言詮露布，立階立梯，論量格內格外，則失却本宗，辜負先聖。要須最初入作，便遇本分人，直截根源，退步就已……情盡見除，到淨裸裸赤灑灑處，豁然契證。與從上諸聖不移易一絲毫許，諦信得及，明見得徹，此始爲入理之門」〔註120〕。他不僅總結了「祖師西來意」和禪宗特色，而且指出從「言詮」上

〔註116〕《楊岐方會和尚後錄》，《大正藏》卷47，646b。

〔註117〕〔宋〕紹隆等編：《圓悟佛果禪師語錄》卷1，《大正藏》卷47，717a。在《碧巖錄》中首則公案中，亦以「達磨遙觀此土有大乘根器，遂泛海得得而來，單傳心印，開示迷途，不立文字，直指人心，見性成佛。若恁麼見得，便有自由分，不隨一切語言轉，脫體現成」（《大正藏》卷48，140a）。

〔註118〕之所以說唐末五代「繞路說」「祖師西來意」是因爲，在禪法相對張揚的時代，在「超祖越佛」的思想背景下，據相關的語錄記載，當時禪師幾乎無直面述說「西來意」者。如義玄答到，「恰似老僧洗脚」；文偃以「日裏看山」對之；洞山則曰，「待洞水逆流，即向汝道」；靈祐以拂子代答；等等不一而足。

〔註119〕〔宋〕惟蓋竺等編：《明覺禪師語錄》卷2，《大正藏》卷47，682c。

〔註120〕〔宋〕紹隆等編：《圓悟佛果禪師語錄》卷14，《大正藏》卷47，779c。

求解是「失去本宗，辜負先聖」，正確的做法仍在於以自信之心，見清淨佛性，用直接之法，體頓悟之門。

北宋「文字禪」禪師並未變革禪宗的根本主張。他們仍將貫徹「明心見性」的頓悟法門作爲延續禪門正統的必要條件，運用語言文字的形式遊走於禪林中，開創了具有時代色彩的禪學形式。

「文字禪」禪師不僅在禪學思想上與慧能禪宗是一致的，在對「禪」的理解上也是一致的。

自禪宗出現後，學者從多層次、多角度理解「禪」的內涵。結合禪宗的旨意來說，「禪」實際上融現實性（親切平和、不離日常生活）和本體性（神秘、無法言傳）於一體，當下的直接明見既源於現實生活，又歸結爲本體性意義的眞諦（「第一義」）。雙重的內涵分別適應於具體實踐和抽象的理論教誨中。

有學者認爲，慧能對禪學變革具有「革命性」的意義，故而稱之爲「六祖革命」。其中之一即在於將天台宗、華嚴宗等具有抽象意義的本體之「心」轉化爲現實意義的具體之「心」，「把眾生當前現實之人心與作爲本體的『眞心』統一起來，建立了一個以當前現實人心爲基礎的心性本體論」〔註121〕。事實上，禪宗之「心」具有現實與抽象的雙重性質，現實之「心」有所染，故需要轉染成淨，因而有眾生與佛的分別，有悟性的高低，成就上的不同。因爲「心」的現實性，所以佛法不離「世間法」，於日常的吃飯穿衣中體會平常之道。這便是歷代禪師所注重的於日常生活中修行，以吃飯穿衣無不是道，提示後學在日常生活中重視身體力行。自「馬祖以後，禪的特色是最具有強烈的生活意味」〔註122〕，「求證眞理」必須源於日常生活，這已經成爲唐五代之後的共識。

北宋「文字禪」禪師亦堅持此法。在教化中多「舉古」，以古「公案」作爲衡量當時學人行爲的準則，但更重視「日常」修行。如擅長翰墨的重顯自言其境界爲，「叢竹小山些子境，偶來閑坐解疎慵。怡然縱目誰知我，勝入摩雲千萬峯」〔註123〕。他們以前人具有特色的教化方式指導自身行爲，無一不

〔註121〕賴永海：《中國佛教與哲學》，北京：宗教文化出版社，2004年，第62頁。
〔註122〕〔日〕柳田聖山著、毛丹青譯：《禪與中國》，北京：三聯書店，1988年，第138頁。
〔註123〕〔宋〕惟蓋竺等編：《明覺禪師語錄》卷2，《大正藏》卷47，679b。

突出禪法的現實性，繼承著南泉普願的「平常心即道」理念。他們雖然在解讀「公案」時，大量運用了語言文字，看似將禪宗傳統的「內證禪」轉變爲依靠語言文字的「外述禪」，但實際上，「文字」只是「解悟」，「證悟」仍在具體的實踐修行上。禪法不離日常生活，從平常之事體驗禪法的親和性。從「公案」中，借鑒前人行爲準則拉近今人與禪的距離。

　　「文字禪」禪師也未改變基於生活又超越生活，超越生活再回到生活中的模式。他們以「終日喫飯，未曾齩著一粒米；終日行，未曾踏著一片地」〔註124〕，終日說，未嘗道得一句話，終日寫，未嘗記錄一行字的看似矛盾的方式，教化學人從具體禪法中「向上一路」，「驅耕夫之牛，奪饑人之食」〔註125〕，打破有無，不執分別，體會禪法的高妙，達到「非內非外，非有非無，非實非虛」的境界。又回歸到「每日起來，挂却臨濟棒，吹雲門曲，應趙州拍〔柏〕，擔仰山鍬，駈溈山牛，耕白雲田，七八年來漸成家活。更告諸公：每人出一隻手，共相扶助，唱田歸樂，麁羹淡飯」〔註126〕的生活模式中，完成「見山是山，見水是水」，又「見山不是山，見水不是水」，復「見山是山，見水是水」〔註127〕的本質飛躍。

二、「文字禪」的心性論

　　心性論是禪宗的核心理論，也是自隋唐之後，中國佛教的主要理論。佛教中國化的重要表現之一，即在於對「心」、「性」理論的構建。六祖慧能的禪法思想之所以被稱之爲「革命」，其中很大的原因在於對「心」的改造。與隋唐時代具有中國化色彩的天台宗和華嚴宗相比較，禪宗的特色正在於，將具有本體意義的「心」轉化成爲現實、當下之「心」。此「心」成爲禪宗「心性論」的基石。但它又未完全否定本體之心，仍強調了「心」統攝作用，並成爲禪宗修行論、解脫觀、宇宙生成論等其他理論的基礎。所以，禪宗之「心」

〔註124〕〔唐〕裴休集：《黃檗山斷際禪師傳法心要》，《大正藏》卷48，384a。
〔註125〕〔宋〕賾藏主編、蕭萐父等點校：《古尊宿語錄》卷3，北京：中華書局，1994年，第54頁。
〔註126〕〔宋〕才良等編：《法演禪師語錄》卷下，《大正藏》卷47，663b。
〔註127〕「山水」三境界，後多爲表述禪宗悟道境界時所用，它出自青原惟信禪師，「老僧三十年前未參禪時，見山是山，見水是水；及至後來親見知識，有箇入處，見山不是山，見水不是水；而今得箇休歇處，依前見山只是山，見水只是水」（《嘉泰普燈錄》卷6，《續藏經》第137冊，第116頁）。

實際上具有現實性與本體性的雙重特色。

　　在「性」的生成上，禪宗倡導「本心本體本來是佛」，認可「佛性」為眾生內心所「本有」，實際上屬於「性具」理論〔註128〕。中國化色彩濃厚禪宗帶有我國文化「和而不同」的會通精神。其「心性論」表現為在佛性本有的前提下，重視現實之心，實現現實心與本體心並存的特點。北宋「文字禪」的心性論也是如此。

（一）心性論的內涵

　　在禪宗理論中，「心」與「性」之間，「心」為基礎，「性」為表現，「明心」方能「見性」。「性」是本來具足的，所見之「性」受「心」支配。由「悟道之心」而見佛性、眾生性為一，「受蔽之心」見佛性、眾生性有別。

　　在「文字禪」禪法中，心性論的主要構成部分仍為對「現實之心」的描述，堅持了禪宗的傳統做法。慧能以「現實之心」的本來表現作為成佛的根據，從而提倡當下明見的頓悟法門；其後學洪州系禪師提出「平常心即道」、「即心即佛」，石頭系禪師提出「即事而真」的主張，都主張從日常生活中修道，吃飯穿衣無不是道。自唐中後期以來，禪宗中已經達成了「求證真理不離現實生活」的共識。北宋「文字禪」禪師也堅持了這一理論。他們對「心」的規定性上帶有具體、現實性的描述。

　　首先，對「心」的描述及其規定。有「問：『一塵迥出青霄外，湛湛乾坤事如何？』師（指善昭）云：『平鋪三點水，曲似刈禾鐮』」〔註129〕。「平鋪三點水，曲似刈禾鐮」是對「心」字形的形象化描繪。能夠包含乾坤事的「心」，並非是玄遠、高深的，而是在形象的描述中，存在於一動一念中。要真正認識「自心」也並非需要苛刻的條件，而是「當下悟見」，豁然貫通。正如百丈懷海被馬祖道一捏鼻一樣，源自於現實中的親身體會與參與。「明心」並不需要獨特的環境，而是由心內的瞬間轉變即可實現，是本來狀態的展現。就如「雲籠碧落，霧展長空，露滴成珠，霜飛葉墜。日月常明，乾坤晃耀，人心不昧，物類不拘。秋去春來，暄和合序，於此明得，不失

〔註128〕佛教中關於「佛性」的起源，大致可分為「性起」與「性具」兩種類型。「性起」者以華嚴宗為代表，主張「緣起性空」，「佛性」亦由「緣起」而生；「性具」者以天台宗和禪宗為代表，天台宗的「性具」理論主要體現在「性具善惡」上，而禪宗「本心本有本來是佛」強調「佛性」乃「心」所本有，亦是「性具論」的體現。

〔註129〕〔宋〕楚圓等集：《汾陽無德禪師語錄》卷上，《大正藏》卷47，601b。

玄音」〔註 130〕。「人心」如同自然運行的萬物一樣，是自在、自行的，並不受外在條件的限制。

其次，所明之心的性質是清淨的。臨濟宗人對「心」的性質的規定延續著臨濟義玄「一念清淨心」的理念。在他們看來，作為本原性的「心」從本質上是清淨的，在這個基礎上，「即心即佛」才能成立。比如善昭對「心」的描述為，「慈悲喜捨種良田，寬裕清通施金玉。性恬和常肅穆，願與天人作眼目，五根五力導五通，三脫三空壞三毒。清淨心無雜欲，常將慚愧作衣服」〔註131〕。以清淨之心才能「明理達眞」，體悟眞如。善昭的自信心、悟道心、祖宗心、宗法傳承之心都是建立在這一層面上的。其「清淨心」即相當於「佛心」，明瞭「清淨心」才是眞正的「明心」。要明、所見的也正是此「心」。「眾生心」與「佛心」在理論上的統一，也是建立在其清淨性上，而非「染濁」性上。

作為本原性的「心」是清淨、無染、無分別的，但作為現實性的「心」則既有「淨」，亦有「染」。基於此，禪師提出轉「染」成「淨」，轉「識」成「智」。從而連結眾生與佛，解決了眾生「成」佛的現實問題。

在「染」與「淨」的關係上，禪師們常以「父母未生之前的面目」〔註132〕引導學人探究自身的本性。「父母未生已前，淨裸裸，赤灑灑，不立一絲毫；及乎投胎既生之後，亦淨裸裸，赤灑灑，不立一絲毫。然生於世，墮於四大、五蘊中，多是情生翳障，以身為礙，迷却自心」〔註133〕。可見，「心」本清淨，所染者乃「性」、「情」，若能明瞭自心，不被「情生」所障，便能重新回到「不立絲毫」的無為、無事狀態中。而要實現由「染」到「淨」，「識」是關鍵。要實現從染到淨的轉變，其一，要認識貪嗔癡、煩惱、無明等是「明心見性」的障礙。其二，要打破上述障礙，需要直接見性，還原本心的頓悟法門。其三，唯有強調「心」在悟道中的獨一無二性，以「清淨心」統攝一切，才能

〔註130〕〔宋〕楚圓等集：《汾陽無德禪師語錄》卷上，《大正藏》卷47，600b。
〔註131〕〔宋〕楚圓等集：《汾陽無德禪師語錄》卷下，《大正藏》卷47，620b。
〔註132〕「父母未生之前面目」即對原始自性、本性的考察，是個人最眞實的狀態，是悟道的關鍵。據禪宗典籍記載，由此而悟道者不在少數。它也是不可言說的，只能意會。如在《圓悟佛果禪師語錄》卷17中，克勤舉「父母未生已前」的公案，說明，「奇特因緣，須以奇特激發；殊勝大事，須以殊勝舉揚。雖然隱顯無差，其奈巧拙有異。或有問崇寧，父母未生已前鼻孔在什麼，只劈口便掌」（《大正藏》卷47，791b）。
〔註133〕〔宋〕紹隆等編：《圓悟佛果禪師語錄》卷12，《大正藏》卷47，768c～769a。

破除迷惘，正所謂「心明一切明，心昧一切昧，六門靜六通，三毒成三界，總是意根生，不須生妄解」〔註134〕。其四，眾生心之所以有所染，在於學人不自信，不相信自心與佛心無差別，轉向外尋覓，反倒「離道」越來越遠。確立自信、瞭解自性，是發掘「自家寶藏」的重要方式。

第三，對「心」的解讀。從迷、悟上可分為眾生心與佛心，從時間上看，存在著古心與今心。關於眾生心與佛心，前文已有所涉及，在「心性與佛性」的關係中將再度說明，此處著重詮釋古心與今心。

所謂「古心」即指祖宗之法，祖師西來意等等。「今心」則指當下的心法。古今的區別亦可被理解為禪教關係。從傳承上看，涉及北宋禪宗對唐五代禪宗的繼承；從表達方式上看，涉及不同時代的差異；從心性認識的角度看，則為「心性論」的演變。

唐五代時，「祖意與教意」、「家風」成為被普遍關注的問題。它不僅關涉到禪宗的獨特性（自唐中後期，「宗」特指禪宗，而「教」指除禪宗之外的佛教其他派別），也涉及到五家分燈後對各自宗法的傳承。因而，北宋「文字禪」禪師對這一問題的考察，就帶有多重含義。

北宋早期，善昭以臨濟宗的正統傳承者自居，屢屢強調「續佛心燈」、「傳祖師之心」，側重對前代心法的傳承。他認為，心法雖有古今不同，但其心並無不同，「雖是一心拈提有異。今古共同，隨機利現，冥應諸緣，運通一切」〔註135〕。古今差異只是具體做法上，它們隨機利現，因境與人各不相同。根本禪法則是一致的，認可了臨濟宗及其禪宗的核心理論和禪法的一脈相承。

在對現實之心的運用與繼承中，北宋禪師也在改造著「心」的內涵，呈現出「今心」的特徵。北宋中後期的法演，提出「祖師關」的概念，要求在對禪法的認識上，超越「公案」中的前代禪師見解，展現禪宗不迷信權威，「超祖越佛」的精神。他們結合北宋儒學體系的建立，在心性論上也體現出本體化的傾向。

在北宋末年，「心性論」的本體化傾向尤重。克勤在對「心」的詮釋上，本體「心」色彩已非常濃厚。其心性論與宋儒對本體性「理」、「氣」的內涵相似，是作為宇宙本原而存在的。他在禪法中圓融華嚴思想，在禪教合一中，改造了慧能「革命」的現實之心。

〔註134〕〔宋〕楚圓等集：《汾陽無德禪師語錄》卷下，《大正藏》卷47，622a。
〔註135〕〔宋〕楚圓等集：《汾陽無德禪師語錄》卷上，《大正藏》卷47，606b。

他對「心」、「性」的描述為，其一，「心生萬法」。「法法圓融，心心虛寂，大包無外，文彩已彰；細入無間，眼莫能觀。所以道，萬法是心光，諸緣唯性曉」〔註136〕。以「心」為本體，萬法是具體表現，在「性」中有所呈現。其二，以「心」等同於「太虛」、「氣」，作為宇宙本原。「靈光未兆，萬彙含太虛；一氣既彰，華開世界起。過去諸佛、現在諸佛、未來諸佛，皆同箇中出現。若天、若人、若群生，無不從是中流出，以一處明，百處千處光輝，一機轉，千機萬機歷落」〔註137〕。這與宋代理學家對「氣」、「太虛」的本原性規定相似，反映出對儒家思想的借鑒。其三，因「氣」有分，導致「性」的差別。「佛祖大機，人天正眼，眹兆未分時，無許多事。及至一氣已分，便有生住異滅，春夏秋冬」〔註138〕。「未分」以前，即本性純淨的真如之心未受薰染以前，「無許多事」，無善惡、頓漸、動靜、有無、生死等等分別與對立。因「氣」有分便出現了去住、生死與自然變化，有了眾生性和佛性之分。

從對「心」、「性」關係的處理上，克勤的「心性論」仍堅持「心」為本的思路，所不同者，借用了「氣」、「太虛」等概念。而在對「心」的性質上與禪宗側重現實之「心」的傳統有所區別，反與宋代理學家對「性」、「理」的區分有一定的相似性。如張載區分「性」為「天地之性」與「氣質之性」，前者類似於「未生以前」，後者類似於「因氣有分之後」。學術界一般認為宋儒對待佛家的態度是「陽儒陰釋」，實際上，北宋禪師思想中也呈現出「陽釋陰儒」的趨勢，或者說，他們共同構建了宋代思想的「本體論」構架，這也是北宋三家融合的體現。

由傳統的現實之心到北宋的本體之心，出現了「古今差異」。北宋「文字禪」禪師對現實之心與本體之心的雙重運用，表現出他們在特殊時代背景下對「心性」思想的改造。

第四，明「心」的方式。「心」有現實之心與本體之心，而現實之心有染、有淨、有眾生心、有佛心。北宋「文字禪」禪師在轉染成淨上，提出以下的方式：

其一，明卻本來心，即返觀自己本來面目。為規勸學人明卻自性、本來心、父母未生之前面目，禪師們發明形式各異的教化方法，無論是機鋒、棒

〔註136〕〔宋〕紹隆等編：《圓悟佛果禪師語錄》卷8，《大正藏》卷47，748b。
〔註137〕〔宋〕紹隆等編：《圓悟佛果禪師語錄》卷5，《大正藏》卷47，736a。
〔註138〕〔宋〕紹隆等編：《圓悟佛果禪師語錄》卷9，《大正藏》卷47，754a。

喝、言語教導或沉默不語，皆致力於此。北宋「文字禪」禪師在解讀「公案」的基礎上，以語言文字爲媒介，更便利地如實陳述出對「本心」的關注。善昭以懷讓以磨磚教化馬祖的例子說明，「磨甎作鏡慕同音，來問分明示本心。纔喚耕人迴面指，犁牛觸破古皇金」〔註139〕。直言古今教化不出「明示本心」的目的。惠南則以爲自身之所以能爲「師」，正在於不昧「本心」。「明見本心」不僅是學禪者悟道的關鍵，也是已悟禪師「保任」的著力點。

　　其二，親證，即強調學人自修自度，重視實踐。要明確「親印自心心是佛，莫教心外別生塵」〔註140〕，確信相由心生，明心成佛。只有堅定不移的修行，才能令心開悟。菩提達摩曾把悟道的階次分爲「理入」和「行入」，一方面重視對禪理的體會，另一方面關注具體的實踐修行，「用理入來安心，作爲一種把握；又用行入來發起行動，以便隨時隨地的踐履」〔註141〕。禪宗的特性之一即重視實踐。其語言觀中的「不從言悟」，即以否定外在言語的形式轉移學人對一切「色法」的執著，轉向內在探求。在日常生活中，以最平常的「饑則食，困則眠」的具體行動，體驗著「平常心即道」的真理。所以有雲岩曇晟聽石子擊竹、洞山良價過橋看倒影、靈雲志勤見桃花而紛紛悟道。百丈懷海制訂「普請法」，其立意亦在於此，歷代禪師對「普請法」的堅持，也是以「親證」的方式，實踐著身體力行的悟道方法。「未來翠峯多人疑著，及乎親到一境蕭然。非同善財入樓閣之門，暫時斂念；莫比維摩掌中世界，別有清規。冀諸人飽足觀光，以資欣慰」〔註142〕。重顯以「親到」、「斂念」、「別有清規」等詞語，而令人「飽足觀光，以資欣慰」，讓學人親自實踐，無住、無念、無相，於日常儀規中而達到「即事而眞」的境界。

　　其三，避免用妄心，即避免錯誤做法。對此，善昭區分了「巧心」、「執心」「擬心」、「錯用心」「昧心」等等，提醒學人警惕。克勤則明確指出，「道無方，所明之在人，法離見聞，斷之在智。若能頓捨從來妄想執著，於一念頃，頓悟自心，頓明自性，不染諸塵，不落有無，自然法法成見」〔註143〕。

〔註139〕〔宋〕楚圓等集：《汾陽無德禪師語錄》卷中，《大正藏》卷47，607c。對「本心」的關注，屢見於自唐以來的禪師言論中，宋初法眼宗禪師永明延壽在《宗鏡錄》卷98（《大正藏》卷48）中，詳細記載諸位禪師的「本心」見解，此不贅言。

〔註140〕〔宋〕楚圓等集：《汾陽無德禪師語錄》卷上，《大正藏》卷47，604a。

〔註141〕呂澂：《中國佛學源流略講》，北京：中華書局，1979年，第373頁。

〔註142〕〔宋〕惟蓋竺等編：《明覺禪師語錄》卷1，《大正藏》卷47，669c。

〔註143〕〔宋〕紹隆等編：《圓悟佛果禪師語錄》卷8，《大正藏》卷47，751b。

實現轉「識」成「智」，拋掉執著妄念是基本條件。從不「爲」處著手，雖不能必然顯示本性，卻也「以此修行，即不墮落」〔註144〕。

第五，以「無心」、「息心」爲目標。禪宗的思維方式是「離四句，絕百非」，體現著說有，說無，再雙遣有無的中道觀。馬祖道一深諳此道，從「即心即佛」到「非心非佛」再到「不是心不是佛」，實現了肯定、否定、否定之否定的轉變，不落言詮，盡得風流。「文字禪」禪師雖對「心」有一定的規定性，但其最終目標仍在於「無心」或「息心」上。

比如有僧問善昭，「問：『道由心悟，如何是心？』師云：『學道訪無心』」〔註145〕。在有與無的關係上，「有」似一個永遠無法畫完的圓，其中總有要規定的對象，要表述的事物，充斥著繁雜、包容萬千；「無」則像是不著痕跡、虛無渺茫的耳邊之風，能把一切繁雜的事物吹散，顯示出簡單明瞭的真實面貌。在對「心」的規定中，雖然涉及許多內容，但終究是外在的說辭或教誨，在理論上是可能的，但在實踐中是不足的。某些說辭，反倒成爲障礙。正所謂「有言人不會，無心道自知」〔註146〕。善昭的「無心」說，正是避免學人執著於求心而失心的禪法，是要打破對心的執著。執著爲妄念，以不執著的精神，消除對立和矛盾，才是禪法正道。他以無所執、無所念的心態，消除了「煩惱」，獲取「真智」，從「無心」而達到「有用」的結果。

克勤也提出「道貴無心，禪絕名理，唯忘懷泯絕，乃可趣向」〔註147〕。其「忘懷泯絕」與道家的「得意忘言」的說法相類似，亦體現了非有非空的「中道義」。這也是大乘空宗的最終要求。

慧能時的無念爲宗，無相爲體，無住爲本到北宋「文字禪」的無心、息心，破除了對「心」的執著，堅持了「一以貫之」的「道」；在心性論發展中，又重視本體之心，說明北宋「文字禪」在三家融合的趨勢中，在保持自身特色（大乘空宗思想）的同時，以「心性論」爲基礎，建立了儒釋交流的平臺。

（二）心性與佛性

在佛教中，心性與佛性思想是密切結合的。心性論是佛性論的基礎。在

〔註144〕郭朋：《壇經校釋》，北京：中華書局，1983年，第14頁。

〔註145〕〔宋〕楚圓等集：《汾陽無德禪師語錄》卷上，《大正藏》卷47，600b。

〔註146〕〔宋〕楚圓等集：《汾陽無德禪師語錄》卷下，《大正藏》卷47，626b。在《自慶歌》中又道：「無德無能無所解，無心無意續玄燈，無生無滅無來去，無是無非一箇僧」。

〔註147〕〔宋〕紹隆等編：《圓悟佛果禪師語錄》卷16，《大正藏》卷47，788b。

禪宗中表現爲：在「性具」理論的指導下，佛性、眾生性本自具足，佛性本來存在於眾生心中。

慧能在成佛的問題上，實現眾生性與佛性的一致。到馬祖道一時期，又提出「即心即佛」的主張，以心性等同於佛性。此後，禪宗的認識大致沿襲著這一思路。有所不同的是，在臨濟宗中逐漸擴大了對個體「自心」的重視。他們「自覺地把『人』作爲禪的最終目的、對象而加以特殊考慮，人的地位、價值以及人在宇宙中的位置、人生的實際意義」〔註148〕。臨濟義玄進而將佛性具體化爲個人的心識、精神，比喻爲「無位眞人」、「無依道人」，從每個人的「面門」中自由出入〔註149〕，強調其本有性。

到北宋「文字禪」時期，在心性與佛性中，人、佛關係仍然密切結合。

首先，在心性與佛性關係上，以明個體心性彰顯佛性。善昭作《頓漸俱收》曰，「識心心是佛，不識即魔王。魔佛一心作，佛眞魔即狂」〔註150〕。在「迷即眾生，悟即佛」的基礎上，善昭將「迷」以「魔」代之，更說明了「迷」的危害性。在成佛的可能性上，佛與眾生並無差異，關鍵在於是否「明心」。

克勤也指出「全心即佛，全佛即人，人佛無異，始爲道矣。此諦實之言也。但心眞則人佛俱眞，是故祖師直指人心，俾見性成佛」〔註151〕。

他們在悟道、成佛之路上，肯定了「心」的獨一無二性，以「明心」方能「成佛」。基於此，禪師們繼承「超祖越佛」、「即心即佛」等主張，並借用解讀「公案」的形式，時刻明示學人樹立自信，認識內心本有佛性。

其次，在眾生與佛的關係上，仍堅持了「一切眾生皆有佛性」的主張。北宋「文字禪」延續了自唐五代以來的「青青翠竹，盡是法身；郁郁黃花，無非般若」的觀點，將「眾生」的範圍擴大到宇宙萬物生靈中，實現「物我一如」、「人佛一如」。典型者爲惠南的「黃龍三關」。「黃龍三關」涉及「眾生生緣處」、「我手佛手的關係」、「我脚驢脚的關係」，以簡便、直接的問話探尋

〔註148〕潘桂明：《中國佛教百科全書・宗派卷》，上海：上海古籍出版社，2000年，第320頁。

〔註149〕「無位眞人」的說法出自《鎮州臨濟慧照禪師語錄》，義玄曾說道，「赤肉團上有一無位眞人，常從汝等諸人面門出入，未證據者看看」（《大正藏》卷47，496c）。

〔註150〕〔宋〕楚圓等集：《汾陽無德禪師語錄》卷下，《大正藏》卷47，628b。

〔註151〕〔宋〕紹隆等編：《圓悟佛果禪師語錄》卷15，《大正藏》卷47，768b。

眾生的本來狀態，人與佛的關係，人與其他生靈的關係，表明了惠南在「一切眾生皆有佛性」的理論下，以叢林慣用的「活句」，充實了心性論與佛性論的表達方式。

法演在成佛的可能性上，說明「山僧今日將山河大地，盡作黃金□該有情無情，總令成佛去」〔註 152〕，明確地將成佛的範圍擴大到一切有情、無情眾生，反映出佛法普澤。再度以「成佛」爲目標，表明北宋禪師對傳統禪宗的回歸，除去了唐五代時期的乖戾張狂與特立獨行，將修行的目標重新回到「成佛」論上，也反映出北宋禪師以語言文字爲媒介對禪宗基本義理的明確說明。禪師們「繞路」所說的是「公案」中祖師言行的內在之意，或修行方法。對於禪宗的基本義理，如成佛，明性等主張並不諱言。

第三，從傳承的角度說明心性與佛性的一致。北宋時期，從發展規模和影響程度上禪宗雖取得了絕無僅有的成就，但是從理論創新上，並不如唐五代時期。在這樣的情形下，北宋禪師在力爭創造新的表達形式的同時，也時刻注意到禪法的傳承，所以，從某些方面來說，北宋「文字禪」禪師較爲關注「傳心」，從樹立禪宗正統和法系的傳承上，統一心性論和佛性論。

在提升「心」地位的同時，以「心眞則人佛俱眞」爲基調，確立「人佛統一」說，而將歷代祖師的「傳心」提升到心性論與佛性論統一的高度。「佛祖以心傳心，蓋彼彼穎悟透脫。如兩鏡相照，非言象所拘，高超格量，箭鋒相拄，初無異緣，乃受道妙嗣祖繼燈」〔註 153〕。禪宗一貫堅持的所傳之「心」，即指佛心、自心。他們強調要「自識本心，自見本性，實現自我超越，解脫煩惱、痛苦和生死，成就爲佛，即在有限、短暫、相對的現實中實現無限永恒、絕對」〔註 154〕。在具體的禪修中，「脫情識，出思維」，以「無念」、「無心」截斷煩惱，直達佛境，又再度以雙遣、雙破，無所執的思維方式實現了以大乘空宗爲指導下的心性論與佛性論的結合。

總體說來，北宋「文字禪」禪師在心性論與佛性論的關係上，主要繼承了前人思想，倡導二者一致說。有所變動的是，對個體的重視和萬物皆能成佛理論的擴展，而在核心思想上並無變更。這也說明，北宋「文字禪」體系

〔註 152〕〔宋〕才良等編：《法演禪師語錄》卷上，《大正藏》，卷 47，652c。
〔註 153〕〔宋〕子文編：《佛果克勤禪師心要》卷上，《續藏經》第 120 冊，第 709 頁。
〔註 154〕方立天：《中國佛教哲學要義・上》，北京：中國人民大學出版社，2002 年，第 368 頁。

中已經表現出內在理論推動力不足的局面，而只能從前人文化中獲取給養。從思想創新上看，北宋時期的禪宗已經無法與唐五代時期相媲美。

（三）心法與色法

「心法與色法」的關係主要表現為對內在心靈與外在世界關係的處理。禪宗又被稱為「佛心宗」，因其「以心傳心」的法門而得名。「緣起論是佛法的理論基石」〔註155〕，在「緣起論」的基石下，禪宗把「心」提高到本原性的地位。以「萬法多名只一心」的規定，統攝外在的色法（此處統指物質世界）。具體說來，心法與色法的關係從「表詮」上表現為生成與被生成的本末關係，表現與被表現的體用關係；從「遮詮」上，則實現了心法與色法無二。

一方面，「表詮」上的本末、體用關係。「表詮」是從肯定性方面而言，是了義，為「權教」，相當於「述有」，存在各種關係。在生成與被生成的本末關係中，心法為本，色法為末。在表現與被表現的體用關係上，心法為體，色法為用。或者換言之，心法為第一義，色法為第二義。

如前文所述，北宋「文字禪」禪師對「心」的規定性上看，「心」被賦予本原性的地位，以「心明則一切明，心昧則一切昧」和「心隨萬境，萬境唯心」等統攝萬物。用「明心」，實現「見性」；以內在的「無礙」帶動外在的「無礙」，實現不執於「色法」，任性自然。將佛教中的基本構成要素，如「三界」（色界、無色界、盡界）、「四大」（地、水、火、風）、「六門」（眼、耳、鼻、舌、身、意）等皆歸之於「心」（或「意根」）中，明確表明了「心生萬法」的理念。同時，在「色法」與「心法」的關係上，只有與「心法」相結合的「色法」才被許可的，否則，便成為「塵礙」，被禪師所擯棄，而成為被批判的對象。

在自我個體與世界整體，內在心性與外在物質的關係上，「文字禪」禪師確立以「心」攝「象」的關係。「然則心生於有心，象出於有象。象非我出故，金石流而不燋，形非我生故，日用而不勤。紜紜自彼於我何為？」〔註156〕「象」雖非我出，而是遵循自然運行規律，其具體形態也非我能決定，但「心」具有選擇權，選擇從何種外象中獲取內心的「禪悅」，選擇行腳參請的對象，及其禪師教誨的方式，最終仍是以「心法」統攝「色法」。

另一方面，「遮詮」上的無二關係。「遮詮」是從否定性方面而言，是不

〔註155〕賴永海：《緣起論是佛法的理論基石》，《社會科學戰線》2003 年第 5 期。
〔註156〕〔宋〕惟蓋竺等編：《明覺禪師語錄》卷 1，《大正藏》卷 47，674b～c。

了義，爲「終教」，相當於「說無」、「論空」，表述大乘空宗「不一不異」的思想。

「心法」與「色法」的稱謂並不是決然對立的，在「表詮」的形式下，爲了表述「了義」而有所分別，從實質上說，二者是統一的。北宋「文字禪」禪師對「心」加以規定，而後紛紛述說「無心」、「息心」的思想，原因即在於打破任何有可能的「執著」，實現心靈的本來狀態。

克勤借用華嚴的圓融思想，將意識中矛盾的雙方加以結合。他提出，「直下如懸崖撒手，放身捨命，捨却見聞覺知，捨却菩提涅槃，眞如解脫。若淨若穢一時捨却，令教淨裸裸、赤灑灑，自然一聞千悟，從此直下承當。却來返觀佛祖用處，與自己無二無別，乃至鬧市之中，四民浩浩，經商貿易，以至於風鳴鳥噪，皆與自己無別。然後佛與眾生爲一，煩惱與菩提爲一，心與境爲一，明與暗爲一，是與非爲一，乃至千差萬別悉皆爲一」〔註157〕。在克勤思想中，以圓融思想取消了人爲意識中的「一切分別」，心與境爲一。在「一」中實現非凡非聖、不生不滅、不垢不淨，以「不一不異」的方式，表現大乘空宗雙立、雙破的思想。

由上可知，北宋「文字禪」的心性論既反映出禪宗對「心」的獨特關注，以「萬境唯心」賦予「心」本原性的地位，強調了個體在心性中的作用；在佛性論上，堅持了「一切眾生皆有佛性」的傳統主張，又繼承了唐五代「眾生」的內涵，反映出禪宗道學化的傾向；還借助其他教門的思想，表現禪宗色彩的同時，也體現著大乘空宗思想。北宋「文字禪」在「融合」的趨勢下，實現了「心性論」上的繼承和發展。

三、「文字禪」的修行論

「文字禪」在解讀「公案」的基礎上，借助語言文字表述禪法。對禪學的參與者而言，語言文字扮演著輔助教化的功能。指導弟子修行是禪師的重要責任之一。有學者將其獨特的「繞路說禪」形式作爲禪宗在北宋時期創造性的表現〔註158〕。然而，語言文字只是從表達手段上指明，修行方式仍要借助具體的實踐行爲體現。

〔註157〕〔宋〕紹隆等編：《圓悟佛果禪師語錄》卷13，《大正藏》卷47，773b。
〔註158〕方立天：《中國佛教哲學要義》（下），北京：中國人民大學出版社，2002年，第1011～1015頁。

　　結合北宋時期，禪師繼承與發展的時代任務和融合的整體趨勢，「文字禪」的修行論呈現出融合趨勢，既注重禪宗特色，突出頓悟，又對傳統佛教修行方式有所回歸，體現漸修；既對禪修有所規定，又提出「道不假修」，將禪法融入日常生活中。尤其在「坐禪」上，融合了自神秀、慧能以來出現的不同態度〔註159〕，主張在「清淨心」的指導下，由「坐禪」式的漸修達到「明心見性」的頓悟。

　　首先，既注重禪宗特色，又對佛教傳統修行方式有所回歸。

　　善昭作《證道頌二十首》，從二十個環節說明實現「超凡入聖」的步驟。概括說來，主要包括以下方面：截斷貪嗔癡、煩塵、妄念、罪業、對世俗家園的牽掛；保持精進、勇猛、金剛性、虛空性；借鑒言語道合、因勢利導等接引方式；實現求佛祖心印，獲取無上智慧的目的。既有對傳統修行方法的繼承，又反映出臨濟宗的特色。

　　其一，在禪宗特色方面，主要體現在倡導禪宗的頓悟法門、解讀「坐禪」和重視行腳參請等方面。

　　一則，倡導禪宗的頓悟法門。「頓悟」法門是禪宗修行的重要方式，也是維繫其特色的重要方面。北宋「文字禪」禪師以語言文字爲手段，在禪法中盡顯「一悟直入佛地」式的簡便、直接的悟道方式，在修行中堅持「迷悟在須臾之間」。重顯曾云「智者聊聞猛提取，莫待須臾失卻頭」〔註160〕。智者之所以能成爲智者正在於他們能夠「猛提取」，瞬間打破漆桶，一燈照破萬年暗，哪怕是「須臾間」的停滯，也會「失卻頭」，陷入謎團而無法自拔。須臾間明，須臾間暗，須臾間生，須臾間死，這正體現出禪宗的頓悟法門。

　　除了提倡直截的悟道方式外，北宋「文字禪」禪師在修行中，以「無念爲宗，無相爲體，無住爲本」爲宗旨，提出息心、斂念的主張。呂夏卿所撰《明州雪竇山資聖寺第六祖明覺大師塔銘》中評價重顯的禪法爲，「悟性相體空，頓息萬緣，爲大乘法器」〔註161〕，直言重顯的「悟空」、「息念」的大乘

〔註159〕關於神秀與慧能在「坐禪」上的分歧，高雄義堅在《宋代佛教史研究》中提出，神秀側重「打坐主義」，慧能以「具性」爲中心，形成相對獨立的立場，而後，禪宗內部幾度重複頓與漸的對立，以及打坐主義和見性主義的離合。南宋「看話禪」和「默照禪」即是這兩種對立的反映（臺北：華宇出版社，1987年，第104頁）。

〔註160〕〔宋〕惟蓋竺等編：《明覺禪師語錄》卷1，《大正藏》卷47，670c。

〔註161〕〔宋〕惟蓋竺等編：《明覺禪師語錄》卷6，《大正藏》卷47，712c。

空宗思想。

　　二則，對坐禪的解讀。慧能曾對神秀一系的「坐禪」頗有微辭，提出「禪非坐臥」，認爲，「此法門中，一切無礙，外於一切境界上念不起爲坐。見本性不亂爲禪」〔註162〕。南嶽懷讓也以磨磚做鏡啓示馬祖道一作佛不在坐禪。「若學坐禪，禪非坐臥；若學坐佛，佛非定相」〔註163〕。在唐末五代打破一切執著的「超祖越佛」時期，「坐禪」成爲被批判的對象。但「坐禪」與「瞑想」是禪宗特性的象徵，在禪宗的發展中從未消失。北宋「文字禪」禪師再度加強「心」的作用，並賦予「坐禪」以新的內涵。

　　善昭作《坐禪》頌曰，「閉戶疎慵叟，爲僧樂坐禪。一心無雜念，萬行自通玄。月印秋江靜，燈明草舍鮮。幾人能到此，到此幾能甄」〔註164〕。

　　重顯在《禪定大師》中也讚頌道，「虛凝不器，有象殊域，伊河逞流，卓爾原極。鷲峯崔嵬，蟾輪乍回，列剎望重，勞生眼開。開也誰覲，迅振高古」〔註165〕。對禪定大師所達到的高明境界，充滿著羨慕。

　　他們重提「坐禪」，並賦予新的內涵：一種爲，以「心」指導「坐禪」。善昭「坐禪」的關鍵在於無雜念之「心」的引導。由心靜而超凡入聖，在入世中實現出世，以達到「萬行自通玄」的境地。這與慧能提出的「一切無礙」的思想是一致的。另一種爲，肯定了「坐禪」在修行中的作用。由「一心無雜念」爲指導的「坐禪」方法擺脫了「生來坐不臥，死去臥不坐」的外在形式的束縛，在無住、無相、無念中，實現內心與自然的結合，在「月印秋江靜，燈明草舍鮮」的恬淡、清新則盡顯「萬行自通玄」或「迅振高古」的境界。從總體上體現出「坐禪」中「體靜心動」的特徵。

　　三則，對行腳參請的詮釋。唐五代時期，行腳成爲禪僧重要的問道方式。將行腳與修行結合起來，呈現出「身心俱動」的動態修行特徵。北宋時期，這種修行方式仍經久不衰。

　　鑒於此，善昭對行腳活動進行理論概括，成《行腳歌》〔註166〕，突出修行理念：一，參請顯示了出家人的高尚與純潔。二，以「唯有參尋別無路」

〔註162〕郭朋：《壇經校釋》，北京：中華書局，1983年，第37頁。
〔註163〕〔宋〕道原編：《景德傳燈錄》卷5，《大正藏》卷51，240c。
〔註164〕〔宋〕楚圓等集：《汾陽無德禪師語錄》卷下，《大正藏》卷47，627c。
〔註165〕〔宋〕惟蓋竺等編：《明覺禪師語錄》卷4，《大正藏》卷47，697b。
〔註166〕詳見〔宋〕楚圓等集：《汾陽無德禪師語錄》卷下，《大正藏》卷47，619b～c。

明確行腳的必要性。三，說明參請的辛苦，需要參請者不畏艱辛，耐得住身體和心靈上的痛苦。四，參請中要「帶眼行」，要做到「明見、分別、無心」。五，在參請中需持勤恭崇敬的態度，不避寒暄，不羨榮華不怕羞辱。六，參請悟道後能達到「悠悠自在樂騰騰」的境地。

　　經過善昭的解讀，唐末五代之後興起的「行腳」獲得了認可，擁有了理論和思想內涵。爲後世傚仿，成爲禪僧求學悟道、禪門交流的重要手段，彰顯了禪宗的創造性。這種身體與行爲上的「動態」的修行方式時，與相對靜態的「坐禪」修行法結合起來，實現了動靜結合，補充了禪宗修行方式，也帶動了「語錄」的流傳，及其「代別」、「頌古」等解讀方式的普及。

　　其二，對傳統修行方式的回歸，主要表現在利用經典、對精進方式的強化上。

　　佛教傳統的修行方式爲戒、定、慧三學。戒爲持戒，乃爲僧者的根本；定爲禪定；慧爲智慧、般若三昧，主要從經典中獲得。「文字禪」禪師堅持傳統的修行方式時，改造了「三學」，賦予禪宗的內涵。

　　一則，利用經典。禪宗歷來主張「不立文字」，對經、教多持否定性的態度，慧能提出「佛法妙理非關文字」；在唐末五代時期出現了「佛經是拭疣紙」的論調，對於念佛也有「念佛一聲，漱口三日」的說法。但是，雖然他們有如此激烈的論調，卻從未完全否定過經典的存在〔註167〕。

　　到北宋時，禪師再度重視對經典的解讀，比如善昭的老師——首山省念便喜讀《法華經》，「爲人簡重，有精識，專修頭陀行，誦《法華經》，叢林畏敬之，目以爲念法華」〔註168〕。善昭繼承和發展了其師對經典的態度，再度重視經典。在語錄中，不乏有借助經典立論的例證〔註169〕，他常借助《金剛經》、《華嚴經》、《法華經》等經典引導學人。在「舉古」、「拈古」、「頌古」時，更不乏解析前代禪師對經典的態度。在《自書》中描述爲，「每自勤三業，誰能笑七賢，然燈迦葉後，運智古皇前。不止無心地，寧居有想天。一輪明月靜，萬壑寶光妍。宴坐爐藏火，經行香續煙。古今同道者，

〔註167〕見方立天：《論南頓北漸》，《世界宗教研究》2000年第1期，第47頁。其中對唐末禪師對戒定慧「三學」的態度有具體分析。

〔註168〕〔宋〕惠洪集：《禪林僧寶傳》卷3，《續藏經》第137冊，第453頁。

〔註169〕如善昭曾上堂說法時多次引用經文言論作爲自身見解的證據。「上堂云：一切諸法本來解脫，無有繫縛，故經云：『無繫縛者，無解脫者』」（《汾陽無德禪師語錄》卷上，《大正藏》卷47，602a）。

頻復往來篇」〔註170〕，生動地描繪了其讀經、看教的日常修行方式。

不惟善昭，北宋「文字禪」的其他禪師以「舉古」、「拈古」、「頌古」、「評唱」、「擊節」等形式，紛紛表述對於經典的態度。他們以語言文字為工具，重新認識了以文字記述語言的佛教典籍。與重視疏證的佛教義學不同，他們更重視體會經文的「言外之意」。

二則，利用精進方式。「精進」乃佛教「六度」（布施、持戒、忍辱、精進、禪定、般若）之一。慧能時雖提倡「一超直入佛地」與「放下屠刀立地成佛」的頓悟法門，但並未否認漸修。所謂「南能」頓悟，「北秀」漸修，只是相對而言的。禪門中從未否定過「精進」式的漸修，在頓悟之後仍提倡漸修，謂之「保任」。

北宋初期，提倡禪淨合一、禪教一致的法眼宗人永明延壽，每日習 108 件佛事，尤其注重念佛，推崇淨土思想。士大夫和禪師也不乏修行念佛以歸淨土境界者。在北宋後，「禪淨二家併天下」的局面下，倡導漸修方式的淨土思想日益滲透入禪學體系中。

面對禪學界呈現出「學佛者多而悟道者少」的局面，善昭再度加強了對「精進」工夫的利用。他指出「精進猶如牛二角，習學日久，身心純熟，正念現前，舒卷自在。所以無功之功，其功大矣」〔註171〕。「精進」乃是悟道的漸進工夫，是修習的方式。另又說到，「精進為務，覺多生，罕遇奇人，勇猛為心，慶此世逢知己，須開正見，切要精通」〔註172〕，更明確地將「精進」與「覺」（悟）、「正見」結合起來，使其成為「頓悟漸修」的「保任」工夫。

北宋末年，惠洪著《智證傳》，也借助經文說明禪法，推崇「精進」工夫，指出「予於是十波羅密中，自觀皆莫能行，獨於心常不與世心和合，敬奉教矣。以情觀之，則予為沙門。……然予之志，蓋求出情法者，法既出情，則成敗讚毀，道俗像服，皆吾精進之光也」〔註173〕。也是借用傳統佛教的修行方法，以「奉教」和「精進」作為衡量「沙門」的標準。

由此觀之，「文字禪」禪師運用語言文字表達禪法，結合佛教傳統戒定慧「三學」與禪宗「直指心性」的頓悟法門，借鑒「三學」實現「明心」，復又

〔註170〕〔宋〕楚圓等集：《汾陽無德禪師語錄》卷下，《大正藏》卷47，629a。
〔註171〕〔宋〕楚圓等集：《汾陽無德禪師語錄》卷上，《大正藏》卷47，610c。
〔註172〕〔宋〕楚圓等集：《汾陽無德禪師語錄》卷下，《大正藏》卷47，619b。
〔註173〕〔宋〕惠洪撰：《智證傳》，《續藏經》第111冊，第222頁。

以「所明之心」指導「三學」的修行，在修行觀上實現了禪教融合。

其次，「道不假修」，將禪法和日常生活結合起來，在日常生活中實現修行。慧能賦予「心」以現實、當下的內涵，又以「無念爲宗」爲要旨。其後學馬祖道一提出「道不用修，但莫污染」，以「平常心即道」，認爲日常生活中的行住坐臥，無不是道〔註174〕；石頭希遷提出「即事而眞」的思想，皆以在現實生活中，實現「心」的本來面目，以「心」的本來面目爲指導，在日常生活中體現隨順自然的行爲。

北宋「文字禪」禪師仍貫徹了這一理念，在說法中，採用靈活、多樣的教導方式，取消對刻意「求法」的執著。一方面教導學人，「道不假修」，「禪非意想」〔註175〕。以「無念」、「忘心」爲基礎，打破唯有遵循固定的修行方法才能悟道的思想誤區，打破對「祖師西來意」等禪法理論的追求，以「饑來則食，困來則眠」式不受約束的生活行爲，實現自性、心靈的自由。禪宗在「心性論」基礎上隨緣任運的思想，彰顯出禪宗在修行方式上的簡易之道，其自由灑脫，不受拘束的行爲方式也爲宋代士大夫階層豔羨，並成爲他們親近禪宗的原因之一。

另一方面，引導學人貫徹隨緣任運的生活方式。北宋中後期，面對前人對「公案」的多樣的解讀，法演曾教導學人在修行中要過「祖師關」，即從祖師言行中體會其本來之意，不爲祖師言論所羈絆，並將祖師言行轉化爲自身日常行爲。對於此，他自言，「每日起來，拄却臨濟棒，吹雲門曲，應趙州拍〔柏〕，擔仰山鍬，馺潙山牛，耕白雲田，七八年來漸成家活。更告諸公：每人出一隻手，共相扶助，唱田歸樂，麁羹淡飯」〔註176〕。面對諸位禪師形形

〔註174〕據《景德傳燈錄》卷28，馬祖道一示眾，「道不用修，但莫污染。何爲污染？但有生死心造作趣向皆是污染。如欲直會其道，平常心是道。謂平常心無造作，無是非，無取捨，無斷常，無凡無聖。經云：『非凡夫行，非賢聖行，是菩薩行。』只如今行住坐臥，應機接物，盡是道」。（《大正藏》卷51，440a）

〔註175〕惠南提出「道不假修，但莫污染；禪不假學，貴在息心。心息，故心心無慮，不修，故步步道場。無慮則無三界可出，不修則無菩提可求」（〔宋〕惠泉集：《黃龍惠南禪師語錄》，《大正藏》卷47，632c）。克勤也說明，「禪非意想，以意想參禪，則乖道絕功勳，以功勳學道則失，直須絕却意想。喚什麼作禪？腳跟下廓爾，無禪之禪，謂之眞禪。如兔子懷胎，絕却功勳。喚什麼作道？頂門上照耀，無道之道，謂之眞道。似蚌含明月，到箇裏實際理地既明，金剛正體全現。然後山是山，水是水，僧是僧，俗是俗，萬法樅然初無向背」（〔宋〕紹隆等編：《圓悟佛果禪師語錄》卷7，《大正藏》卷47，744b）。

〔註176〕〔宋〕才良等編：《法演禪師語錄》卷下，《大正藏》，卷47，663b。臨濟棒、

色色的教化方式，不是一味模仿，既有所借鑒，又能夠遊刃有餘地轉化爲自身行爲。如若不能，尚不如從耕田勞作、粗茶淡飯中體會平淡的快樂。

禪師們也說明祖師以「公案」設關和以多種方式解讀「公案」具有時代性和現實緣由，並不具有普世性。黃龍惠南曾上堂云：「三玄三要、五位君臣、四種藏鋒、八方珠玉，三十年前，爭頭競買，各逞機鋒。而今道泰昇平，返樸還淳，人人自有。山青水綠兮，白雲深處兮，三衣併爲一衲，萬事無思何慮兮」〔註177〕。鬥機鋒、立禪法都是隨時隨事而爲，最直接也是最根本的仍在於「無思無慮」中自在地體會固有的樸實之性。

與佛教其他義學相比較，禪宗最大的特色在於修行的親近化、日常化。它拉近了「眾生」個體與看似永不可及的「佛」的距離，改變了模式化的修行方式，將「佛」從神壇上請下來，走進每位修行者內心，使「人佛合一」，時刻以「正見」指導修行者的日常生活。「道不假修」的理念，則又擺脫了模式的束縛，更易於發揮出個人本眞的狀態。北宋「文字禪」禪師的貢獻在於個人堅持了具有禪宗特色的「道不假修」、「禪非意想」方式，傳承了「無念爲宗、無相爲體、無住爲本」的修行理念後，又以語言文字爲媒介，更大範圍地傳達、普及了這種思想，取消了「禪」的神秘，消除了棒喝之中的玄虛。

四、「文字禪」的解脫觀

修行論從實踐上反映解脫觀，解脫觀爲修行論提供了理論高度。禪宗的解脫觀與成佛思想密切結合在一起的。慧能提出「學佛爲了成佛」的目標後，後世禪師們以「頓悟」的方式，簡略了繁瑣的修行階次；在成佛的可能性上也達成了一切眾生皆能成佛的共識。北宋時期，「文字禪」禪師不論是以「繞路說禪」的形式，還是以直接明示的方法，都在彰示解脫思想，在解脫目標，解脫條件，解脫方式上立說。

首先，「文字禪」思想中解脫的目標仍在於「成佛」。佛者，覺也。成佛即覺悟。北宋「文字禪」提出的「成佛」仍不離覺悟、悟道之意。法演曾明確提出「教天下人成佛去」〔註178〕，即教導天下人以悟道爲己任，引導他們

雲門曲、趙州拍〔柏〕、仰山鍬、潙山牛、白雲田，皆體現了諸位禪師教化特點。法演以此說明，要從這些特點中，領會禪師的用意所在，這才是過「祖師關」的用意所在。

〔註177〕〔宋〕惠泉集：《黃龍惠南禪師語錄》，《大正藏》卷47，633b。

〔註178〕據《法演禪師語錄》卷上，有「僧問：『施主遠趨於丈室，請師一句利於人』。

洞見「自家寶藏」，明確自身中的「佛性」。

　　他們雖以語言文字表達禪法，但並未將「成佛」限定在言論中，而注重實證。比如，對於藥山惟儼問石頭希遷「誠聞南方直指人心見性成佛」的「公案」，善昭、重顯、法演、克勤等皆有參究，具體說辭雖不同，但其相通處在於，「此事不在語言上，不在文字上」，「成佛」並非以口頭評論所能實現，而要「參須實參，悟須實悟，令教透頂、透底，亙古、亙今，打開自己庫藏，運出自己家財拯濟」〔註179〕。「成佛」的過程即是在實際行動中，發現自己清淨本性的過程。「道無疑滯，法本隨緣，事豈強為，蓋不爾而爾」〔註180〕。

　　覺悟要明見本心，「見性」方能「成佛」。在「見性」的方式上，「文字禪」禪師一方面仍堅持「頓悟」法門。「立地可成佛，殺人不眨眼。碎生死窠窟，要箇個儜漢。圓悟從來提此著，風前白雲曾喝散，當家種草可相從，利劍七星光燦爛」〔註181〕。「立地成佛」的直接性，可謂「頓悟成佛」的最好寫照。

　　另一方面，以「行本分事」，作為「成佛」的條件。善昭舉「僧問長沙：『本來人還成佛否？』沙云：『大唐天子，不可割茅刈草去也』」的公案，頌為，「岑公出袖播鴻機，問佛人多作佛稀。王主割茅親下手，不能土上更加泥」〔註182〕。「大唐天子」應統攝國家處理朝政，「割茅刈草」應是農夫所為。若令大唐天子去做農夫做的事情，是「錯用」，未行「本分事」。「問佛人多，作佛稀」也正因為，問佛人多「錯用心」。若能做合適的事，不被龐雜事物迷惑，以清淨自心，洞見自性，「本來人」自可成佛。「本來是佛，無成不成；正體湛然，離出不出。本分事上直得萬里無片雲，猶未可放過，更說什麼諸餘？其或隨機，且論箇出世不出世？所以道，淨法界身本無出沒，大悲願力示現受生」〔註183〕。

　　其次，解脫仍在自力。佛教解脫的方式有自力、有他力。重自力者，從發掘自身心性出發，如禪宗以「即心即佛」的思想，實現由內向外的道路；重他力者，借助多種憑藉條件，如淨土宗借助念佛、彌陀接引等外力因素實

　　　師云：『教天下人成佛去』」。又言，「山僧今日，將山河大地，盡作黃金□該有情無情，總令成佛去」。

〔註179〕〔宋〕紹隆等編：《圓悟佛果禪師語錄》卷13，《大正藏》卷47，772b。

〔註180〕〔宋〕惠泉集：《黃龍惠南禪師語錄》，《大正藏》卷47，633c。

〔註181〕〔宋〕紹隆等編：《圓悟佛果禪師語錄》卷20，《大正藏》卷47，809a。

〔註182〕〔宋〕楚圓等集：《汾陽無德禪師語錄》卷中，《大正藏》卷47，611a。

〔註183〕〔宋〕紹隆等編：《圓悟佛果禪師語錄》卷2，《大正藏》卷47，719b。

現解脫之道。「文字禪」在修行論中雖借鑒了佛教傳統的戒、定、慧「三學」，但最基本的解脫方式仍在於「明心見性」式的自力行為。只有通過自身體驗行為，才能體會「切忌從他覓，迢迢與我疏。我今獨自往，處處得逢渠。渠今正是我，我今不是渠」〔註184〕的境界。

以自信、自力修行，才能真正發揮內蘊的「如來藏」，獲得解脫。比如，在善昭看來，認識佛性的關鍵在於智（或「知」）。「『佛言，一切眾生皆有佛性。為什麼六道四生，各不能知』？代云：『非日月咎』」。「『有情為什麼無佛性』？代云：『隔』」。「『無情為什麼有佛性』？代云：『知』」。〔註185〕在「無情有性」或「有情無性」上，區別不在「無情是否應當有佛性」或「有情是否實際上無佛性」的概念判斷上，而在於是否認識到自身的佛性。由「自信」而明心，才符合禪宗精神。它將主動權完全地交與學人，取消了「佛」與「眾生」的差距，絕無僅有地提升了「人」、「心」在解脫中的地位和作用。

在修行中「自信」與「不自信」會出現天壤之別的差距。「自信」的居士能夠大徹大悟境界遠遠超過「不自信」的禪師。「乃佛乃祖直指此大法，於人人腳跟下洞照，如千日並出。但趣外奔逸久，不能自信有如是大威德光明，唯務作聰明立知見，向業惑中以謂出乎等夷，衒耀自得向人間世，所習古今博究廣覽，謂窮極底蘊。殊不知，螢火之光豈比太陽？所以古之奇傑之士穎脫之性。就近而論，如裴相國楊大年之儔，投誠放下，就宗師決擇，刻去浮塵知見，大徹大悟，始能超軼，與老禪碩德抗行履踐，到臨合殺結角頭，自解撒手克證大解脫」〔註186〕。借助典籍雖然能夠獲得不少體會，但消除成見，去除業障，只有靠自信後的自修方能實現。

第三，出家與在家的解脫觀。佛教在對待出世與入世的關係上，主張以出世的精神處理入世事務。慧能取消了「出家」與「在家」的絕對界限，關鍵在於「如何修心」〔註187〕。

北宋「文字禪」禪師在融合思潮中，在出家與在家的問題上，強調了「出

〔註184〕〔宋〕道原編：《景德傳燈錄》卷15，《大正藏》卷51，321c。
〔註185〕〔宋〕楚圓等集：《汾陽無德禪師語錄》卷中，《大正藏》卷47，614a、615b。
〔註186〕〔宋〕紹隆等編：《圓悟佛果禪師語錄》卷15，《大正藏》卷47，783b。
〔註187〕慧能提出，「若欲修行，在家亦得，不由在寺。在家能行，如東方人心善；在寺不修，如西方人心惡。但心清淨，即是自性西方」（郭朋：《壇經校釋》，北京：中華書局，1983年，第71頁）。

家」與「報佛恩」的關係〔註188〕，並以「清規」爲依據，對「出家者」的修行進行了若干規定，於「選佛場」中傳承禪門正法，力挽狂瀾。然而，他們也從未否認在家修行的重要性。在北宋時期，禪師與士大夫的交往甚密。在居士佛教取得較大程度發展的基礎上，充實了「在家」修行的解脫觀。

其一，「內護」與「外護」說。善昭不僅肯定了「在家」修行的可能性，而且將其提升到與佛法生存息息相關的地位，「西天二十八祖，唐來六祖，諸方老和尙，各展鋒機，以爲內護。及付囑國王大臣，有力檀信，以爲外護」〔註189〕。「外護」與「內護」相呼應，把「居士」眞正納入禪法體系中，比慧能肯定的「在家修善」的主張又前進了一步。成書於明代的《緇門警訓》提出有五種傳法方式「一受持，二看讀，三諷誦，四解說，五書寫。外護內護流傳，即佛法僧寶不斷也」〔註190〕。

其二，從理論上肯定了「在家解脫」的可能性。克勤認爲「在家菩薩修出家行，如火中出蓮，蓋名位、權勢、意氣，卒難調伏，而況火宅煩擾，煎熬百端千緒，除非自己直下明悟，本眞妙圓，到大寂定休歇之場，尤能放下廓爾平常徹證無心，觀一切法如夢幻泡空，豁豁地，隨時應節消遣將去，即與維摩詰、傅大士、龐居士、裴相國、楊內翰，諸在家勝士，同其正因，隨自己力量轉化未悟，同入無爲、無事法性海中」〔註191〕。既有明確的修行指導（直下明悟，本眞妙圓），又有維摩詰、傅大士、龐居士、裴相國（裴休）、楊內翰（楊大年）等古今著名的居士爲證，說明若擺脫名位、權勢、意氣等紅塵往事的糾纏，在家修「菩薩行」亦可實現解脫。這種解脫論對於有特定需要而「參禪」的士大夫階層無疑具有很大的吸引力。

「在家」解脫觀以禪宗「明心見性」的理論爲基礎，同時爲「居士佛教」的發展提供了可能。由於禪宗取消了「出家」與「在家」修行、解脫的絕對限制，爲那些身處紅塵，但又尋求精神解脫的士大夫階層提供了種種方便，從某些方面推動了士大夫的「好禪」之風。

〔註188〕如善昭提出「出家事畢，遂得魔軍退伏，釋梵歸依，龍天恭敬，不以爲喜，可謂報佛恩德。堪作明燈，亦名大法炬。爲舟爲檝，爲棟爲梁，陰覆多徒，運般廣益。開人天眼目，不昧自心，一切時中，互爲賓主」（〔宋〕楚圓等集：《汾陽無德禪師語錄》卷上，《大正藏》卷47，599a）。
〔註189〕〔宋〕楚圓等集：《汾陽無德禪師語錄》卷上，《大正藏》卷47，606b。
〔註190〕〔明〕如巹等編：緇門警訓》卷4，《大正藏》卷48，1062b。
〔註191〕〔宋〕紹隆等編：《圓悟佛果禪師語錄》卷14，《大正藏》卷47，776c。

小　結

　　本章用較大篇幅論述北宋「文字禪」的「文字」與「禪」。首先分別介紹「文字禪」中的「文字」與「禪」的內涵、特點，及其二者的關係。「文字」既指成文記載，也包含口頭教誨，因此，在「語錄」和「燈錄」中在解讀「公案」的基礎上，體現禪師思想的素材，皆可納入其中。「禪」則爲「禪宗」，是唐中期道信、弘忍創立，經慧能改造的禪宗。「文字禪」是借助語言文字表述禪宗思想的禪學體系。

　　然而，它又不同於唐五代時期的禪學體系，而突出了對語言文字的運用，顯示出「不離文字」的特點。逐漸認可語言文字的功能，並最終賦予「合法性」地位。同時，它又未改變「不立文字」的傳統，實現了「不離」與「不立」的統一，以「不離」說明「不立」，在「不立」中強調「不離」。既實現了以語言文字詮釋「公案」，傳承禪法，擴大禪宗的影響力，又保持了禪宗的特色。

　　「文字禪」作爲禪法體系的一部分，核心在於「禪」，所要表述的也是「一以貫之」的禪宗意旨。尤其在「心」、「性」的規定上，未改變「明心見性」的思想，但在發展中，逐漸充實了本體性，表現出現實之心與本體之心並用的特徵。在修行論和解脫觀上，也表現出堅持禪宗傳統，融合其他思想的風格。

　　以北宋「文字禪」爲縮影，體現出禪宗在融合的趨勢下，爲維繫自身思想體系與適應時勢需要作出的抉擇。「文字禪」的核心在於「禪」，仍屬於禪宗體系，但在具體的表現形式和修行理念上，加以變更，實現了禪教合一、儒釋融合，適應了北宋學風。

第五章　從北宋「文字禪」看三家關係

　　北宋是儒、釋、道三家互相融合但又相互磨合的時期，在三家關係〔註1〕的交流史上具有重要地位。「文字禪」的興起，反映出從禪宗的角度，對儒道思想的借鑒與影響。

第一節　「文字禪」對儒道思想的借鑒

　　「文字禪」對儒道思想的借鑒，主要體現在言意關係和具體的修行、解脫方式上。

一、從「言意關係」看三家關係

　　禪宗的語言觀基本上持「不立文字」說。但北宋「文字禪」突出以語言、文字表述禪法，實是「不離文字」，因而要求在「不立文字」與「不離文字」間實現調和。然而不論是「不立文字」還是「不離文字」，都離不開對語言文字與「禪」或「道」關係的探討。在本節中，嘗試以「言意關係」為切入點，側重說明儒釋道的相似之處。

　　在我國本土文化中，「言意」關係大致有兩種情況，「言盡意」和「言不盡意」。前者主要以儒家為代表，在「言」、「意」之間建立起必然性聯繫的橋梁；後者主要以道家為代表，在「道可道，非常道」的基礎上，發展出「得

〔註 1〕學術界習慣將儒、釋、道的關係統稱為「三教關係」。但對於「儒學」的性質，並不能以「教」籠統稱之，同時，三者中的「道」，不僅僅指道教，還包括道家。本文稱之為「三家」，也是為了說明禪宗對道家思想的借鑒，而暫未涉及道教因素。

意忘言」，凸現「言外之意」的思想。作爲中國化色彩濃厚的禪宗，在「言意」關係上，一方面借鑒了佛教傳統的「宗通」與「說通」的語言觀，另一方面，也借鑒了道家的「得意忘言」的言意關係，表現爲「不立文字」。北宋時期，在與儒家士大夫階層的交往中，受其言意關係的影響，從傳承的角度，又從一定程度上認同了「以言盡意」的思想，因而解讀、詮釋禪法「不離文字」。故而，在北宋「文字禪」思想中，呈現出以「不立文字」（「言不盡意」）爲主，「不離文字」（「言盡意」）思想並行的特點。

（一）「言不盡意」與「不立文字」

「不立文字」是禪宗主流的語言觀，禪宗典籍中出現的「不用文字」、「不拘文字」、「不執文字」、「不著文字」亦是此意。它一方面說明了禪法「第一義」非語言文字所能表述，另一方面說明了縱使借用語言文字揭示禪法，也不可從語言文字本身理解，而要體會「言外之意」，反映出大乘空宗對「執」的破除，與道家「言不盡意」的思想有某種程度的相似性。

道家「言不盡意」的思想，一則建立在「名實不當」的基礎上。「實」指具體存在的物質，而「名」爲人類意識的加工，反映出人類思維中的共識。「名」不一定客觀如實地反映「實」。正如老子對「道」的規定，也是「吾不知其名，字之曰『道』」（《老子・第 25 章》）。正因爲「不知其名」，權且稱之，隨著對所稱之物性質、內容的完善，人們逐漸形成共識，出現了有確切含義的「道」觀念。倘若，最初不用「道」之名，而稱之爲「理」，那麼「理」便具有如今被稱之爲「道」的名字所擁有的內涵。所以，「實」是客觀存在，相對固定的，而「名」是虛擬的、變動的。「『名』與『實』之間這種虛擬性、變異性的客觀存在，是老莊學派語言懷疑論的基礎」〔註2〕。

相應地，北宋「文字禪」禪師要求學人不從「言句」中求解、「不執文字」，從某種程度上說，也在於「第二義」的語言文字與「第一義」的眞如並不全然相應，不能如實表達。「只消千問百答，也不如彈指一下」，即說明了語言的不完善，所以，禪師以「有時喚天作地，有時喚地作天」〔註3〕的表達方式，取消了傳統思維中對「天」、「地」的認識，取消「名實」的必然聯繫，「體實而去名」。這種方式類似於「得意忘言」。

〔註 2〕 周裕鍇：《中國古代闡釋學研究》，上海：上海人民出版社，2003 年，第 15 頁。

〔註 3〕 〔宋〕克勤評唱：《碧巖錄》卷 1，《大正藏》卷 48，142a。

　　二則建立在認識的相對性上。《莊子・齊物論》中以「毛嬙麗姬，人之所美也；魚見之深入，鳥見之高飛，麋鹿見之訣驟，四者孰知天下之正色哉」〔註4〕說明，人和動物的審美標準不同，人與人的審美標準也是不一樣的。認識上的相對性決定了對「名」的不同認識，而引發「名實」不當的後果。

　　北宋「文字禪」禪師之所以借鑑語言文字說禪，對同一「公案」採用「代別」、「拈古」、「頌古」、「評唱」等形式解讀；不同禪師就同一話題紛紛立說，是為幫助學人，理解禪宗的基本義理，引導出正確的參禪道路，取消認識上的相對性和局限性，明瞭「祖師西來義」不在具體的言論中，而達到一種「無念、無相、無住」的境地，言明修禪「其實無許多事」。若能夠體會到諸事的自然之性，便能夠統攝一切佛法。正如法雲法秀言，「少林九年冷坐，剛被神光覷破，如今玉石難分，只得麻纏紙裏，者一箇，那一箇，更一箇，若是明眼人，何須重說破？」〔註5〕

　　三則，建立在對抽象本體的認識上。老莊否定「名」存在的可能性，很重要的原因在於他們感興趣的不是經驗世界的具體事物和現象，而是抽象的世界本體。「道常無名」（《老子・第32章》)，「道隱無名」（《老子・第41章》)，「道之全體大用，非片詞隻語所能名言；多方擬議，但得梗概之略，跡象之粗，不足為其定名，亦即『非常名』，故『常無名』」〔註6〕。在《莊子》中，則以「言」作為區分人類認識的三層次，「可以言論者，物之粗也；可以意致者，物之精也；言之所不能論，意之所不能察致者，不期精粗焉」〔註7〕。「物之粗」為物質世界，能以語言論之；「物之精」指精神世界，能以意會而不可言傳；「不期精粗」為超越性的真人世界，非語言、思想所能達到，接近於「道」的境地。

　　北宋「文字禪」禪師對「第一義」的規定，同樣具有本體性。延壽在《宗鏡錄》中「第一義」詮釋為「第一義心」、「第一義性」、「第一義觀」、「第一義諦」、「第一義空」等，分別是「清淨心」、「佛性」、「空觀」、「真諦」、「虛空」的代名詞。北宋禪師每次新到一處說法時，言說「當觀第一義」，也是以

〔註4〕　王先謙注：《莊子集解》卷2，《諸子集成本》，上海：上海書店，1987年，第15頁。

〔註5〕　〔清〕集雲堂編：《宗鑒法林》卷52，《續藏經》第116冊，第660頁。

〔註6〕　錢鍾書：《管錐編》第2冊，北京：中華書局，1979年，第409～410頁。

〔註7〕　王先謙注：《莊子・秋水》卷17，《諸子集成》本，上海：上海書店，1987年，第102頁。

體會禪法「教外別傳，不立文字，直指人心，見性成佛」的最直接說明。

可見，北宋「文字禪」禪師的「不立文字」與道家「得意忘言」有思想上的一致性。他們皆否定「言」的可能性，指出其中的弊病。但是二者存在根本上的區別，道家的「得意忘言」是以「言」作爲「得意」的工具，仍肯定「意」的存在；而禪宗「不立文字」是要完全的擯除，不執一念，不著一相，是徹底的否定。

（二）「言盡意」與「不離文字」

「不離文字」與「言盡意」都認可了語言文字對「道」、「意」的描述、表達、規範的功能。它們在思想的出發點上不盡相同，但在對語言、文字的肯定上是一致的。

儒家的「言盡意」思想肯定語言文字的功能。一方面，他們認同語言文字具有表達思想、情感，描述現實世界的能力。「將叛者，其辭慚，中心疑者，其辭枝，吉人之辭寡，躁人之辭多，誣善之人，其辭遊，失其守者，其辭屈」〔註8〕，表現出語言文字是人性的外在表現。另一方面，他們提出語言（名辭、辨說）、思想（心）與眞理（道）具有同一性。「辨說也者，心之象道也。心也者，道之工宰也。道也者，治之經理也。心合於道，說合於心，辭合於說，正名而期，質情而喻」〔註9〕。認可言辭能夠準確地表達出內心的眞實反映。

儒家更多地從倫理教化的角度，認可了語言文字的意義。並以「言以足志，文以足言」的理論，說明對語言表達思想、情感、事物等現象的肯定。

其「言盡意」思想一方面建立在倫理教化的基礎上。《春秋左氏傳》中提出「三立」，即首先立德、其次立功、再次立言。「立言」需以「立德」爲前提，在修身養性的基礎上，所立之「言」才能成爲眞言，才能反過來成爲衡量說話者品行的憑藉。《論語·堯曰》中的「不知言，無以知人也」與《論語·顏淵》中的「仁者，其言也訒」的思想都是將言語與品行結合的證明。另一方面，建立在文化傳承的基礎上。如孔子所言，「夏禮，吾能言之，杞不足徵也；殷禮，吾能言之，宋不足徵也；文獻不足故也，則吾能徵之矣」（《論語·八佾》）。博學如孔子者也要借助有史可考的文獻記載瞭解「三代」文明，追述古禮，教化後人。

〔註8〕 高亨：《周易大傳今注·系辭下》，濟南：齊魯書店，1998年，第446頁。
〔註9〕 王先謙注：《荀子集解·正名》卷22，《諸子集成本》，上海：上海書店，1987年，第281頁。

　　面對倫理教化與文化傳承的使命，及其「言意關係」中存在的「名實不當」而導致的「名不正則言不順，言不順則事不成」（《論語‧子路》）的問題，儒家學者提出「正名」思想。「制名以指實」，以起到「上以明貴賤，下以辨異同」〔註10〕的作用。

　　同樣，北宋「文字禪」禪師以語言文字說禪的過程也是賦予語言文字合法性地位的過程。善昭以「了萬法於一言」改變了自百丈懷海以來「說似一物即不中」的語言觀，重顯提出「化門之說」，到克勤「言語爲入理之門」，再到惠洪「語言者，心之緣，道之標識」，逐步實現對語言文字在表述功能上的肯定，建立了與「心」、「道」的關係。在某些程度上反映出對「言盡意」思想的認可。

　　他們運用語言文字也是從教化和文化傳承的角度入手。但在教化目的和方式上有根本的區別。一則，與儒家重倫理教化的目的不同，「文字禪」的教化在於引導學人體會禪法大意，在於「體空」、「破空」而非「執有」。另則，與儒家基於倫理而正面明示教化的方式不同，「文字禪」禪師的教化手段是多樣的，不論採用「代別」、「拈古」、「頌古」、「評唱」中的何種方式，在說禪的方式上都是「繞路說禪」，用「活句」而不用「死句」，以「不落言詮」的形式，「東問西答」，僅以語言文字作爲引導，即所謂的「心之妙可以語言顯，而不可以語言見」，與儒家以語言直接表達思想的觀念有別。

　　在「心之妙不可以語言傳，而可以語言見」的觀點中，「心之妙」即「意」也，「意」不可「以語言傳達」但可「以語言表現」，又認可了「言」能顯「意」的思想。也說明與儒家倡導「言盡意」思想有相通之處。北宋時代的禪學與儒學在「言意關係」上實現著合流。

　　在此合流下，惠洪還借用魏晉時期「象」的概念，作爲「言不盡意」的補充，「言不得意以象傳，桂枝馨香石介然」〔註11〕。語言文字與「象」（或「相」）一同顯示「意」，以此自然中的默示萬物，都可以成爲助道之物。這也是對禪宗「即事而眞」的表現，展現了「青青翠竹，盡是法身；郁郁黃花，無非般若」的思想。

〔註10〕王先謙注：《荀子集解‧正名》卷 22，《諸子集成本》，上海：上海書店，1987年，第 276 頁。

〔註11〕〔宋〕惠洪集：《石門文字禪》卷 2，《四庫叢刊本》，上海：上海書店，1989年，第 73 頁。「象」或爲「相」，皆爲外在實物，而「象」更側重於從《周易》中的卦「象」，爲先秦儒家和魏晉玄學提倡。「相」則既可指禪宗「不立文字」下的畫圓相之「相」，也可通指佛教中的幻化出的「實相」之「相」。

　　從禪宗文化傳承的角度看，「文字禪」禪師運用語言文字，並認可其「文明載體」的作用，是為了在禪宗內部融合、禪教融合和三家融合中，凸現禪宗各宗門的個性和優越性，確定法系中的正統地位，以禪宗融會各家，充實了思想體系。另一方面，在唐五代「公案」已成為「關隘」，成為學人悟道中不得不過的「祖師關」時，北宋禪師以語言文字為媒介，指明禪修關鍵，指引學人翻過「公案山」，越得「祖師關」。這也是在禪僧文化水平相對較高的時代，運用的有效的教化方式。

　　可見，從傳承和教化的目的上看，「文字禪」的「不離文字」與儒家的「言盡意」思想有相同之處。但存在根本上的不同，儒家的「言盡意」思想是從正面對語言文字的肯定。「文字禪」的「不離文字」堅持著「繞路說禪」的原則，只是權宜之計，並非最終目的，仍舊是為了表明「不立文字」的思想。

（三）「言意」思想的融合與「不立文字」與「不離文字」的結合

　　「不立文字」與道家「言不盡意」，「不離文字」與儒家「言盡意」的語言觀有相近之處。在「文字禪」中實現了「不離文字」與「不立文字」的結合，而在儒道思想中「言盡意」與「言不盡意」的思想實際上也是並存的。

　　「言不盡意」與「言盡意」並非決然對立的。即便是魏晉時期的「言意之辨」也有兩個層次，「『得意忘言』論主要著眼於形上層次，而『言盡意』論主要著眼於形下層次，兩者所論並非完全針鋒相對」〔註12〕。二者實際上存在著矛盾運動的過程。思想文化的傳承，離不開語言文字。道家思想的發展歷程中，存在這種現象，而北宋「文字禪」禪師在對道家思想的吸收中，同樣體現出相似性。

　　首先，「文字禪」與道家在「言意關係」上的調和。

　　道家在「言不盡意」的主題下，也對「言意」關係加以折衷。「從闡釋學的角度看，老莊對『名』的消解和否定並非毫無意義，它那種超越語言的態度，有可能把文本的閱讀從純粹語言學中解放出來，而成為一種富有哲學意味的神秘體驗；它那種相對主義的認識論，有可能在動搖『名』的確定性時，也為文本閱讀中的多元性理解和解釋提供了辯護的理由」〔註13〕。

〔註12〕康中乾：《有無之辨──魏晉玄學本體思想再解讀・序》，北京：人民出版社，
　　　　2003 年，第 7 頁。
〔註13〕周裕鍇：《中國古代闡釋學研究》，上海：上海人民出版社，2003 年，第 18
　　　　頁。

其一，發明寓言、重言、卮言等獨特的言說方式。在《莊子・天下》中，曾自言，此書「以卮言爲曼衍，以重言爲眞，以寓言爲廣」，《寓言》篇中也道，「寓言十九，重言十七，卮言日出，以和天倪」。「寓言」指寄託之言；「重言」指重複之言，即摘錄或援引聖人或先賢的話；「卮言」指無心之言。《莊子》中以這些獨特的言說方式，述「謬悠之說」、「荒唐之言」，用「無端崖之辭」，以達到表面用「言」而實則無說的結果。

其二，強調「明言」以「無言」。通行本《老子》的開篇爲「道可道，非常道，名可名，非常名」，反思之，「常道」、「常名」不可道明，能道、能名者，只是「道」、「名」的表面形態，眞正的「常道」、「常名」是「無言」的。在《莊子・寓言》中，也明確說到，「言無言，終身言，未嘗言；終身不言，未嘗不言」。

其三，以「得意忘言」爲旨。在《莊子・外物》中最先提出「得意而忘言」之說，將語言作爲達意的工具，屬於低級層次，認爲言者與聽者的交流在於思想感情層面的溝通，並非僅僅停留在口頭表述或文筆記錄上。王弼在《周易略例・明象》的言意關係中，增添了「象」，提出，「得意在忘象，得象在忘言。故立象以盡意，而象可忘也；重畫以盡情，而畫可忘也」〔註14〕。魏晉玄學家在言意關係上多遵循「得意」的理路，並影響到了兩晉南北朝時期的僧人，他們在對佛經的態度上，也出現「得意忘言」的傾向〔註15〕。

道家的折衷做法，與北宋「文字禪」禪師利用語言文字的做法頗爲相似。他們以「繞路說禪」爲基點，運用「代別」、「拈古」、「頌古」、「評唱」、「擊節」等多種方式表達禪法，看似洋洋灑灑、成篇累牘、說東說西，實際上是要用「說」明示「不說」，以「言」達到「無言」，從表面深入內心，從低級層次上昇到高級層次。同時，以「言」達到「無言」的關鍵在於「得意」。善昭「三玄三要」的要旨，在於「得意忘言道易親」。延壽以「得意忘言」契合佛理。「若得意忘言，心行亦斷，隨智妙悟，無復分別，緣理分別，皆名爲待。眞慧開發，絕此

〔註14〕〔魏〕王弼著、樓宇烈校釋：《王弼集校釋》，北京：中華書局，1980年，第609頁。

〔註15〕如東晉時名僧支道林「每標舉會宗，而不留心象喻，解釋章句或有所漏，文字之徒多以爲疑」。南北朝時期的竺道生也提出，「夫象以盡意，得意則象忘；言以詮理，入理則言息。自經典東流，譯人重阻，多守滯文，鮮見圓義。若忘筌取色，始可與言道矣」。不論在佛典的翻譯和理解上，都重視「得意」，「格義」之法也是建立在此主旨上。

諸待」〔註16〕。從這些方面，反映出禪宗中國化色彩中的「老莊化」傾向。

　　但是，「文字禪」的終點不在「得意忘言」上，而是以禪學思想改造道家思想。一方面，禪家以「無心」爲目的，將「得意忘言」成爲實現的方式。上文所舉，延壽提出，「得意忘言」亦是「待」，只有憑藉「眞慧開發」，才能消除「待」的不足。重顯在《寄陳悅秀才》中也提到，「水中得火旨何深，握草由來不是金。莫道莊生解齊物，幾人窮極到無心」〔註17〕。莊子的「齊物」思想，是打破認識論上的相對性和局限性，實現「萬物一如」的無差別。重顯認爲「萬物一如」仍是「有」，仍有所執，更徹底的是「無心」之境。「無心」方無差別，無空有，而取消一切矛盾對立。

　　另一方面，重視內修內證的實踐行爲，在「名實」關係中實現對清淨本性的探求。重顯對《老子》中「天地不仁，以萬物爲芻狗」的說法，認爲，「咄咄休強名，芻狗亦爲累。寂寥金粟身，曾未求諸己」〔註18〕。即使假名爲「芻狗」，亦爲「累」，因所有的名稱都具有內涵和外延，從而有所局限；因有名便容易有所執。清淨（寂寥）心的實現方式，在於「求諸己」的內修內證。

　　其次，「文字禪」與儒家在「言意關係」上的調和。

　　儒家的「言盡意」認同了語言在表達思想，描述世界的功能，但也指出了語言本身的限度，尤其在表達本體意義的概念時，尚不能盡顯。如對「名實」問題也提出質疑，如孔子曾言，「予欲無言」，是因爲「天何言哉？四時行焉，百物生焉」（《論語·陽貨》），顯示出對語言表達功能的疑問。所以，在《易》中提出「卦」、「象」的概念，作爲補充。孔子曰，「聖人立象以盡意，設卦以盡情僞，系辭焉以盡其言，變而通之以盡利，鼓之舞之以盡其智慧」〔註19〕。在「言」、「意」之間設立「象」，更密切地將現實世界與人類思維、思想結合起來。作爲對這一做法的繼承，「文字禪」禪師惠洪同樣借用「象」的概念，作爲言不盡意的補充，提出「言不得意以象傳，桂枝馨香石介然」〔註20〕。

　　唐代禪宗中出現以畫圓相代替言說的做法，由南陽慧忠創立，被潙仰宗

〔註16〕　〔宋〕延壽集：《宗鏡錄》卷82，《大正藏》卷48，867b。
〔註17〕　〔宋〕惟蓋竺等編：《明覺禪師語錄》卷6，《大正藏》卷47，706b。
〔註18〕　〔宋〕惟蓋竺等編：《明覺禪師語錄》卷5，《大正藏》卷47，701b。
〔註19〕　高亨：《周易大傳今注·系辭上》，濟南：齊魯書社，1998年，第406頁。
〔註20〕　〔宋〕惠洪集：《石門文字禪》卷2，《四庫叢刊本》，上海：上海書店，1989年，第73頁。

繼承，後成爲禪林表達禪法的普遍手法〔註21〕。畫圓相即是以「象」表意，它擺脫了語言文字本身的局限性，而賦予禪法以無限的空間，無窮的變動。畫圓相的做法，與借用「卦」、「象」表達思想，從實質上看是一致的。只是，禪宗的做法，更多地被賦予佛教圓融內涵，具有特定的宗教意義。

「文字禪」禪師在語言觀上實現「不立文字」與「不離文字」的融合，反映出禪宗中國化進程中對道、儒兩家思想的吸收。在三家融合的北宋時期，「文字禪」禪師以此爲契機，既構建起了與傳統佛教一脈相承的禪法體系，又實現了三家思想上的一致性，爲擴大「文字禪」及其整個禪宗的發展提供了多種可能性。

二、借用儒道理論改造禪宗思想

北宋「文字禪」知名禪師們皆是本土人士，不像唐代及其以前多有來自西域諸國的外來僧人。他們生長於本土化的氛圍中，再加上禪宗固有的「本土化」色彩，當禪林中出現政治化的傾向時，往往在言辭上難辨說話者的身份。如黃龍惠南曾言「今上皇帝慶誕之日，普天皆賀，率土欽崇。堯天舜德，同日月以齊明；玉葉金枝，共山河而永固。恩憐萬國，澤降他邦，獄無宿禁之囚，馬共牛羊之洞。修文偃武，罷息干戈，萬民鑿井而飲，百姓自耕而食。家國晏然，事無不可」。〔註22〕這樣的言論如果不清楚黃龍惠南的身份，更容易被認爲憂國憂民、崇尚修身養德的士大夫所說的話。而這並非個案，如石霜楚圓、楊岐方會、白雲守端、五祖法演、圓悟克勤、大慧普覺、虎丘紹隆、雪竇重顯、宏智正覺等宋代不同宗門的禪師皆有上堂說法前拈香祝聖壽和護法士大夫福澤的經歷。五祖法演初住四面山講法時，拈香「先爲今上皇帝，伏願常居鳳扆永鎮龍樓」，次拈香「奉爲州縣官僚，伏願，乃忠乃孝惟清惟白，永作生民父母，長爲外護紀綱」〔註23〕，此後才向眾人宣講禪法眞諦。

可見，生長於本土的「文字禪」禪師更容易體味傳統文化，爲禪宗的發展獲取更多更有力的支持，也更容易找到禪宗與儒道思想的契合點。

〔註21〕如在《宗門玄鑒圖》中解讀「照用關係」的「第二先用後照者」時提到，「如學人來問祖師西來意，或問佛法大意，或問如何是學人本來面目，或問如何是極則事，禪主舉起拂子，或以挂杖便打，或下禪床立，或畫圓相，或呈機要，據斯接機，古人亦強名用要也」。
〔註22〕〔宋〕惠泉集：《黃龍惠南禪師語錄》，《大正藏》卷47，633b。
〔註23〕〔宋〕才良等編：《法演禪師語錄》卷上，《大正藏》卷47，649a。

　　而「文字禪」的變革，除了在語言觀上借鑒儒道兩家思想，將「不立文字」與「不離文字」結合起來，突出了對語言文字的運用；還表現在禪修及解脫方式的變化上。主要是對儒家思想的靠攏，即借用儒家倫理思想修養身心，實現禪、儒融合。

　　北宋禪師借鑒儒家倫理思想修養身心，主要表現在對忠、孝理念的改造。以法眼宗人永明延壽和雲門宗人明教契嵩爲代表。延壽在《宗鏡錄》中提出「祖師特地西來，指眞歸而不歸，示正見而弗見，都爲藏識熏處。無始堅牢，執情厚而如萬疊冰崖，疑根深而似千重闇室。今者廣搜玄奧，不厭文繁，和會千聖之微言，洞達百家之祕說。無一法不順，能成孝義之門」〔註24〕。他所推崇的「祖師西來意」，指示眞歸、正見的禪宗法門在此被改造成爲「孝義之門」。以此爲指導，延壽的修行理論與儒家倫理教化結合在一起，「開俗諦也，則勸臣以忠、勸子以孝、勸國以紹、勸家以和；弘善示天堂之樂，懲非顯地獄之苦；不惟一字以爲褒，豈止五刑而作戒。敷眞諦也，則是非雙泯，能所俱空；收萬象爲一眞，會三乘歸圓極」〔註25〕。佛教爲方便教化，分俗諦、眞諦，設權教、終教。延壽以儒家忠孝等倫理道德作爲俗諦，在修行中加入對世俗倫理的遵循。而「若於一心四念處修道，不忘慈父囑，眞孝順之子孫」〔註26〕的提法更進一步將修道與遵循倫理孝道結合。

　　契嵩則賦予「孝」以普遍性的意義。在宋儒「排佛」時期，著《孝論》發明大孝之理，表明「夫孝，諸教皆尊之，而佛教殊尊也」〔註27〕。以儒家重視的「孝」的概念獲取三家關係的內在親近與共同話題。佛教自漢代傳入後，「忠孝」問題成爲反佛的理由之一。僧人們在對世俗文化作出讓步的同時，也在不斷改造著「忠孝」的內涵，主要體現在「報恩」思想上，提出報佛恩、報國王恩、報父母恩、報眾生恩，然而「報恩」並不等同於世俗理念的行「忠孝」之道。契嵩對「孝」的改造，已經與世俗理念頗爲接近。他以「五戒」等同於「五常」，「以孝明戒」，將佛教最基本的「持戒」等同於「持孝」，體現出佛教修行中對世俗文化的屈服。

　　契嵩同時改造禪宗中基本的「心性論」，在「心」的內涵上，融入了道家

〔註24〕〔宋〕延壽集：《宗鏡錄》卷34，《大正藏》卷48，612a。
〔註25〕〔宋〕延壽編：《萬善同歸集》卷3，《大正藏》卷48，988b。
〔註26〕〔宋〕延壽集：《宗鏡錄》卷30，《大正藏》卷48，591c。
〔註27〕〔宋〕契嵩撰：《鐔津文集》卷3，《大正藏》卷52，660a。

關於「道」的規定，將禪宗之「心」與道家之「道」結合起來。「心必至，至必變。變者識也，至者如也，如者妙萬物者也，識者紛萬物異萬物者也。變也者，動之幾也；至也者，妙之本也。……善夫情性可以語聖人之教道也。萬物同靈之謂心，聖人所履之謂道。……以聖人群生，姑區以別之，曰道，曰心也。心乎，大哉至也矣」〔註28〕。從他對「心」的描述上看，與《老子》中對「道」的描述很相似。「吾不知其名，強字之曰『道』，強爲之名曰『大』，大曰逝，逝曰遠，遠曰返」（《老子》第 25 章）。二者的相似之處，不僅僅在於描述上，他還將「心」等同於「道」。其「心」既是佛教聖人之心，又是三家乃至百家至人之心；既是天地之心，又是眾生之心。在「心性論」上，與北宋時期儒家「性命之學」、「天地之學」的思維取得了一致，而獲得了士大夫階層的支持。從結果上看，「契嵩融合儒佛兩教，在實踐上求佛教的生存條件，在理論上則納儒入佛，同當時新儒家之援佛入儒釋同一種思潮，都有著明確的爲君主專制服務的政治目的」〔註29〕。

不可否認的是，禪師們大力借助儒道理論宣傳佛法，並一度對佛學思想進行改造，在融合的趨勢下對三家理論仍著力推崇佛學的優越性。永明延壽在論三家關係時提出「自古諸德多云：『三教之宗，儒則宗於五常，道宗自然，佛宗因緣』。然老子雖云『道生一，一生二，二生三，三生萬物』，似有因緣，而非正因緣。言『道生一』者，道即虛無自然故。彼又云：『人法地，地法天，天法道，道法自然』，謂虛通曰道，即自然而然。是雖有因緣，亦成自然之義耳。佛法雖有無師智、自然智，而是常住眞理。要假緣顯，則亦因緣矣。故教說三世，修因契果，非無善因惡因故」〔註30〕，指出道家的「自然」之說，與佛家的「因緣」的概念的差異。「自然」之說爲道家的主要思想，有其生成論和適用範圍，是系統化的理論。而佛教「因緣」重視可能性，是假名，無善惡之分，不停留於固有概念上，隨時隨境構建，隨時隨境消除。

北宋「文字禪」禪師在三家融合的趨勢下，保持禪學特性的同時，一方面著重突出禪宗本有的中國化特徵，另一方面，借鑒儒道的思想內涵和修行論念，在理論與實踐上，爲禪宗及其整體佛教的發展獲取了認同。

〔註28〕　〔宋〕契嵩撰：《鐔津文集》卷 2，《大正藏》卷 52，655a～b。

〔註29〕　杜繼文、魏道儒：《中國禪宗通史》，南京：江蘇古籍出版社，1993 年，第 419～420 頁。

〔註30〕　〔宋〕延壽集：《宗鏡錄》卷 72，《大正藏》卷 48，819a。

第二節 「文字禪」對儒道思想的影響

北宋「文字禪」之所以能夠獲得社會各界普遍性的認可，離不開在融合的趨勢下禪師爲三家關係尋找的契合點。如善昭認爲「夫子有眞知，五常是要規，百王不能易，千載洽昌時。老子有丹決，人間近可師，去華能守實，此外更無知。我佛有眞眼，照盡世間疑，三千大千界，一念能總知。三教鼎三足，無令缺一物」〔註 31〕，直言三家各自的特長所在，但最終立足點仍在於「推窮因果門，究竟不如佛」。

更關鍵的還在於「文字禪」本身的吸引力。北宋士大夫增強與禪宗的聯繫，集中體現在兩個方面：其一，把禪宗作爲心靈上的避難港灣和現實失意的退路，通過與禪師之間的詩歌唱和，獲取精神上的慰藉，找尋新的人生出路；同時，宋代禪學由燈錄、公案到頌古、評唱的「文字禪」道路，正是佛教哲學完美自身，實現自身價值的必由之路。禪學與儒學取得了思想上的一致。其二，通過禪宗吸收佛教的世界觀、心性論、獨立思考的理性精神，爲宋代理學的復興提供思想借鑒。

一、禪悅之風的興起

據沈括《青箱雜記》卷 10 記載，宋代士大夫將「琴、棋、禪、墨、丹、茶、吟、談、酒」稱之爲「九客」〔註 32〕，參禪論道已經普及在士大夫日常生活中。究其原因，禪宗對於士大夫最大的吸引力莫過於灑脫的精神境界與簡便易行的頓悟法門。佛教本要引導世人擺脫諸種煩惱，獲得解脫，其「諸行無常，諸法無我，涅槃寂靜」的「三法印」，打破了對世間萬物與自我本身的執著，一切歸於解脫後的寂靜。從佛教中可以獲取「放下」的智慧，無所執著，無所羈絆，爲身處紅塵者提供了心靈的安歇之地。

首先，禪宗中展現的自信、灑脫吸引著士大夫。惠洪有詩曰，「華藏法界在掌握，遇緣即宗甘自由。世驚海隅在萬里，我視閻浮同一漚。坐中忽舉毗盧印，印海印毛皆遍周」〔註 33〕。詩中體現的掌握宇宙，易如反掌，寵辱不驚，

〔註 31〕〔宋〕楚圓等集：《汾陽無德禪師語錄》卷下，《大正藏》卷 47，627a。

〔註 32〕轉引自張豈之主編：《中國思想學說史·宋元卷》（下），桂林：廣西師範大學出版社，2008 年，第 537 頁。

〔註 33〕〔宋〕惠洪集：《石門文字禪》卷 3，《四部叢刊本》，上海：上海書店，1989年，第 90 頁。

坐定神閒的狀態對「朝爲朝堂客，暮爲階下囚」的士大夫們有無比的吸引力。禪僧在平淡的吃飯、穿衣中擁有的無上智慧，在面對世界、困境時的灑脫，都爲他們所豔羨。無論是受北宋「黨爭」迫害的失意者，還是身居高位暫時得意者，都欲從禪宗中獲取心靈上的安靜，這也是他們「親禪」的主要目的之一。

失意者，從「選佛場」中暫時忘掉現實中的不快，在與禪師的詩文唱和中，參究禪宗「公案」的一點一滴中，獲取心靈的慰藉，「這種愉悅的心理是士大夫參禪的主要的內在動力，高雅空靈的精神享受最爲士大夫所看重」〔註34〕。暫時得意者，以禪理中的「無住、無相」指導，寵辱不驚。他們在公事之餘參禪，以功名利祿與禪學修養並行，忠孝仁義與般若性空不悖，在現實磨難與精神享受之間，既承擔起歷史的重任，又實現思想領域的解脫，成爲士大夫階層在「矛盾」中生存的代表。

蘇軾在《答畢仲舉書》中，即言「學佛、老者，本期於靜而達」。「在『靜而達』的境界高度，人們不必超越現實世間，去追求虛幻的彼岸世界；彼岸世界並不存在，它就在現實世間。有了這種認識，人們就能冷峻地面對現實社會人生，以理智的精神自覺地反省人生，確立起既超然灑脫而又認眞負責的人生態度」〔註35〕。在現實與理想的矛盾上，宋代士大夫既出入佛老，又以重建儒學「道統」爲責任，呈現出「陽儒陰釋」的特色，並非偶然。

在與北宋流行的「文字禪」禪師的交往中，也改變了某些士大夫的生活態度。如北宋中期的士大夫潘興嗣，雖經公卿多次舉薦，而終身不仕，終以釋氏爲依歸，在《羅湖野錄》卷上與《居士傳》卷25 中居有載。惠洪贊其爲，「毗盧無生之藏，震旦有道之器，談妙義借身爲舌，擎大千以手爲地。機鋒不減龐蘊，而解文字禪，行藏大類孺子，而值休明世」〔註36〕。他不僅在對禪法的理解上，頗爲深刻；而且放棄儒家傳統的修身齊家治國平天下的入世之道，優游於禪林和琴棋書畫詩詞歌賦間，成爲當時天下士大夫「參禪」的典範。

在與禪師的交往中，借鑒禪宗理論，士大夫也呈現出對生死問題的灑脫，一改「未知生，焉知死」式的避而不談。二程表示，「死生存亡皆知所從來，

〔註34〕 張豈之主編：《中國思想學説史・宋元卷》（下），桂林：廣西師範大學出版社，2008 年，第 541 頁。

〔註35〕 潘桂明：《中國居士佛教史》（下），北京：中國社會科學出版社，2000 年，第526 頁。

〔註36〕 〔宋〕曉瑩集：《羅湖野錄》卷上，《續藏經》第 142 冊，第 980 頁。「機鋒不減龐蘊」中的「龐蘊」即唐中後期的龐居士，師從馬祖道一，是居士的典範。

胸中瑩然無疑，止此理爾。孔子言『未知生，焉知死』，蓋略言之。死之事即生是也，更無別理」〔註37〕。此處表現的生死觀上的灑脫，對死生問題的看破，與他們與禪師的交往，及其對佛教「一切皆空」思想的借鑒不無關係。

其次，文體上的相似提供了幫助。「文字禪」中「頌古」體的盛行，爲「文化精英」的士大夫參禪提供了方便。在「文字禪」的主要表達形式中，「頌古」影響最大。從北宋早期善昭作《頌古百則》，到重顯續作《頌古百則》再到北宋末年克勤以重顯的《頌古百則》爲基礎，作「評唱」而集成禪門「第一書」的《碧巖錄》，惠洪集成《石門文字禪》，「頌古」幾乎縱貫整個北宋王朝。南宋法應用三十餘年時間，選取325則公案中的2100首頌辭，涉及122位宗師集成《禪宗頌古聯珠通集》，元代萬松老人評唱天童正覺的頌古集成《從容錄》，林泉老人評唱投子義青和丹霞子淳頌古集成《空谷集》和《虛空集》都說明了「頌古」體的廣泛流傳。

其原因一方面在於，從體例上看，「頌古體」類似律詩，主要有四言、五言、七言等形式，從體裁和韻文上，與詩歌的區別不大。禪師們善於在文字技巧上做功夫，「他們的詩偈對語言的運用透徹灑脫、生動活潑、精通簡要，兼而有之，對當時的詩歌創作產生了巨大的影響。禪師們說偈悟道的方式，爲詩人們打開了吟風弄月、尋詩覓句的新路」〔註38〕，易於被士大夫接受。

另一方面，「頌古」最能體現「繞路說禪」、「不說破」的意旨，保持了「禪」的玄妙，又與詩歌的思想有相似性。「繞路說禪」重在體會言外之意，對根性、妙悟有一定的要求；而詩歌，亦在於言志、言情，達言外之意。同時，體會詩歌的意境與禪悟的方式頗爲相似。士大夫與禪師的交往中，借鑒了禪宗的妙悟之法，並將其作爲作詩，論詩的重要手段。以禪宗的妙悟之法爲指導，士大夫們重視詩歌中的意境，借助空中音，相中色，水中月等意象，表達「言有盡而意無窮」的思想，使得宋代詩歌呈現出「重意」的特點，從而有別於宋代以前的「重情」風格〔註39〕。因而元好問總結出「詩爲禪客添花錦，禪是詩家切玉刀」的結論。

〔註37〕〔宋〕程顥程頤著、王孝魚點校：《二程集・河南程氏遺書》卷2，北京：中華書局，1981年，第17頁。

〔註38〕賴永海：《中國佛教文化論》，北京：中國人民大學出版社，2007年，第281頁。

〔註39〕如宋代韓駒在《陵陽先生室中語・玉屑》中提到，「古人作詩，多用方言：今人作詩，復用禪語」。

第三，詩風與禪風的相似性。

有不少學者在《學詩詩》中直接說明學禪與學詩間的相似性：

吳可提出，「學詩渾似學參禪，頭上安頭不足傳。跳出少陵窠臼外，丈夫志氣本衝天」。

又說，「學詩渾似學參禪，自古圓成有幾聯。春草池塘一句子，驚天動地至今傳」。

趙章泉說，「學詩渾似學參禪，束縛寧論句與聯。四海九州何歷歷，千秋萬歲孰傳傳。」

龔相的說法是，「學詩渾似學參禪，悟了方知歲是年。點鐵成金猶是妄，高山流水自依然」。

韓駒認為，「學詩渾似學參禪，未悟且遍參諸方。一朝悟罷正法眼，信手拈出皆成章」。

上述說法，雖落腳點不同，卻同樣說明了一個道理：學習、寫作宋詩詞與參禪有異曲同工之妙，或者跳出窠臼束縛，展現真性情；或從自然中尋求靈感；或重視了悟，打破常規思維。而一旦擺脫「束縛」，一旦「悟」了，便能出口成章、信手拈來，驚天動地、流傳古今。嚴羽在《滄浪詩話·詩辨》中也說「禪道在妙悟，詩道亦在妙悟」。宋代詩風與禪風的相似性具體表現為：

其一，重視活法，有固定的套路。

呂本中在《夏均父集序》中提出，所謂「活法」是指「規矩備而能出於規矩之外，變化不測而亦不背於規矩也。是道也，蓋有定法而無定法，無定法而有定法。知是者，則可以與語活法矣」〔註40〕。也就是說，宋詩中的「活法」是既要遵循一定的規則，如重視句式的構成、字數，又要擺脫規則的過度束縛，抒發自身體會，找出「詩眼」。它處於遵循規則與打破規則之間。這樣的說法按照常規思維來說是矛盾、不可能的，卻恰恰是佛教對空無的一貫認識，佛法本來就是處於「非有非空」、「即有即空」之間，難以具體把握，而又實際存在。呂本中作為江西詩派的代表，再加上江西是雲門宗與臨濟宗的發展重鎮，這種提法本就是受到禪宗的影響。因為禪師們屢次強調「活句」之法的重要性。

北宋雲門宗禪師洞山守初提出，「語中有語，名為死句；語中無語，名為

〔註40〕轉引自張晶：《禪與唐宋詩學》，北京：新星出版社，2010年，第202頁。

活句」〔註41〕。後學又將其改造爲「有義味是死句，無義味是活句」〔註42〕。
從禪宗義理看，若根據世俗語言規範詮釋或回答的話語，未爲後學留下可思
考的空間，只是一味被動接受，毫無生命力者，被稱爲「死句」；而「語中無
語」，即雖以言語表達，但並未從正面論述，而是採用隱喻、象徵、相反或不
著邊際的話說出，爲後學留下思考的空間，體會「不可言傳」之妙，展現出
禪宗的創造性和生命力者，謂之「活句」。圓悟克勤在說法時屢屢強調，「參
活句不參死句。活句下薦得，永劫不忘；死句下薦得，自救不了。……殺人
須是殺人刀，活人須是活人劍」〔註43〕。「死句」與「活句」在禪宗中，有明
確的劃分，禪師們也往往從「活句」入手。以「離四句絕百非」的形式，打
破日常模式化、固定化、常規化的思維和表述方式，以不著痕跡、東問西答
等看似「驢頭不對馬嘴」式的回答方式，將學人引導到離開經教、脫離祖師、
自由發揮、展現自我的軌道上來。

　　宋詩中的「活法」還強調在前人的基礎上有所突破，將前人的詩歌題材
作爲基礎，總結出「奪胎法」、「換骨法」、「點鐵成金法」等。如白居易有詩，
「臨風杪秋樹，對酒長年身。醉貌如霜葉，雖紅不是春」。蘇軾在此基礎上寫
出，「兒童誤喜朱顏在，一笑哪知是酒紅」的句子。無獨有偶，宋代「活句」
之法也多體現在對古「公案」的解讀上，如對於「如何是佛」的回答有「庭
前柏樹子」、「吃茶去」、「鎭州蘿蔔重七斤」、「牛頭沒馬頭回」、「日日是好日」
等等。宋代禪師借助這些看似匪夷所思的回答，運用「以境表道」、「遮斷箭
頭」、「不知不會」、「柳暗花明」等方法，發展出「拈古」、「代別」、「頌古」、
「評唱」、「擊節」等多種形式，盡顯禪師們靈活的個性。

　　借助古「公案」或「典故」的做法在宋代河南士大夫的代表二程兄弟的
詩詞中也很常見，如《象戲》一文「大都博弈皆戲劇，象戲翻能學用兵。車
馬尚存周戰法，偏裨兼備漢官名。中軍八面將軍重，河外尖斜步卒輕。却憑
紋楸聊自笑，雄如劉項亦閒爭」〔註44〕。其中從象戲中看到了周代戰法、漢
代官名，劉邦、項羽功績。

　　宋詩的「活法」與禪宗的「活句」之法幾乎無分別，甚至可以說「活法」

〔註41〕　〔宋〕惠洪集：《禪林僧寶傳》卷8，《續藏經》第137冊，第475～476頁。
〔註42〕　〔清〕淨符集：《宗門拈古彙集》卷40，《續藏經》第115冊，第975頁。
〔註43〕　〔宋〕紹隆等編：《圓悟佛果禪師語錄》卷14，《大正藏》卷47，778b。
〔註44〕　〔宋〕程顥程頤著、王孝魚點校：《二程集》卷3，北京：中華書局，1981年，
　　　　第479頁。

即「活句之法」，由此可見禪宗對宋詩的影響。

其二，追求情感、境界的隨機性。

宋詩和禪宗中雖重視借鑒前人文化遺產，卻也更強調情景相逢，自然而得的隨機性。這兒不再是「推敲一個字，撚斷數根鬚」的預設套路，而是有許多偶然性、隨機性。

在宋詩中有許多以《偶得》或《偶成》命名的詩詞，在詩文中重視自然地流露感情。「雲淡風輕近午天，望花隨柳過前川。旁人不識予心樂，將謂偷閑學少年」〔註45〕。這首詩用輕鬆的語調記述了作者在一個雲淡風清、天氣晴麗的中午，穿行在紅花翠綠間悠然自得的心情。沒有過度的渲染，便能讓讀者與作者共鳴。

《馬上偶成》則描寫的另一番境界，「身勞無補公家事，心冗空令學業衰。世路嶮巇功業遠，未能歸去不男兒」〔註46〕。騎馬行路時因仕途、學業受滯而感到心情鬱悶，便信手寫出上述感慨。它與上一篇《偶成》是截然不同的心情、境界。境界無論好壞，其真實性、隨意性，是宋代詩詞感染人的魅力之一。

禪師生活之所以被豔羨，其中的原因之一在於他們或生活在風景優美的名山大川間，正所謂「天下名山僧占多」，眼目所觸之處不乏「青青翠竹」、「郁郁黃花」。即便是深處京師禪師，不免受到外界多重干擾，而禪悟後獲得的心靈上的輕鬆與解脫，是深處官宦場所，政治漩渦中的士大夫所遙不可及的。無論面臨的場景如何禪師們都能實現悠然自得，比如「叢竹小山些子境，偶來閑坐解疏慵。怡然縱目誰知我，勝入摩雲千萬峯」〔註47〕。不悲不喜、不懼不憂，「每日起來，挂却臨濟棒，吹雲門曲，應趙州柏，擔仰山鍬，馭溈山牛，耕白雲田，七八年來漸成家活。更告諸公：每人出一隻手，共相扶助，唱田歸樂，麁羹淡飯」〔註48〕中自然隨性地生活。

其三，感悟人生、把握世界。

宋詩追求內省，講究妙悟，形成了借景言情的「理趣詩」。如蘇軾膾炙人口的《題西林壁》「橫看成嶺側成峰，遠近高低各不同。不識廬山真面目，只

〔註45〕〔宋〕程顥程頤著、王孝魚點校：《二程集》卷3，北京：中華書局，1981年，第476頁。

〔註46〕〔宋〕程顥程頤著、王孝魚點校：《二程集》卷3，北京：中華書局，1981年，第474頁。

〔註47〕〔宋〕惟蓋竺等編：《明覺禪師語錄》卷2，《大正藏》卷47，679b。

〔註48〕〔宋〕才良等編：《法演禪師語錄》卷下，《大正藏》卷47，663b。

緣身在此山中」是代表。在二程兄弟詩詞中也留有不少佳作。

《遊月陂》「月陂堤上四徘徊，北有中天百尺臺。萬物已隨秋氣改，一樽聊為晚涼開。水心雲影閑相照，林下泉聲靜自來。世事無端何足計，但逢佳日約重陪」。

《野軒》「誰憐大第多奇景？自愛貧家有古風。會向紅塵生野思，始知泉石在胸中」〔註49〕。

兩首詩的「詩眼」皆落在最後一句。在月陂遊玩時體會到不受紛擾世事的干擾，生活在當下；在野軒中將外景內化，擺脫紅塵。這種情懷是感悟後的灑脫，是慰藉失意者的良方。

禪宗中的解脫之道，是宣傳從現實生活中解脫「是最究竟的『人學』──它直面人的生存狀態：生老病死、苦了憂喜，皆是常理，如花開花落、木榮木枯，當安詳對待；直面人與天地萬物的關係：萬物出入乎心、生滅乎心，心如鏡子，又比鏡子博大，可以包容天宇、包容大地……」〔註50〕。禪師們也多次展示人生的多重境界，如「見山是山，見水是水」，「見山不是山，見水不是水」，復又「見山是山，見水是水」，或者用更有詩意的話表述為，從「落葉滿空山，何處尋行跡」到「空山無人，水流花開」，再到「萬古長空，一朝風月」。在這些境界中，從感性走向理性，從理性復歸於感性，再打破感性理性之分，實現「一性圓通一切性，一法遍含一切法，一月普現一切水，一切水月一月攝」的圓融境界，才能真正體會「石上栽花，空中掛劍」，「雪埋夜月深三尺，陸地行舟萬里程」的奇妙與絕絕。

「文字禪」易於為士大夫所接受，在於適應了他們的性格特徵和文化修養，而「通過文字禪的推廣，把有文化的禪師與士大夫居士緊密聯繫在一起，從而使士大夫居士禪學進入極盛階段」〔註51〕，禪學與儒學進入了史無前例的親密期。

二、對宋儒構建理學體系的影響

北宋社會對士大夫好禪多持寬容態度，但反對「溺禪」。富弼賦閒在家，

〔註49〕〔宋〕程顥程頤著、王孝魚點校：《二程集》卷3，北京：中華書局，1981年，第482、483頁。

〔註50〕雷鐸：《禪宗智慧書》，上海：東方出版中心，2008年，第101頁。

〔註51〕潘桂明：《中國居士佛教史》（下），北京：中國社會科學出版社，2000年，第500頁。

學佛氏之學。呂大臨與他通信，「古者三公無職事，惟有德者居之，內則論道於朝，外則主教於鄉。古之大人當是任者，必將以斯道覺斯民，成已以成物，豈以爵位進退、體力盛衰爲之變哉？今大道未明，人趨異學，不入於莊，則入於釋。疑聖人爲未盡善，輕禮義爲不足學，人倫不明，萬物憔悴，此老成大人惻隱存心之時。以道自任，振起壞俗，在公之力，宜無難矣。若夫移精變氣，務求長年，此山谷避世之士獨善其身之所好，豈世之所以望於公者哉？」〔註52〕富弼深以爲是，接受呂大臨的批評，在失意之時仍舊擔任起培養後生，確立學術宗旨，構建新的社會秩序的重任。

而除卻對個人思想上的追求，士大夫與「文字禪」禪師〔註53〕的交往，更主要地也是爲了參考禪師對儒家典籍的理解，借鑒禪學對秩序問題的構想，建構儒學「道統」。

首先，對宋儒思維模式的影響。

北宋禪師不光熟諳佛教、禪學思想，對於儒家典籍也相當熟悉，甚至優於儒士的認識。比如，有學者認爲，北宋首先樹起《中庸》旗幟者，並非儒士，而是天台宗高僧孤山智圓，並假定「《中庸》在北宋是從釋家回流而重入儒門的」〔註54〕，宋代儒士對「中庸」的研究，在某些程度上步僧人研究的後塵。

宋代之所以增強對《中庸》的研究，在於它在儒家典籍中，較能反映其「內聖」思想。開篇即表明，「天命之謂性，率性之謂道，修道之謂教」，涉及天地萬物的本性，表現本性的方式，及其矯正本性不足的方法。朱熹認爲《中庸》是「孔門傳授心法」〔註55〕。北宋儒士中最早專門研究《中庸》者爲「宋初三先生」的胡瑗（993～1059 年）著有《中庸議》1 卷，以孟子的性善論爲基調解決「性」與「情」的問題，以「欲」作爲「惡」的本源。「但是

〔註52〕〔元〕脫脫編：《宋史·呂大臨傳》卷340，北京：中華書局，1985 年，第 10848 ～10849 頁。

〔註53〕竊以爲在北宋時期，「文字禪」盛行，是禪宗的主流，故交往的禪師多是「文字禪」禪師。

〔註54〕余英時：《朱熹的歷史世界》，北京：三聯書店，2004 年，第 85～86 頁。「孤山智圓」（976～1022 年）爲天台宗山外派代表，自號「中庸子」，重視對佛典注疏，著有《閑居編》51 卷，《空響鈔》5 卷等等，是北宋「三家融合」的傑出代表。

〔註55〕〔宋〕朱熹：《四書章句集注·中庸章句》，北京：中華書局，1983 年，第 17 頁。

胡瑗並未能解釋清楚何以性和欲會引向惡」〔註56〕。相較言之，僧人們長期以來形成的相對完善的「佛性」與「人性」的理論，對「性」善惡的緣起與結果，都有較爲成熟的體系。如二程在「闢佛」時談到，「古亦有釋氏，盛時尚只是崇設像教，其害甚小。今日之風，便先言性命道德，先驅了知者，才愈高明，則陷溺愈深」〔註57〕。爲了充分詮釋儒家的「內聖」之學，儒士在「排佛」的論調中，反而借鑒了佛教「言性命道德」的思維模式。

一方面，宋儒借鑒佛教的「心性」論認識。張載自稱與佛教無交涉，但是他認爲「性者，萬物之一源」，賦予「性」抽象的、本體性的地位，實際上與自隋唐以來的「眞如佛性」的規定性是一致的。在佛教理論中，「性」有佛性，有眾生性。張載把「性」分爲「天地之性」與「氣質之性」，「氣質之性」包括人類共同的本性與每一個個體的具體本性，與禪宗中對現實、具體之「心」的規定，頗爲相似。另外，二程自稱其學問爲「自家拈來」，但在「心性論」上也借鑒了佛教思維模式。譬如其「仁」不僅作爲傳統儒家倫理規範，而且明顯地帶有「本體論」的意味。「仁者，渾然與物同體。義、禮、知、信皆仁也。識得此理，以誠敬存之而已，不須防檢，不須窮索。……此道與物無對，大不足以名之，天地之用皆我之用。……蓋良知良能元不喪失，以昔日習心未除，却除存習此心，久則可奪舊習」〔註58〕。以「仁」作爲其他「四常」的根本，擁有了「本原性」的意味，與禪宗對「心」的規定是相似的。又將「良知良能」的存在與「心」確立聯繫，與禪宗「明心見性」的理路頗爲相似。可見，在宋儒在本體思想的構建中，禪宗思維發揮著重要作用。

宋儒的本體思想還反映在借鑒佛教的「理事」關係上。從思想交流上說，「『理』『事』之說既承接玄學與佛學合流的緒統，又是各派佛學與中國傳統思想相糅合的交絡之點」〔註59〕。宋儒以「理」爲本，「事」爲末，藉此而將宇宙萬物與作爲本原性的「道」、「理」結合起來。這一借鑒，與禪宗倡導的「禪教融合」進而形成的「華嚴禪」有一定的關係。或者說，士大夫們在與

〔註56〕侯外廬等主編：《宋明理學史》（上），北京：人民出版社，1984年，第34頁。

〔註57〕〔宋〕程顥程頤著、王孝魚點校：《二程集‧河南程氏遺書》卷2，北京：中華書局，1981年，第23頁。

〔註58〕〔宋〕程顥程頤著、王孝魚點校：《二程集‧河南程氏遺書》卷2，北京：中華書局，1981年，第16～17頁。

〔註59〕侯外廬主編：《中國思想通史‧第四卷》（上），北京：人民出版社，1959年，第232頁。

禪師的交往中，既瞭解到當時較爲興盛的禪宗宗旨，又瞭解到華嚴思想，從而加以借鑒。張商英在與克勤的交往中，深贊克勤對華嚴思想的精闢見解。「事理」關係不僅確定了體用、本末的思想構建，還以此爲指導解決現實世界中的諸種關係，如個體與群體關係，民族矛盾與社會矛盾關係，君民關係等等，並以圓融理論實現社會各階層的融合，各種矛盾的協調。

另一方面，借鑒禪宗的修行方法。如二程治學、修養的「三步法」——「靜坐」、「用敬」、「致知」即借鑒佛教戒、定、慧「三學」。「程門立雪」的典故，亦與禪宗中慧可見達摩的故事相似。儘管宋儒反對佛教的「出世」主張，但在修行方式上並不排斥借鑒「主靜」、「明心」的工夫。從這個意義上，「闢佛的宋儒本質上往往不是佛學的批判者，而是批判的佛學者，他們主要是改造印度非有非我、非眞非妄的『本體』，代之以符合中國傳統的『本體』，……當這個空寂的本體變成具有人倫內容的本體時，出世者的高僧便變成了入世者的道學家。禪定的修習便變成了主靜的涵養，『觀心』與『觀境』便變成了主敬的『格物』功夫」〔註60〕。此論可謂是對宋儒「陽儒陰釋」的深刻揭示。

宋代的儒家學者借鑒禪宗的本體性思維模式和修行方法，在天道與性命的主題上紛紛立說，因認識和實踐方法上的不同形成了多個學術派別，推動了宋代理學的興盛。

其次，以獨立思考的理性精神影響宋儒。

禪宗修行中「貴在自得」。它不迷信權威，不人云亦云。「代別」的「別語」，即是在「公案」中已有回答的基礎上，說「更有玄意」的話，本身即是「獨立思考」，注重個性的體現。據統計，「即心即佛」、「柏樹子」等公案常被「文字禪」禪師拈提，趙州從諗以「庭前柏樹子」來回答如何是祖師西來意的公案，在《禪宗頌古聯珠通集》中共收錄 50 位禪師的 54 首頌詞。他們的每一次解讀都是自我思想的再度闡發，是新的創造活動。宋儒在與「文字禪」禪師的交往過程中也吸收了他們獨立思考、重視自我的精神。宋代「理學」體系的構建，對「性命之學」的探究，是諸位理學家的獨特性創造。正如二程自稱「天理」二字，是「自家體貼」出來的。後朱熹總結到，「讀書無疑者，須教有疑；有疑者，却要無疑，到這裡方是長進」〔註61〕。在「疑問」

〔註60〕 侯外廬主編：《中國思想通史・第四卷》（上），北京：人民出版社，1959 年，第 163 頁。

〔註61〕 〔宋〕黎靖德編、王星賢點校：《朱子語類》卷 11，北京：中華書局，1986

中獨立思考，在思考中增進學識。宋代理學派別繁多，出現濂溪學、關學、洛學、閩學、心學、象數學等見解有異，地域文化鮮明的派別，在某種程度上也與學派的創始人與禪宗有關，儘管這種關係有的是借鑒，有的是批判後的反思。

第三，社會的秩序上重建。

佛教旨在脫離苦海、解決塵世的諸問題，終極目的雖是「出世」的，但解決問題，構建秩序的立足點在於「世間」。北宋「文字禪」身處三家融合的趨勢中，對社會秩序的重建更具有「入世」色彩，「北宋不少佛教大師不但是重建人間秩序的有力推動者，而且也是儒學復興的功臣」〔註62〕。

北宋時期，士大夫致力於推動儒學的復興，構建「道統」體系，其中以歐陽修（1007～1072 年）爲代表。他意圖通過「古文運動」推動「外王」的理想，構建合理的社會秩序。宋初的「反佛思潮」，原因之一也是爲了擺脫儒家的低靡發展，重新構建「道統」秩序。「儒失其宗，教化墜於地。凡所以修身正心，養生送死，舉無其柄」〔註63〕。當然，宋儒構建「道統」，並不只是爲了確立自「三代」以來傳承者的「法系」，還在於如何實現社會政治、經濟、文化上的合理性，實現以儒學爲主導的「清平世界」，實現儒士「窮則獨善其身，達則兼濟天下」的抱負。

禪宗所提供的「平常心即道」、「即事而眞」等理法界、事法界、事理法界和事事法界之間的圓融，日常生活秩序與內在精神世界上的和諧，無疑爲追求「外王」的宋儒提供借鑒。尤其在與「文字禪」禪師的交往中，士大夫與禪師借助語言文字的作用，以抽象的語言文字表達生動的現實世界，並且逐漸實現了內在與外在的一致。士大夫受禪宗吸引，排遣政治上的失意後，也能自覺地以平和的心態引導現實生活。宋代一代文豪，居士的代表蘇東坡在《大悲閣記》中嘗言，「及吾燕坐寂然，心念凝默，湛然如大明鏡，人鬼鳥獸雜陳乎吾前，色聲香味交遘乎吾體，心雖不起而物無不接。接必有道，即千手之出，千目之運，雖未可得見，而理則具矣」〔註64〕，已經實現了由內

年，第 186 頁。

〔註62〕余英時：《朱熹的歷史世界》，北京：三聯書店，2004 年，第 75 頁。

〔註63〕〔宋〕李覯著、王國軒點校：《李覯集‧答黃著作書》卷28，北京：中華書局，1981 年，第 322 頁。

〔註64〕《東坡前集》卷40，轉引自潘桂明：《中國居士佛教史》（下），北京：中國社會科學出版社，2000 年，第 526 頁。

到外的安寧。

借鑒禪宗「明心見性」而得解脫的理論，宋儒在理論上再度實現了「內聖」和「外王」的結合。宋初理學的先驅周敦頤著重提出「誠」的概念，以為「誠者，聖人之本也。大哉乾元，萬物資始，誠之源也。乾道變化，各正性命，誠斯立焉，純粹至善者也。故曰：一陰一陽之謂道，繼之者善也，成之者性也」〔註65〕。周敦頤的「誠」不僅是宇宙的本原，更具有道德意義，是「五常之本，百行之源」，甚至以道德意義的「誠」引導作為萬物生成的「誠」，主導力量是「內在」的。由「內在」的道德力量，指引個體具體的行為，乃至宇宙萬物的生成秩序，實現由「內聖」到「外王」之道。

北宋「文字禪」對以「古文運動」為旗幟的儒學也具有影響。「文字禪」的核心在於「禪」，它雖以語言文字為手段，但仍倡導從現實生活中，從個體生命中獲取真理的禪學理念，推崇「無事是貴人」的修行觀。唐中期興起的「古文運動」，「所尋求的是人生理想的價值。通過恢復孔孟的精神以確立人的超凡入聖的方法」〔註66〕。二者的共同之處皆在於對現實人生的關注，及其在此基礎上建立的對真理的探求道路。

無獨有偶，北宋時期，「文字禪」與儒學在「復古」及其對待寫作的態度上表現出的相似性，共同推動了北宋文風的轉向。「文字禪」的基礎為古「公案」，其主要表現形式「舉古」、「拈古」、「代別」、「頌古」、「評唱」都是在詮釋古「公案」中發展起來的。北宋儒學中則延續著「古文運動」的風氣，儒士們以「古文運動」為旗幟，從改變文體和表達方式的角度，增強思想建設，構建平衡的、自覺的社會秩序。他們認為，「寫作古文能夠解決一個不平則鳴的本然自我，與一個按照應然的觀念所建立的自我之間的張力。寫作古文就要尋求對古代文獻的系統理解，學習用古人的方式寫作，並能夠按照古人的價值觀行事」〔註67〕。二者皆以「復古」的形式，顯示「當下」的見解。值得注意的是，對他們來說，「復古」並非目的，而是手段，是在文化傳承的歷史使命中，以古喻今，借用古人的智慧推動當下思想學術發展的手段。

二者因「復古」而衍生出對寫作的態度也多有相似之處。北宋儒士傳承

〔註65〕〔宋〕周敦頤：《通書·誠上》，上海：上海古籍出版社，2000年，第31頁。
〔註66〕〔日〕柳田聖山著、毛丹青譯：《禪與中國》，北京：三聯書店，1988年，第156頁。
〔註67〕〔美〕包弼德著、劉寧譯：《唐宋思想的轉型》，南京：江蘇人民出版社，2001年，第140頁。

唐中期的「古文運動」，從文體的改革上推動經學研究，彰顯「道統」脈絡，「北宋文人以『尊經』觀念爲先導，在駢文籠罩文壇之際提倡古文，在理論上爲古文的發展開拓空間，在實踐上將經學革新的成果融入古文創作，而古文技藝之進展，又反過來推動釋經活動」〔註68〕。所以在文體的表達形式和論述方式上建樹頗多，廣用語言文字說明「言以載道」的理念。而北宋「文字禪」的特性也在於「不離文字」與「不立文字」的結合，借用「繞路說禪」的形式，最終達成語言爲「道」之標識的共識，顯示出多種具有禪學特色的表達方式。二者對語言文字的肯定，共同推動了北宋文風的轉變和語言哲學主流的轉向。

北宋時期，「文字禪」以古「公案」作爲主要詮釋對象和衡量標準，以古爲鑒，在「內在推動力」相對不足的時期，汲取前代文化精華。在隋唐鼎盛期後，禪宗維繫佛教體繫傳承的選擇。儒學以「古文運動」爲旗幟，以「文體」上的「復古」帶動學術研究、思想創造上的革新，尋找新的「原動力」，這是儒學復興階段古爲今用的選擇。二者雖同借用「復古」形式，但反映出勢力上的更迭。儒學借用語言文字是爲了弘揚「所載之道」，而禪學則爲維繫發展中的另類抉擇。

小　結

本章以「文字禪」的視角，考察了北宋時期的三家關係。「文字禪」與儒道思想是相互吸收、借鑒的。它們在言意關係上，互相對應，「不立文字」與「言不盡意」，「不離文字」與「言盡意」思想多有相似之處，反映出禪宗的中國化特點。「文字禪」中「不立文字」與「不離文字」的結合，也與我國文化中「和而不同」的會通精神是一致的。在具體的修行論和心性論上，「文字禪」吸收了儒家忠孝思想和道家對「道」的規定。

「文字禪」對宋儒的吸引力在於所體現的自信、灑脫及充滿理性的禪宗精神；以「頌古」爲媒介實現了禪與詩的融合及其反映出「法統」框架。宋儒受其影響，重建了儒家的「道統」，充實了「內聖」與「外王」的修行方式，以獨立自得的精神構建「理學」體系，實現了三家思想的融合。

〔註68〕方笑一：《經學與文學關係的多維觀照》，《人文雜誌》2010 年第 5 期，第 117 頁。

　　從對「古」的尊崇上，二者既存在相似性又有所分別，在融合的趨勢下，三家思想雖有交集，但在根本目的上差異頗大。無論是「文字禪」的禪師還是士大夫們，都著力以自家的體系爲中心，構建出融合趨勢下的新學說。

結　語

　　北宋「文字禪」是禪宗體系中新的禪法表現和傳法風尚。在大量「公案」、「語錄」、「燈錄」的基礎上，它借助「舉古」、「拈古」、「代別」、「頌古」、「評唱」等形式，協調「不立文字」與「不離文字」的關係。它是多重思想融合的產物，從心性論、修行論、解脫觀上體現出禪宗各家、禪教之間及其儒釋道三家間的融合，體現出宋代思想發展的特色。

　　「文字禪」作爲北宋禪學的主流形態，在當時及其後世都產生了重大影響，產生了積極與消極的雙重結果。

　　從禪學內部來說，北宋「文字禪」的積極方面在於：

　　首先，維繫了禪學的生存。經歷過「百花齊放」、「百家爭鳴」的唐五代時期，面對著豐富的禪學遺產，北宋禪學面臨著史無前例的任務，如何繼承、發展禪宗思想，如何既傳承各自的禪法體系，又超越前人，如何在儒學復興時期保持禪宗乃至佛教的發展，是擺在北宋禪師面前不得不直視的任務。

　　北宋「文字禪」禪師從這個任務出發，結合時代課題，以語言文字解析前代遺留的大量「公案」而繼承禪法；以「繞路說禪」、「不說破」的方式保持禪宗獨特的生命力；以對語言文字的修辭與改造建立了與士大夫聯繫，獲得生存和新的發展空間，並爲宋代理學的構建提供本體論和方法論上的借鑒。它較好地處理了禪宗內部關係、禪教關係和三家關係，維繫了禪學的生存。

　　自宋代之後，禪宗進入低靡期，有學者認爲，「文字禪」爲禪學衰落的原因，但事實上，禪學的衰落是多重因素共同的結果，「文字禪」的出現恰恰是要擺脫禪學衰落的命運，擴大禪學影響。禪學衰落的眞正原因不是「文字禪」，

而在於以「不立文字」爲口實，故作機鋒，欺世盜名，一味模仿，而將禪學逼進狹隘的空間。正如南宋善卿總結，「不立文字，失意者多。往往謂屏去文字，以默坐爲禪，斯實吾門之啞羊爾⋯⋯殊不知道猶通也，豈拘執於一隅？故即文字，文字不可得；文字即爾，餘法亦然」〔註1〕。從禪法傳承的角度上看，「默照」式、以「不立文字」爲藉口者，反而對禪學發展無益。佛法本是圓融的，從圓融中，雙立雙破，又雙破雙立，法無定執，方是禪法應有之道。正如《碧巖錄・三教老人序》中言，「古謂不在文字，不離文字，眞知言。⋯⋯非文字無以傳，是又不可廢者也」〔註2〕。

其次，推動了禪宗的發展。從我國的禪宗發展史看，北宋「文字禪」起著承上啓下的作用，是禪學發展的關鍵期。在義理創新上，它雖然不如唐五代時期，但從禪宗的影響力和發展規模上，有過之而無不及，使得禪宗在我國歷史上達到了興盛期。它最大程度地建立了與士大夫階層的聯繫，爲佛教及其禪宗的發展吸引了眾多「外護」力量，使居士佛教發展到興盛期。

禪宗之所以能夠成爲唐末五代時期至北宋的佛教主流，除了獨特的生存模式、制度規定（「清規」）之外，更重要的在於它所獲取的「文化認同」，即中國化特色的思想認同。

禪宗作爲中國化色彩濃厚的宗派，與我國傳統的儒道文化結合，在唐末五代時期主要表現爲「老莊化」色彩，在宋代又增添了儒學化特徵。禪宗對中國文化「和而不同」特徵的吸收，在「文字禪」的思想體系中有所體現。

在心性論的修養中，「文字禪」禪師以道家的「無爲」、「自然」與禪宗的修心論結合，提出了「息心」說。惠南提出「道不假修，但莫污染，禪不假學，貴在息心。心息故心心無慮，不修故步步道場，無慮則無三界可出，不修則無菩提可求」〔註3〕。惠南的「息心」說與臨濟義玄的「無心」說是一致的，同時與《老子》追求「自然」、「無爲」的境界也是相似的。

在修養論上，又引入了儒家的「忠孝」思想，在「修身」與「修心」中，統一儒釋。契嵩在《孝論》中有「三本」說，「夫道也者，神用之本也；師也者，教誥之本也；父母者，形生之本也。是三本，天下之大本也⋯⋯吾之前聖也，後聖也，其成道、樹教，未始不先此三本者也。大戒曰：孝順父母、

〔註1〕 〔宋〕善卿編：《祖庭事苑》卷5，《續藏經》第113冊，第132頁。
〔註2〕 〔宋〕克勤評唱：《碧巖錄・三教老人序》，《大正藏》卷48，139b。
〔註3〕 〔宋〕惠泉集：《黃龍惠南禪師語錄》，《大正藏》卷47，632c。

師僧，孝順至道之法」〔註4〕。契嵩將佛教中的「佛、法、僧」改造成「道、師、父母」，並將儒家的「孝順」作爲佛教戒條。同時，不僅他本人堅持這種思想，而且把這種理念貫徹到「前聖後聖」（即禪宗、乃至整個佛教）中，大大改造了佛教「出世」思想，增添了更多「入世」色彩。

「文字禪」思想上的包容性，及其思想中顯示出「灑脫」、「無拘」的精神境界和修行方式，吸引著士大夫的關注。蘇軾稱「吳越多名僧，與予善者常十九」〔註5〕。他們在與禪師的交往中，借用禪學理論完善自身的人生觀、價值觀；借鑒禪學體系構建儒學的「道」學思想；在詩歌唱和中，又推動了宋代文風，在言辭、修飾上取得共識。從禪師的角度來說，在與士大夫的交往中，他們不僅獲取了更多的支持力量，更重要的是，在詩歌交流中，創立出「一種其體爲詩，而其意在禪的敘事中，試圖改變禪史的言談方式，重新結構出本眞的言說」〔註6〕。

第三，「文字禪」拉近了與日常生活的聯繫。「禪」從來就不是故弄玄虛的，而是與現實生活緊密相關的。禪宗中的「老莊化」色彩，在某些方面也是從親近自然而言的。所不同者「莊子是親和自然，禪宗是於自然中親證」〔註7〕，然而目的都是獲得「自由」。基於此，百丈懷海提出「一切色是佛色，一切聲是佛聲」〔註8〕，從現實的與純粹的雙重現象界中獲取統一。然而，唐五代的「公案」事實上卻對後人造成了困惑，使得「禪」游離於日常生活之外，更有甚者，「學語者」之流從語言文字本身求解，更將「禪」引入了玄虛中。在此基礎上，「文字禪」禪師運用多種解讀方式，從本意上，正在於將「禪」再度與生活結合起來，將「那些謎語式的公案，在晦明之間的語言文字，給予淺近，甚至一目了然的解說，與諷詠吟誦中顯其宗旨」〔註9〕。克勤的「評唱」，更在具體詳細的詮釋中，使得「禪」文化更爲通俗，「顯列祖之機用，開後學之心源」〔註10〕，從內部理清了禪學思想的要旨，維繫了禪宗發展，實現「即事而眞」的禪學理念。

〔註4〕　〔宋〕契嵩撰：《鐔津文集》卷3，《大正藏》卷52，660b。

〔註5〕　〔宋〕蘇軾：《東坡志林》卷2，北京：中華書局，1981年，第41頁。

〔註6〕　龔雋：《禪史鈎沈》，北京：三聯書店，2006年，第325頁。

〔註7〕　張節末：《禪宗美學》，北京：北京大學出版社，2006年，第17頁。

〔註8〕　〔宋〕賾藏主編、蕭萐父等點校：《古尊宿語錄》卷2，北京：中華書局，1994年，第23頁。

〔註9〕　麻天祥：《中國禪宗思想發展史》（修訂版），武漢：武漢大學出版社，2007年，第78頁。

〔註10〕　〔宋〕克勤評唱：《碧巖錄·序》，《大藏經》卷48，224c。

　　同時，借助禪師與士大夫的交往，「禪」文化融入大眾文化中，成為宋代「都市文化」的一部分，推動了「評書」、「小說」的產生和發展。由於「語錄」中載有大量「口語」、「方言」，不僅體現出宋代的地域文化和語言體系，而且對於推動「白話文」的發展也有作用。明代時期，出現在我國古代成就兩個最大的白話短篇小說集——「三言二拍」〔註11〕，不乏佛教因果報應思想，可謂佛教（包括禪宗文化）向世俗文化的滲透。

　　北宋「文字禪」正是運用它特有的「敘事風格」，通過各種不同文體，實現「神話化」、「聖學化」、「系統化」和「秩序化」〔註12〕。這種轉化在禪學歷史上佔據重要地位的同時也為禪宗的發展埋下隱患。

　　「文字禪」的消極方面主要在於：

　　首先，「文字禪」導致了禪學的狹隘。「文字禪」的本意在於拉近「禪」與生活的距離，推動禪學的發展，在一定時期也發揮了重要作用，對於宋代禪宗的興盛有重大貢獻。但是在「繞路說禪」的特點下，為了避免說破「禪」，「文字禪」禪師借用多種表現手法，卻無形中使得禪學之路越走越窄。

　　其一，導致對禪學的誤解。經重顯改造「頌古」，言辭重華麗。後世禪師紛紛傚仿，使得「頌古」走向玄言麗辭之路。比如，曾有「風規肅整，望尊一時」的充禪師頌「即心即佛」的「公案」為，「美如西子離金闕，嬌似楊妃下玉樓，終日與君花下醉，更嫌何處不風流」〔註13〕。從「頌辭」中已很難窺見「即心即佛」的本意，「頌古」已脫離了「公案」，而流於辭藻，遺失了禪學的本來面貌。以「風規」見長的一代「尊宿」尚且如此，他人的情況更為糟糕。宗杲（1089～1163年）即批判到，「近世學語之流，多爭鋒，逞口快，以胡說亂道為縱橫，胡喝亂喝為宗旨」〔註14〕。「直指心性，不立文字」的禪宗轉變成「胡言亂語」的依託。另一方面，在適應士大夫「口味」時，改變的不僅僅是禪宗的表達方式，還改變了禪宗的「心性論」和倫理觀，變更了禪宗本意，喪失了禪宗的獨特性，使得禪宗在興盛期中走向衰落。

〔註11〕「三言二拍」中「三言」是由明代馮夢龍編輯、加工的三部短篇小說集，《喻世明言》、《警世通言》和《醒世恒言》，因書名中都有「言」字，統稱「三言」；「二拍」是由淩濛初受「三言」影響而寫成的兩部短篇小說集，《初刻拍案驚奇》和《二刻拍案驚奇》，也是各取兩部書名「拍」字而得名。

〔註12〕龔雋：《禪史鈎沈》，北京：三聯書店，2006年，第309頁。

〔註13〕〔宋〕圓悟錄：《枯崖漫錄》卷上，《續藏經》第148冊，第147頁。

〔註14〕〔宋〕蘊聞編：《大慧普覺禪師語錄》卷24，《大正藏》卷47，915b。

　　其二，縮小了禪宗受眾，局限禪宗的發展。因運用語言文字闡述禪法，與適應士大夫「口味」的改造，「文字禪」對學者的要求較高，禪學逐漸走向上層，縮小了在廣大群眾中的影響。然而，「宗教的傳播帶有群眾性，宗教信仰的根紮在群眾之中」〔註15〕。若無廣大群眾的支持，宗派的發展必然受到影響。由「農民禪」演變爲「文人禪」的禪宗能佔據上層社會，卻無法滿足大眾文化的眞正需求。相反，「禪、淨二家併天下」的淨土宗則因其簡易性在上、下層皆有影響，進而衍生出多種民間流派，普及性更強。禪宗在宋代之後逐漸歸於沉寂，直到明代「四大高僧」出現，才再度興起，在整體發展上已經無法與淨土宗的普及同日而語。

　　其三，爲「禪」設置「框架」。無論是「代別」、「頌古」還是「評唱」，都是禪師表述自身見解的方式。從內容上看，並無優劣之分，皆反映出禪師見解。但在詮釋中不可避免地又帶有「標準化」特點，處處體現出「己意」，這雖然是禪師教導弟子樹立自信，從本性出發的方式，但在後人的編訂中，出現了詮釋的固定化。比如克勤評唱重顯的《頌古百則》，爲了證實重顯的「頌辭」，落入了繁瑣的考證，爲「公案」、「頌文」設置「框架」，抹殺了「禪」的多元性和靈活性，禪學的空間越來越小。這也是後世批評《碧巖錄》的主要原因之一。

　　其次，運用語言文字導致了對語言的執著。「文字禪」的興起是爲了運用語言文字彌補不用語言文字而導致的對禪學的誤解，撥正禪宗發展之路，解讀「公案」，普及禪學知識，推動禪宗的發展。所以在「不立文字」中「不離文字」，以「不離文字」表述「不立文字」的思想。雖然禪師屢屢提及避免學人落入「妄語者流」，仍不乏有執著於語言文字者。「文字禪」禪師的「語錄」、著述反倒成爲新的障礙。譬如，克勤的《碧巖錄》，迅速成爲「禪門第一書」，成爲參禪的「敲門磚」，「新進後生，珍重其語，朝誦暮習，謂之至學」〔註16〕，而完全忽略克勤的本意。正是在這一點上，克勤的弟子宗杲，痛而焚燒書版。《碧巖錄・後序》中記載其緣起，「後大慧禪師，因學人入室，下語頗異，疑之，纔堪而邪鋒自挫，再鞠而納款，自降曰：『我《碧眼集》中記來，實非有悟』。因慮其後不明根本，專尙語言以圖口捷，由是火之，以救斯弊也」〔註

〔註15〕任繼愈：《任繼愈禪學論集》，北京：商務印書館，2005年，第330頁。
〔註16〕〔宋〕淨善重集：《禪林寶訓》卷4，《大正藏》卷48，1036b。
〔註17〕〔宋〕克勤評唱：《碧巖錄・序》，《大藏經》卷48，224c。

17〕。欲糾正弊病反倒產生弊病，實非「文字禪」禪師的本意，卻成爲無法避免的結果。

北宋禪師多熟諳「公案」話語，即便有不少禪師說明解讀「公案」的要義不在形式，而在言外之意，但仍有不少「學語之流」。張商英在《洪州寶峰禪院選佛堂記》中直言其弊，「吾祖之論禪宗也，凡與吾選者心空而已矣。弟子造堂而有問，宗師踞坐而有答，或示之以玄要，或示之以料揀，或示之以法鏡三昧，或示之以道眼因緣，或示之以向上一路，或示之以末後一句，或示之以當頭，或示之以平實，或揚眉瞬目，或舉拂敲床，或畫圓相，或劃一畫，或拍掌，或作舞，契吾機者，知其心之空也。知其心之空，則佛果可以選矣。余曰：『世尊舉花迦葉微笑，正法眼藏如斯而已矣。後世宗師之所指示，何其紛紛之多乎？吾恐釋氏之教中衰於此矣』」〔註18〕。張商英在此列舉的因弟子發問，宗師們所作出的多種答覆，實爲禪師在教化中因事因時因人採取的靈活方式，但一旦被固定在「公案」中，有不少學人只是仿照其形態，而忘卻了本來之意。禪宗創造性與生命力正在模仿中喪失。

宗杲借鑒了運用語言文字解讀「公案」的做法，在說法中亦採用「拈古」、「頌古」等形式，但縮小參究對象，重視「公案」的核心部分──「話頭」，進而直接領會「公案」本意；另一方面更爲強調「實踐」的作用，無論是「看」話頭還是「參」話頭都加強了學人自身的實際行動，以「親證」爲先，避免落於「妄語」中，進而發展出「看話禪」體系。

由於出現對語言文字的執著，曹洞宗禪師宏智正覺，以「默照」，重視「心傳」，重現「拈花微笑，以心傳心」的禪門意旨，而發展出「默照禪」。兩宋之際，「看話禪」與「默照禪」興起，成爲南宋禪學的基本形態。

第三，以語言文字說禪打破了「禪」的神秘性，使禪宗喪失了生命力。「禪」離不開日常生活，卻只能從現實的實踐中獲得，爲個人的內在經驗。要體會禪，只能從流動的生命本身中把握，「爲分析和研究而阻斷生命之流，就是殺害生命」〔註19〕。從古「公案」中，在剖析前人言行的基礎上，確立後人的行爲準則，對「禪」分析和研究。它雖有助於引導後人的修行之路，卻無法避免運用語言文字「說」禪而導致的弊端，在將禪宗引向疏證、求解的道路

〔註18〕〔明〕如巹等編：《緇門警訓》卷 3，《大正藏》卷 48，1055b。

〔註19〕〔日〕鈴木大拙著、謝思煒譯：《禪學入門》，北京：三聯書店，1988 年，第157 頁。

上時，「禪」也喪失了作爲獨特的、鮮活的個體的生命力，而逐漸成爲固定範式，成爲死板的陳述對象。

在北宋時期，「文字禪」能夠成爲禪宗中的主流形態，成爲儒釋之士共同推崇的對象，創造了燦爛的佛教文化；但又在南宋後趨於衰落。留給我們的啓示是深刻的。其成功經驗在於：在時代大潮中，需在繼承中發展、創新，在融合中生存。文化需要傳承，在傳承中要有所發展，在發展中實現創新。在這點上，北宋「文字禪」是相對成功的。

首先，對待傳統的態度。在文化發展的歷史長河中，不可避免地會遇到如何處理「傳統」的問題。「傳統文化」積澱下豐厚的資產，奠定一種文化和一個民族的文化厚度，但同時也對後人的發展與創新提出更高的要求。「文字禪」提供給我們的借鑒在於：直視傳統，勇於調整。

毋庸諱言，唐五代禪宗創造出高度發展、具有較高思想水平的禪宗文化，而令後人在思想高度上難以企及。然而，面對嬉笑怒罵、怪戾乖張、生動鮮明的一群人，面對他們創造的「如山」的「公案」，北宋「文字禪」禪師們不是避而不談，而是勇於面對，直視他們的思想旨地，以「自信、自力」的精神，拈出禪宗的「本來面目」；同時，面對禪宗傳統的「不立文字」的教旨，不是一味接受，而是適應時代需要做出調整，凸現出「不離文字」的一面，改變了禪學風格，創造出與時代特色相應的禪宗文化。

其次，實現傳統與現實的結合。傳統代表著歷史、經驗；現實代表著當下、正在經歷或發生的。思想文化的發展需要借鑒歷史，也要適應當下做出相應的調整。在以史爲鑒中體現時代特色。所以，「文字禪」儘管變動禪宗傳統的語言觀，但不是完全放棄傳統，而是以傳統爲基調，在「不離文字」的同時又強調「不立文字」，實現傳統和現實結合，從而保障了文化深度和現實要求。通過整理禪史、燈錄等文獻材料，理清禪宗發展體系的同時，「古爲今用」，延續禪宗「一以貫之」的思想脈絡。

第三，在交流與融合中保持自性。文化的發展從來不是一潭死水，而是在汪洋中不斷汲取。北宋「文字禪」之所以能成爲社會的普遍現象，一定程度上源於它的融合性。它實現了禪宗內部各家、禪教之間、三家之間的多重融合，廣納百川，充實自身體系，從而成爲時代需要的多角度綜合體。然而，在交流、融合中，需要以自身文化爲基點，保持核心價值和理論體系。雖然北宋「文字禪」的幾位代表禪師個人見解不同，表述風格不一，但他們皆遵

循著「直指人心、見性成佛」的禪宗理念。在表現形式上，雖然「代別」、「拈古」、「頌古」、「評唱」出現的時代不同，但運用者們皆有意識地以更完善的形式作為前者的補充。如重顯改造了善昭的「頌古」，廣為接受；克勤在重顯「頌古」的基礎上又發展出「評唱」體，使得「文字禪」的體系不斷得到充實。文化的傳承和發展也需要從內在脈絡出發，把握核心的價值理念。如此，方能在融合中保持自身獨立性，獲得發展空間。

然而，「成也蕭何敗蕭何」，在運用語言文字創造出別樣的禪宗文化的同時，也為其埋下衰落的隱患。從這一角度看，它提供給我們的教訓為：

首先，言行須合一。在實踐中總結經驗，以經驗作為行動的指導。正所謂「紙上得來終覺淺，絕知此事要躬行」。禪宗倡導的「明心見性」的「頓悟」法門，需要建立在「明」與「見」的具體實踐上。由實踐方能見「自性」，得解脫。禪師言論終歸是別人的經驗，是外在的，可以借鑒，卻永遠無法取代任何最平淡無奇的個人行動。禪師在解讀「公案」時運用的多種方式，雖精彩絕倫，若無法引起心中共鳴，終為虛言妄語。因而，「看話禪」、「默照禪」從「看」（或「參」）、「照」的具體實踐（主要為心靈的「動」）出發，在南宋時再度興盛。

其次，需要多層次文化。「文字禪」的衰落還與對象的特定化有關。它的主要對象為士大夫階層，拉大了與廣大群眾的距離。與士大夫階層的交往固然獲取了更多的發展契機。但是對象的固定化，卻導致了禪宗衰落的必然趨勢。同時，「禪」本來就不是故弄玄虛的，而是源自生活、親近生活的。它應當面向不同的社會階層。禪宗之所以在「會昌滅佛」後異軍突起，很大程度上與其「農禪」性質有關，唐末五代禪宗的興盛，也與其多樣性不無關係。北宋「文字禪」的衰落也在於對象的「單一」。文化不應當僅適應於某些群體，而應是多層次、多形態的，能夠適應不同需要的文化，才能結出豐碩的成果。

總體看來，「文字禪」在北宋禪學發展史和整個思想史的發展中佔據重要地位，它留給我們的經驗和教訓都值得深思。

參考文獻

原始典籍部分

1. 〔後秦〕鳩摩羅什譯，金剛般若波羅蜜經〔M〕，大正藏：卷8。

2. 〔後秦〕鳩摩羅什譯，妙法蓮華經〔M〕，大正藏：卷9。

3. 〔劉宋〕求那跋陀羅譯，佛說菩薩行方便境界神通變化經〔M〕，大正藏：卷9。

4. 〔後秦〕鳩摩羅什譯，維摩詰所說經〔M〕，大正藏：卷14。

5. 〔劉宋〕求那跋陀羅譯，楞伽阿跋多羅寶經〔M〕，大正藏：卷16。

6. 〔隋〕吉藏，淨名玄論〔M〕，大正藏：卷38。

7. 〔唐〕慧然，臨濟鎮州禪師語錄〔M〕，大正藏：卷47。

8. 〔日〕慧印等，筠州洞山悟本禪師語錄〔M〕，大正藏：卷47。

9. 〔日〕玄契，撫州曹山本寂禪師語錄〔M〕，大正藏：卷47。

10. 〔宋〕守堅等，雲門匡眞禪師廣錄〔M〕，大正藏：卷47。

11. 〔宋〕楚圓，汾陽無德禪師語錄〔M〕，大正藏：卷47。

12. 〔宋〕惟蓋竺等，明覺禪師語錄〔M〕，大正藏：卷47。

13. 〔宋〕惠泉，黃龍惠南禪師語錄〔M〕，大正藏：卷47。

14. 〔宋〕守端等，楊岐方會和尚語錄〔M〕，大正藏：卷47。

15. 〔宋〕才良等，法演禪師語錄〔M〕，大正藏：卷47。

16. 〔宋〕紹隆等，圓悟佛果禪師語錄〔M〕，大正藏：卷47。

17. 〔宋〕蘊聞等，大慧普覺禪師語錄〔M〕，大正藏：卷47。

18. 〔宋〕道謙，大慧普覺禪師宗門武庫〔M〕，大正藏：卷47。

19. 佚名，少室六門〔M〕，大正藏：卷48。

20.〔唐〕裴休，黃檗斷際禪師宛陵錄〔M〕，大正藏：卷 48。

21.〔唐〕宗密，禪源諸詮集都序〔M〕，大正藏：卷 48。

22.〔宋〕延壽，宗鏡錄〔M〕，大正藏：卷 48。

23.〔宋〕延壽，萬善同歸集〔M〕，大正藏：卷 48。

24.〔宋〕延壽，永明智覺禪師唯心訣〔M〕，大正藏：卷 48。

25.〔宋〕克勤評唱，碧巖錄〔M〕，大正藏：卷 48。

26.〔宋〕智昭，人天眼目〔M〕，大正藏：卷 48。

27.〔宋〕宗紹，無門關〔M〕，大正藏：卷 48。

28.〔宋〕淨善重集，禪林寶訓〔M〕，大正藏：卷 48。

29.〔高麗〕知訥，戒初心學人文〔M〕，大正藏：卷 48。

30.〔元〕德輝重編，敕修百丈清規〔M〕，大正藏：卷 48。

31.〔元〕行秀評唱，從容錄〔M〕，大正藏：卷 48。

32.〔元〕智徹，禪宗訣疑集〔M〕，大正藏：卷 48。

33.〔明〕如巹，緇門警訓〔M〕，大正藏：卷 48。

34.〔宋〕志磐，佛祖統紀〔M〕，大正藏：卷 49。

35.〔元〕念常，佛祖歷代通載〔M〕，大正藏：卷 49。

36.〔元〕覺岸，釋氏稽古集〔M〕，大正藏：卷 49。

37.〔宋〕道原，景德傳燈錄〔M〕，大正藏：卷 51。

38.〔宋〕契嵩，傳法正宗論〔M〕，大正藏：卷 51。

39.〔宋〕契嵩，鐔津文集〔M〕，大正藏：卷 52。

40.〔宋〕陳舜俞，鐔津明教大師行業記〔M〕，大正藏：卷 52。

41.〔宋〕贊寧，大宋僧史略〔M〕，大正藏：卷 54。

42.〔宋〕延壽，心賦注〔M〕，續藏經：第 111 冊。

43.〔宋〕惠洪，臨濟宗旨〔M〕，續藏經：第 111 冊。

44.〔宋〕惠洪，智證傳〔M〕，續藏經：第 111 冊。

45.〔宋〕惠彬，叢林公論〔M〕，續藏經：第 113 冊。

46.〔宋〕善卿，祖庭事苑〔M〕，續藏經：第 113 冊。

47.〔明〕大建，禪林寶訓音義〔M〕，續藏經：第 113 冊。

48.〔清〕智祥，禪林寶訓筆說〔M〕，續藏經：第 113 冊。

49.〔明〕圓澄，慨古錄〔M〕，續藏經：第 114 冊。

50.〔明〕圓悟，闢妄救略說〔M〕，續藏經：第 114 冊。

51.〔清〕錢伊庵，宗範〔M〕，續藏經：第 114 冊。

52.〔宋〕法應，禪宗頌古聯珠通集〔M〕，卍續藏經：第 115 冊。

53.〔清〕淨符，宗門拈古彙集〔M〕，續藏經：第 115 冊。

54.〔清〕集雲堂，宗鑒法林〔M〕，續藏經：第 116 冊。

55.〔宋〕克勤擊節，佛果擊節錄〔M〕，續藏經：第 117 冊。

56.〔元〕從倫評唱，林泉老人評唱投子義青頌古空谷集〔M〕，續藏經：第 117 冊。

57.〔元〕行秀評唱，萬松老人評唱天童覺和尚拈古請益錄〔M〕，續藏經：第 117 冊。

58.〔明〕本端，瑩絕老人天奇直注雪竇顯和尚頌古〔M〕，續藏經：第 117 冊。

59.〔宋〕宗杲，正法眼藏〔M〕，續藏經：第 118 冊。

60. 佚名，馬祖道一禪師廣錄〔M〕，續藏經：第 119 冊。

61.〔宋〕祖慶，拈八方珠玉集〔M〕，續藏經：第 119 冊。

62.〔宋〕福深，雲庵克文禪師語錄〔M〕，續藏經：第 120 冊。

63.〔宋〕子文，佛果克勤禪師心要〔M〕，續藏經：第 120 冊。

64.〔元〕善遇，天如惟則禪師語錄〔M〕，續藏經：第 122 冊。

65.〔宋〕慶預，丹霞子淳禪師語錄〔M〕，續藏經：第 124 冊。

66.〔宋〕自覺，投子義青禪師語錄〔M〕，續藏經：第 124 冊。

67.〔宋〕李遵勗，天聖廣燈錄〔M〕，續藏經：第 135 冊。

68.〔宋〕紹曇，五家正宗贊〔M〕，續藏經：第 135 冊。

69.〔宋〕惟白，建中靖國續燈錄〔M〕，續藏經：第 136 冊。

70.〔宋〕悟明，聯燈會要〔M〕，續藏經：第 136 冊。

71.〔宋〕惠洪，禪林僧寶傳〔M〕，續藏經：第 137 冊。

72.〔宋〕正受，嘉泰普燈錄〔M〕，續藏經：第 137 冊。

73.〔宋〕祖琇，僧寶正續傳〔M〕，續藏經：第 137 冊。

74.〔明〕淨柱，五燈會元續略〔M〕，續藏經：第 138 冊。

75.〔宋〕曉瑩，羅湖野錄〔M〕，續藏經：第 142 冊。

76.〔明〕瞿汝稷，指月錄〔M〕，續藏經：第 143 冊。

77.〔明〕黎眉等，教外別傳〔M〕，續藏經：第 144 冊。

78.〔宋〕惠洪，林間錄〔M〕，續藏經：第 148 冊。

79.〔宋〕惠洪，林間錄後集〔M〕，續藏經：第 148 冊。

80.〔宋〕道融，叢林盛事〔M〕，續藏經：第 148 冊。

81.〔宋〕曉瑩，雲臥紀談〔M〕，續藏經：第 148 冊。

82. 〔宋〕曇秀，人天寶鑒〔M〕，續藏經：第 148 冊。

83. 〔宋〕圓悟，枯崖漫錄〔M〕，續藏經：第 148 冊。

84. 〔明〕心泰，佛法金湯編〔M〕，續藏經：第 148 冊。

85. 〔宋〕祖詠，大慧普覺禪師年譜〔M〕，嘉興藏：第 1 冊。

86. 〔魏〕王弼著、樓宇烈校釋，王弼集校釋〔M〕，北京：中華書局，1980 年。

87. 〔梁〕慧皎編、湯用彤點校，高僧傳〔M〕，北京：中華書局，1992 年。

88. 〔唐〕慧能述、郭朋校釋，壇經校釋〔M〕，北京：中華書局，1983 年。

89. 〔唐〕馬祖道一述、邢東風輯校，馬祖語錄〔M〕，鄭州：中州古籍出版社，2008 年。

90. 〔南唐〕靜、筠禪僧編、張華點校，祖堂集〔M〕，鄭州：中州古籍出版社，2001 年。

91. 〔宋〕贊寧編、范祥雍點校，宋高僧傳〔M〕，北京：中華書局，1987 年。

92. 〔宋〕惠洪集，石門文字禪〔M〕，上海：上海書店，1989 年。

93. 〔宋〕賾藏主編、蕭箑父等點校，古尊宿語錄〔M〕，北京：中華書局，1994 年。

94. 〔宋〕普濟編、蘇淵雷點校，五燈會元〔M〕，北京：中華書局，1984 年。

95. 〔元〕脫脫，宋史〔M〕，北京：中華書局，1985 年。

96. 〔宋〕柳開，河東先生集〔M〕，上海：上海書店，1989 年。

97. 〔宋〕周敦頤，通書〔M〕，上海：上海古籍出版社，2000 年。

98. 〔宋〕程顥程頤著、王孝魚點校，二程集〔M〕，北京：中華書局，1981 年。

99. 〔宋〕李覯著、王國軒點校，李覯集〔M〕，北京：中華書局，1981 年。

100. 〔宋〕蘇軾，東坡志林〔M〕，北京：中華書局，1981 年。

101. 〔宋〕蘇軾，蘇軾文集〔M〕，北京：中華書局，1986 年。

102. 〔宋〕朱熹，四書章句集注〔M〕，北京：中華書局，1983 年。

103. 〔宋〕黎靖德編、王星賢點校，朱子語類〔M〕，北京：中華書局，1986 年。

104. 〔元〕馬端臨，文獻通考〔M〕，上海：華東師範大學出版社，1985 年。

著述部分

1. 侯外廬等主編，中國思想通史（第四卷）〔M〕，北京：人民出版社，1959 年。

2. 侯外廬等主編，宋明理學史（上）〔M〕，北京：人民出版社，1984 年。

3. 陳垣，中國佛教史籍概論〔M〕，北京：中華書局，1962 年。

4. 呂澂，中國佛學源流略講〔M〕，北京：中華書局，1979 年。

5. 錢鍾書，管錐編〔M〕，北京：中華書局，1979 年。

6. 郭朋，宋元佛教〔M〕，福州：福建人民出版社，1981 年。

7. 任繼愈主編，中國佛教史〔M〕，北京：中國社會科學出版社，1981 年。

8. 王先謙，莊子集解〔M〕，諸子集成本，上海：上海書店，1987 年。

9. 王先謙，荀子集解〔M〕，諸子集成本，上海：上海書店，1987 年。

10. 賴永海，中國佛性論〔M〕，上海：上海人民出版社，1988 年。

11. 李淼，禪宗與中國古代詩歌藝術〔M〕，長春：長春出版社，1990 年。

12. 陳兵，佛教禪學與東方文明〔M〕，上海：上海人民出版社，1992 年。

13. 洪修平，禪宗思想的形成與發展〔M〕，南京：江蘇古籍出版社，1992 年。

14. 賴永海，佛學與儒學〔M〕，杭州：浙江人民出版社，1992 年。

15. 潘桂明，中國禪宗思想歷程〔M〕，北京：今日中國出版社，1992 年。

16. 杜繼文、魏道儒，中國禪宗通史〔M〕，南京：江蘇古籍出版社，1993 年。

17. 魏道儒，宋代禪宗文化〔M〕，鄭州：中州古籍出版社，1993 年。

18. 楊曾文，唐五代禪宗史〔M〕，北京：中國社會科學出版社，1995 年。

19. 高亨，周易大傳今注〔M〕，濟南：齊魯書店，1998 年。

20. 吳立民主編，禪宗宗派源流〔M〕，北京：中國社會科學出版社，1998 年。

21. 周裕鍇，文字禪與宋代詩學〔M〕，北京：北京高等教育出版社，1998 年。

22. 周裕鍇，禪宗語言〔M〕，杭州：浙江人民出版社，1999 年。

23. 潘桂明，中國居士佛教史〔M〕，北京：中國社會科學出版社，2000 年。

24. 潘桂明，中國佛教百科全書·宗派卷〔M〕，上海：上海古籍出版社，2000 年。

25. 方廣錩主編，中國佛教文化大觀〔M〕，北京：北京大學出版社，2001 年。

26. 方立天，中國佛教哲學要義〔M〕，北京：中國人民大學出版社，2002 年。

27. 吳言生，禪宗詩歌境界〔M〕，北京：中華書局，2002 年。

28. 吳言生主編，中國禪學（第一卷）〔M〕，北京：中華書局，2002 年。

29. 周裕鍇，中國古代闡釋學研究〔M〕，上海：上海人民出版社，2003 年。

30. 康中乾，有無之辨——魏晉玄學本體思想再解讀〔M〕，北京：人民出版社，2003 年。

31. 賴永海，中國佛教與哲學〔M〕，北京：宗教文化出版社，2004 年。

32. 覺群主編，覺群・學術論文集（第四輯）〔M〕，北京：宗教文化出版社，2004 年。

33. 余英時，朱熹的歷史世界〔M〕，北京：三聯書店，2004 年。

34. 方光華，中國古代本體思想史稿〔M〕，北京：中國社會科學出版社，2005 年。

35. 任繼愈，任繼愈禪學論集〔M〕，北京：商務印書館，2006 年。

36. 楊曾文，宋元禪宗史〔M〕，北京：中國社會科學出版社，2006 年。

37. 龔雋，禪史鈎沈——以問題爲中心的思想史論述〔M〕，北京：三聯書店，2006 年。

38. 張節末，禪宗美學〔M〕，北京：北京大學出版社，2006 年。

39. 張隆溪，道與邏各斯〔M〕，南京：江蘇教育出版社，2006 年。

40. 洪修平，中國禪宗思想史〔M〕，北京：中國人民大學出版社，2007 年。

41. 賴永海，中國佛教文化論〔M〕，北京：中國人民大學出版社，2007 年。

42. 麻天祥，中國禪宗思想發展史（修訂版）〔M〕，武漢：武漢大學出版社，2007 年。

43. 釋印順，中國禪宗史〔M〕，南昌：江西人民出版社，2007 年。

44. 張豈之，中華人文精神〔M〕，西安：陝西人民出版社，2007 年。

45. 張豈之主編，中國思想學說史・宋元卷（下）〔M〕，桂林：廣西師範大學出版社，2008 年。

46. 周裕鍇，禪宗語言研究入門〔M〕，上海：復旦大學出版社，2009 年。

47. 〔日〕高雄義堅，宋代佛教史研究〔M〕，臺北：華宇出版社，1987 年。

48. 〔日〕柳田聖山，禪與中國〔M〕，北京：三聯書店，1988 年。

49. 〔日〕鈴木大拙，禪學入門〔M〕，北京：三聯書店，1988 年。

50. 〔日〕鈴木大拙等，禪宗與精神分析〔M〕，貴陽：貴州人民出版社，1998 年。

51. 〔日〕忽滑谷快天，中國禪學思想史〔M〕，上海：上海古籍出版社，2002 年。

52. 〔德〕奧托著，不可言說的言說〔M〕，北京：三聯書店，1994 年。

53. 〔美〕鮑弼德，唐宋思想的轉型〔M〕，南京：江蘇人民出版社，2001 年。

54. 〔美〕馬蒂尼奇，語言哲學〔M〕，北京：商務印書館，2004 年。

55. 〔美〕賽爾，心靈、語言和社會：實在世界中的哲學〔M〕，上海：上海譯文出版社，2006 年。

56. 〔美〕愛德華‧薩丕爾，語言論〔M〕，北京：商務印書館，2007 年。

57. 〔英〕維特根斯坦，哲學研究〔M〕，北京：三聯書店，1992 年。

58. 〔英〕維特根斯坦，邏輯哲學論〔M〕，北京：中國社會科學出版社，2009 年。

論文部分

1. 梁道理，試論宋代古文運用中的兩條道路〔J〕，陝西師範大學學報（哲學社會科學版），1984 年（1）。

2. 陳莊、周裕鍇，語言的張力——論宋詩話的語言結構批評〔J〕，四川大學學報（哲學社會科學版），1989 年（1）。

3. 艾振剛，論禪宗的思維方式〔J〕，江西師範大學學報（哲學社會科學版），1991 年（4）。

4. 鄧曉芒，論中國哲學中的反語言學傾向〔J〕，中州學刊，1992 年（2）。

5. 溫金玉，汾陽善昭禪師及其禪法〔J〕，法音，1992 年（12）。

6. 管錫華，論典故詞語及其使用特點和釋義方法〔J〕，安徽大學學報（哲學社會科學版），1995 年（1）。

7. 張育英，談禪宗語言的模糊性〔J〕，蘇州大學學報（哲學社會科學版），1995 年（3）。

8. 董群，雪竇重顯對禪學的貢獻〔J〕，五臺山研究，1995 年（4）。

9. 鮑鵬山，語言之外的終極肯定——談禪宗的語言觀〔J〕，江淮論壇，1995 年（4）。

10. 姜超，禪學黃龍派和楊岐派之同異〔J〕，內蒙古社會科學，1997 年（3）。

11. 楊維中，論詩與禪的互滲〔J〕，西北大學學報（哲學社會科學版），1997 年（3）。

12. 徐時儀，不離文字與不立文字——談言和意〔J〕，上海師範大學學報（哲學社會科學版）〔J〕，1997 年（4）。

13. 張美蘭，禪宗語言的非言語表達手法〔J〕，中國典籍與文化，1997 年（4）。

14. 方立天，論南頓北漸〔J〕，世界宗教研究，2000 年（1）。

15. 李作勳，對不可言說的言說——禪宗「不立文字」探析〔J〕，貴州社會科學，2000 年（2）。

16. 周裕鍇，繞路說禪：從禪的詮釋到詩的表達〔J〕，文藝研究，2000 年（3）。

17. 陸永峰，禪宗語言觀及其實踐〔J〕，揚州大學學報（人文社會科學版），2001 年（1）。

18. 邢東風，禪宗語言研究管窺〔J〕，世界宗教文化，2001 年（4）。

19. 陳堅，「乾屎橛」、「柏樹子」——禪宗「公案」與「參公案」探噴〔J〕，宗教學研究，2002 年（1）。

20. 方立天，文字禪、看話禪、默照禪、念佛禪〔J〕，中國禪學，2002 年（1）。

21. 金軍鑫，禪宗語言的幾個特點〔J〕，修辭學習，2002 年（4）。

22. 樓宇烈，禪學的文本闡釋與詩意接受〔J〕，哲學研究，2002 年（5）。

23. 賴永海，緣起論是佛法的理論基石〔J〕，社會科學戰線，2003 年（5）。

24. 王友勝，宋四六的文體特徵與發展軌跡〔J〕，中國文學研究，2004 年（1）。

25. 顧海建，論宋代文字禪的形成〔J〕，中華文化論壇，2004 年（2）。

26. 李小豔，惠洪文字禪的特點〔J〕，忻州師範學院學報，2004 年（6）。

27. 閆孟祥，善昭的禪教育思想〔J〕，晉陽學刊，2005 年（1）。

28. 李志峰，《碧巖錄》佛道禪之關係探微〔J〕，廣西社會科學，2005 年（2）。

29. 韓毅，宋代僧人與儒學的新趨向〔J〕，青海民族研究，2005 年（4）。

30. 李貴，言盡意論：中唐——北宋的語言哲學與詩歌藝術〔J〕，文學評論，2006 年（2）。

31. 李建軍，儒道語言觀與釋門文字禪芻議〔J〕，宗教學研究，2006 年（3）。

32. 繆鉞，新散文的興起——唐代古文〔J〕，四川大學學報（哲學社會科學版），2006 年（4）。

33. 〔日〕土屋太祐，禪宗公案的形成和公案禪的起源〔J〕，社會科學研究，2006 年（5）。

34. 謝琰，從《碧巖錄》看文字禪的悟道實質〔J〕，安徽師範大學學報（人文社會科學版），2006 年（5）。

35. 麻天祥、段淑雲，概論宋代混融三教的文字禪〔J〕，武漢大學學報（人文科學版），2006 年（6）。

36. 邱紫華、余銳，不可言說中的言說〔J〕，華中師範大學學報（人文社會科學版），2006 年（6）。

37. 焦毓梅、于鵬，禪宗公案話語的修辭分析〔J〕，求索，2006 年（12）。

38. 疏志強，試析禪宗修辭的非語言形式〔J〕，湛江師範學院學報（哲學社會科學版），2007 年（2）。

39. 王景丹，禪宗文本的語言學闡釋〔J〕，雲南社會科學，2008 年（4）。

40. 張子開、張琦，禪宗語言的種類〔J〕，宗教學研究，2008 年（4）。

41. 周裕鍇，惠洪文字禪的理論與實踐及其對後世的影響〔J〕，北京大學學報（哲學社會科學版），2008 年（4）。

42. 韓鳳鳴、王麗，語言與般若──禪宗語言哲學透視〔J〕，河南師範大學學報（哲學社會科學版），2008 年（5）。

43. 陳志平，「文字禪」名實研究〔J〕，暨南大學學報（哲學社會科學版），2008 年（6）。

44. 李志峰，「心」的傳播──《碧巖錄》公案「頓悟」策略探〔J〕，中國文化研究，2008 年夏之卷。

45. 杜道明，語言與文化關係新論〔J〕，中國文化研究，2008 年冬之卷。

46. 張宜民，禪宗語錄的獨特言說方式〔J〕，現代語文，2008 年（12）。

47. 潘建偉，「事事無礙」、「文字禪」與釋惠洪的詩風〔J〕，中國文學研究，2009 年（3）。

48. 魏建中，克勤「文字禪」的理論與實踐及其對後世的影響〔J〕，學術論壇，2009 年（5）。

49. 胡驕鍵，不立文字 不離文字──淺論禪宗的語言觀〔J〕，金陵科技學院學報（社會科學版），2009 年（6）。

50. 柏元海，禪宗的傳教方法對禪宗發展的影響〔J〕，首都師範大學學報（社會科學版），2010 年（1）。

51. 朱剛，北宋「險怪」文風：古文運動的另一翼〔J〕，中國社會科學，2010 年（1）。

52. 方笑一，經學與文學關係的多維觀照〔J〕，人文雜誌，2010 年（5）。